石油公司管理人员业务知识丛书

管理人员安全知识题解

张振华　沈　浩　编写

中国石化出版社

内 容 提 要

本书包括安全生产法律法规、安全生产监督管理制度、现代安全理论、事故预防与控制、HSE管理体系、未遂事故管理、HSE观察、机械电气安全技术、防火防爆安全技术、事故案例和未遂事故报告等内容。具有时效性好、涵盖面广、实用性强的特点，而且将题目分成掌握、熟悉、了解三种类型，方便不同的读者群根据自身情况选择阅读。

本书可供石油公司管理人员学习培训使用，亦可作为高等院校相关专业师生和报考注册安全工程师(危险化学品)人员的参考资料。

图书在版编目(CIP)数据

管理人员安全知识题解 / 张振华,沈浩编写. —北京：中国石化出版社,2011.2
(石油公司管理人员业务知识丛书)
ISBN 978-7-5114-0750-4

Ⅰ.①管… Ⅱ.①张… ②沈… Ⅲ.①石油工业-工业企业管理:安全管理-中国-解题 Ⅳ.①F426.22-44

中国版本图书馆CIP数据核字(2011)第004653号

中国石化出版社出版发行
地址:北京市东城区安定门外大街58号
邮编:100011　电话:(010)84271850
读者服务部电话:(010)84289974
http://www.sinopec-press.com
E-mail:press@sinopec.com.cn
北京科信印刷有限公司印刷
全国各地新华书店经销
*
787×1092毫米16开本11.25印张251千字
2011年2月第1版　2011年2月第1次印刷
定价:32.00元

序　言

五年前，我曾创作这样的歌词参加江苏省“生命之歌”词曲大赛，歌名叫《我们呼唤安全》，歌词内容如下：

鸟儿向往蓝天，鱼儿追寻碧水，我们呼唤安全；
大地渴望绿色，亲人企盼团圆，我们呼唤安全！
为什么没有战斗硝烟，却伤亡流血？
为什么没有地害天灾，却悲剧连连？
是安全事故吞噬了无数生命，
是安全隐患潜藏着危害风险，
是失职违章酿造出世间不幸。
鸟儿向往蓝天，鱼儿追寻碧水，我们呼唤安全；
大地渴望绿色，亲人企盼团圆，我们呼唤安全！
安全牵万家连接生命中的我和你；
安全系国家承载财富责任大如天。
让我们关爱生命，担起职责，
让我们警钟长鸣，防范未然，
让我们安全和祥，幸福年年！

那时，创作这首歌意在通过省一级的竞赛平台向社会呼吁重视安全。五年过去了，党和政府把安全生产工作提高到了前所未有的高度，政府安全部门执法之严，安全中介机构评审之严，各级安全检查之严，使我们感受到全社会对安全工作的普遍关注，感受到生命之尊和安全责任之重！

作为一名从事企业安全管理多年的工作者，为把风险降到可容忍的程度，还需要不断求索，不断行动。如果说各级领导的推动解决了“我要安全”的问题，那么解决好“我懂安全、我会安全”的问题，则是全体安全管理人员和专家的责任。于是，我想到应该编写一套通俗易懂、能使管理人员迅速进入角色的业务知识丛书。然而，由于工作繁忙，显得力不从心。

今年7月初，恰逢省公司安全数质量协理员沈浩从南京归来，他长期在中国石化销售企业管理岗位工作，有丰富的油库、油(气)站一线安全工作经验和扎实的理论功底，对安全工作有着极大的热情乃至执著。当我和他说起继续为

“我要安全”主题活动做些工作的愿望，编写管理人员业务知识丛书时，他兴致勃勃，主动承担了查阅资料及整理编写工作。从高温酷暑时欣然命笔到收获金黄果实的秋天，一套四分册的“石油公司管理人员业务知识丛书”书稿已跃然纸上，并由中国石化出版社陆续推出。《管理人员安全知识题解》是第一分册，它具有时效性好、涵盖面广、实用性强三个特点。希望这套丛书的出版能够受到大家的欢迎，也期盼同仁、读者提出宝贵意见。

张振华

2010年10月8日

目　录

第一章　安全生产法律法规

一、《安全生产法》

二、《消防法》（新修订）

三、《机关、团体、企业、事业等单位消防安全管理规定》

四、《道路交通安全法》

五、《刑法》相关内容

六、《行政处罚法》

七、《劳动法》

八、《劳动合同法》

九、《职业病防治法》

十、《建设工程安全生产管理条例》

十一、《危险化学品安全管理条例》

十二、《安全生产许可条例》

十三、《特种设备安全监察条例》

十四、《环境保护法》

十五、《国务院关于特大安全事故行政责任追究的规定》

十六、《工伤保险条例》

十七、《生产安全事故报告和调查处理条例》

第二章　安全生产监督管理制度

一、《中国石化集团公司、销售企业安全禁令(试行)》

二、《安全生产责任制》

三、《安全承诺制度》

四、《安全教育管理规定》

五、《安全检查规定》

六、《成品油公路运输安全管理规定》

七、《成品油水路运输安全管理规定》

八、《临时用电安全管理规定》

九、《用火作业安全管理规定》

十、《进入受限空间作业安全管理规定》

十一、《高处作业安全管理规定》

十二、《破土作业安全管理规定》

十三、《起重作业安全管理规定》

十四、《生产厂区封闭化管理规定》

十五、《石油库安全管理规定》

十六、《加油站安全管理规定》

十七、《液化石油气和压缩天然气加气站安全管理规定》

十八、《承包商安全管理规定》

十九、《加油站现场施工安全管理工作规定》

二十、《安全设施管理规定》

二十一、《可燃液体防静电安全规定》

二十二、《职业卫生管理规定》

二十三、《环境保护工作管理办法》

二十四、《机动车交通安全管理规定》

二十五、《安全事故管理规定》

二十六、《安全生产保证基金管理办法》

第三章 现代安全理论

一、安全法则

第六章　未遂事故管理

第七章　HSE 观察

第八章　机械、电气安全技术

一、机械安全技术

二、电气安全技术

第九章　防火防爆安全技术

第十章　事故案例、未遂事故报告

一、事故案例

二、未遂事故报告

第一章　安全生产法律法规

一、《安全生产法》

（一）总则

1. 掌握安全生产法的立法目的、适用范围

立法目的：为了加强安全生产监督管理，防止和减少生产安全事故，保障人民生命和财产安全，促进经济发展。

适用范围：《安全生产法》是对所有生产经营单位的安全生产普遍适用的基本法律。《安全生产法》第二条规定："在中华人民共和国领域内从事生产经营活动的单位的安全生产，适用本法；有关法律、行政法规对消防安全和道路交通安全、铁路交通安全、水上交通安全、民用航空安全另有规定的，适用其规定。"

2. 掌握安全生产管理的方针

安全第一，预防为主。

3. 熟悉生产经营单位安全生产责任

《安全生产法》第四条规定："生产经营单位必须遵守本法和其他有关安全生产的法律、法规，加强安全生产管理，建立、健全安全生产责任制度，完善安全生产条件，确保安全生产。"

4. 了解生产经营单位主要负责人的安全责任

《安全生产法》第五条规定："生产经营单位主要负责人对本单位的安全生产全面负责。"

5. 熟悉工会在安全生产工作中的地位和权利

《安全生产法》第七条规定："工会依法组织职工参加本单位安全生产工作的民主管理和民主监督，维护职工在安全生产方面的合法权益。"

6. 了解各级人民政府的安全生产职责

《安全生产法》第八条规定："国务院和地方人民政府应当加强对安全生产工作的领导，支持、督促各有关部门依法履行安全生产监督管理职责。县级以上人民政府对安全生产监督管理中存在的重大问题应当及时予以协调、解决。"

7. 熟悉安全生产综合监管部门与专项监管部门的职责分工

《安全生产法》第九条规定："国务院负责安全生产监督管理的部门依照本法，对全国安全生产工作实施综合监督管理；县级以上地方各级人民政府负责安全生产监督管理的部门依照本法，对本行政区域内安全生产工作实施综合监督管理。"

"国务院有关部门依照本法和其他有关法律、行政法规的规定，在各自的职责范围内对有关的安全生产工作实施监督管理；县级以上地方各级人民政府有关部门依照本法和其他有关法律、法规的规定，在各自的职责范围内对有关的安全生产工作实施监督管理。”

8. 掌握安全生产中介机构的规定

《安全生产法》第十二条规定：“依法设立的为安全生产提供技术服务的中介机构，依照法律、行政法规和执业准则，接受生产经营单位的委托为其安全生产工作提供技术服务。”

9. 熟悉生产安全事故责任追究的规定

《安全生产法》第十三条规定：“国家实行生产安全事故责任追究制度，按照本法和有关法律、法规的规定，追究生产安全事故责任人员的法律责任。”生产安全事故责任者所承担的法律责任的主要形式包括行政责任和刑事责任。

（二）生产经营单位的安全生产保障

10. 掌握从事生产经营活动应当具备安全生产条件的规定

《安全生产法》第十六条规定：“生产经营单位应当具备本法和有关法律、行政法规和国家标准或者行业标准规定的安全生产条件；不具备安全生产条件的，不得从事生产经营活动。”

11. 熟悉生产经营单位主要负责人的安全生产职责

《安全生产法》第十七条规定：“生产经营单位的主要负责人对本单位安全生产工作负有下列职责：(一)建立、健全本单位安全生产责任制；(二)组织制定本单位安全生产规章制度和操作规程；(三)保证本单位安全生产投入的有效实施；(四)督促、检查本单位的安全生产工作，及时消除生产安全事故隐患；(五)组织制定并实施本单位的生产安全事故应急救援预案；(六)及时、如实报告生产安全事故。”

12. 掌握安全生产投入的规定

《安全生产法》第十八条规定：“生产经营单位应当具备的安全生产条件所必需的资金投入，由生产经营单位的决策机构、主要负责人或者个人经营的投资人予以保证，并对由于安全生产所必需的资金投入不足导致的后果承担责任。”一般说来，股份企业、合资企业等安全生产投入资金由董事会予以保证；一般国有企业由厂长或者经理予以保证；个体工商户等个体经济组织由投资人予以保证。

13. 掌握安全生产管理机构和安全生产管理人员的配置、委托安全生产专业技术人员提供管理服务的规定

《安全生产法》第十九条规定：“矿山、建筑施工单位和危化品的生产、经营、储存单位，应当设置安全生产管理机构或者配备专职安全生产管理人员。其他生产者经营单位，从业人员超过三百人的，应当设置安全生产管理机构或者配备专职安全生产管理人员；从业人员在三百人以下的，应当配备专职或者兼职的安全生产管理人员，或者委托具有国家规定的相关专业技术资格的工程技术人员提供安全生产管理服务。委托工程技术人员提供安全生产管理服务的，保证安全生产的责任仍由本单位负责。”

14. 掌握生产经营单位主要负责人、安全生产管理人员资格的规定

《安全生产法》第二十条规定：“生产经营单位主要负责人和安全生产管理人员必须具备与本单位所从事的生产经营活动相应的安全生产知识和管理能力。”

"危险物品的生产、经营、储存单位以及矿山、建筑施工单位的主要负责人和安全生产管理人员，应当由有关主管部门对其安全生产知识和管理能力考核合格后方可任职。"

15. 熟悉从业人员安全培训的规定

《安全生产法》第二十一条规定："生产经营单位应当对从业人员进行安全生产教育和培训，保证从业人员具备必要的安全生产知识，熟悉有关的安全生产规章制度和操作规程，掌握本岗位的安全操作技能。未经安全生产教育和培训合格的从业人员，不得上岗作业。"

16. 掌握特种作业人员的范围和资格的规定

《安全生产法》第二十三条规定："生产经营单位的特种作业人员必须按照国家有关规定经专门的安全作业培训，取得特种作业操作资格证书，方可上岗作业。"

"特种作业人员的范围由国务院负责安全生产监督管理的部门会同国务院有关部门确定。"

17. 了解建设项目安全设施"三同时"的规定

《安全生产法》第二十四条规定："生产经营单位新建、改建、扩建工程项目的安全设施，必须与主体工程同时设计、同时施工、同时投入生产和使用。"

18. 熟悉有关建设项目进行安全条件论证和安全评价的特殊规定

《安全生产法》第二十五条规定："矿山建设项目和用于生产、储存危险物的建设项目，应当分别按照国家有关规定进行安全条件论证和安全评价。"

19. 了解建设项目安全设施设计的规定

《安全生产法》第二十六条规定："建设项目安全设施的设计人、设计单位应当对安全设施设计负责。矿山建设项目和用于生产、储存危险物品的建设项目的安全设施设计应当按照国家有关规定报经有关部门审查，审查部门及其负责审查的人员对审查结果负责。"

20. 掌握建设项目安全设施施工、竣工验收的规定

《安全生产法》第二十七条规定："矿山建设项目和用于生产、储存危险物品的建设项目的施工单位必须按照批准的安全设施设计施工，并对安全设施的工程质量负责。矿山建设项目和用于生产、储存危险物品的建设项目竣工投入生产或者使用前，必须依照有关法律、行政法规的规定对安全设施进行验收；验收合格后，方可投入生产和使用。验收部门及其验收人员对验收结果负责。"

21. 了解安全警示标志的规定

《安全生产法》第二十八条规定："生产经营单位应当在有较大危险因素的生产经营场所和有关设施、设备上，设置明显的安全警示标志。"

22. 熟悉安全设备达标和管理的规定

《安全生产法》第二十九条规定："安全设备的设计、制造、安装、使用、检测、维修、改造和报废，应当符合国家标准或者行业标准。生产经营单位必须对安全设备进行经常性维护、保养，并定期检测，保证正常运转。维护、保养、检测应当作好记录，并由有关人员签字。"

23. 掌握特种设备检测检验的规定

《安全生产法》第三十条规定："生产经营单位使用的涉及生命安全、危险性较大的特种设备，以及危险物品的容器、运输工具，必须按照国家有关规定，由专业生产单位生产，并

经取得专业资质的检测、检验机构检测、检验合格，取得安全使用证或者安全标志，方可投入使用。检测、检验机构对检测、检验结果负责。”

24. 掌握生产安全工艺、设备管理的规定

《安全生产法》第三十一条规定：“国家对严重危及生产安全的工艺、设备实行淘汰制度。生产经营单位不得使用国家明令淘汰、禁止使用的危及生产安全的工艺、设备。”

25. 掌握危险物品管理的规定

《安全生产法》第三十二条规定：“生产、经营、运输、储存、使用危险物品或者处置废弃危险物品的，由有关主管部门依照有关法律、法规的规定和国家标准或者行业标准审批并实施监督管理。生产、经营、运输、储存、使用危险物品或者处置废弃危险物品，必须执行有关法律、法规的规定和国家标准或者行业标准，建立专门的安全管理制度，采取可靠的安全措施，接受有关主管部门依法实施的监督管理。”

26. 掌握重大危险源管理的规定

《安全生产法》第三十三条规定：“生产经营单位对重大危险源应当登记建档，进行定期检测、评估、监控，并制定应急预案，告知从业人员和相关人员在紧急情况下应当采取的应急措施。生产经营单位应当按照国家有关规定将本单位重大危险源及有关安全措施、应急措施报有关地方人民政府负责安全生产监督管理的部门和有关部门备案。”

27. 掌握生产设施、场所安全距离和紧急疏散的规定

《安全生产法》第三十四条规定：“生产、经营、运输、储存、使用危险物品的车间、商店、仓库不得与员工宿舍在同一座建筑物内，并应当与员工宿舍保持安全距离。生产经营场所和员工宿舍应当设有符合紧急疏散要求、标志明显、保持畅通的出口。禁止封闭、堵塞生产经营场所或者员工宿舍的出口。”

28. 熟悉爆破、吊装等作业现场安全管理的规定

《安全生产法》第三十五条规定：“生产经营单位进行爆破、吊装等危险作业，应当安排专门人员进行现场安全管理，确保操作规程的遵守和安全措施的落实。”

29. 掌握劳动防护用品的规定

《安全生产法》第三十七条规定：“生产经营单位必须为从业人员提供符合国家标准或者行业标准的劳动防护用品，并监督、教育从业人员按照使用规则佩戴、使用。”

30. 掌握交叉作业的安全管理的规定

《安全生产法》第四十条规定：“两个以上生产经营单位在同一作业区域内进行生产经营活动，可能危及对方生产安全的，应当签订安全生产管理协议，明确各自的安全生产管理职责和应当采取的安全措施，并指定专职安全生产管理人员进行安全检查与协调。”

31. 掌握生产经营项目、场所、设备发包、出租的安全管理的规定

《安全生产法》第四十一条规定：“生产经营单位不得将生产经营项目、场所、设备发包、出租给不具备安全生产条件或者相应资质的单位或者个人。生产经营项目、场所有多个承包单位、承租单位的，生产经营单位应当与承包单位、承租单位签订专门的安全生产管理协议，或者在承包合同、租赁合同中约定各自的安全生产管理职责；生产经营单位对承包单位、承租单位的安全生产工作统一协调、管理。”

32. 熟悉生产经营单位在发生重大生产安全事故时，生产经营单位主要负责人的职责

《安全生产法》第四十二条规定："生产经营单位在发生重大生产安全事故时，单位的主要负责人应当立即组织抢救，并不得在事故调查处理期间擅离职守。"

33. 掌握参加工伤保险的规定

《安全生产法》第四十三条规定："生产经营单位必须依法参加工伤社会保险，为从业人员缴纳保险费。"

（三）从业人员的权利和义务

34. 掌握从业人员的人身保障权利

《安全生产法》第四十四到第四十八条规定："从业人员应获得安全保障、工伤保险和民事赔偿的权利；了解危险因素、防范措施和应急措施的权利；对本单位安全生产的批评、检举和控告的权利；拒绝违章指挥和强令冒险作业的权利；紧急情况下的停止作业和紧急撤离的权利。"

35. 掌握从业人员的安全生产义务

《安全生产法》第四十九到第五十一条规定："遵章守规、服从管理的义务；正确佩带和使用劳保用品的义务；接受安全培训、掌握安全生产技能的义务；发现事故隐患或者其他不安全因素及时报告的义务。"

（四）安全生产的监督管理

36. 熟悉负有安全生产监督管理职责的部门的行政许可职责

《安全生产法》第五十四条规定："依照本法第九条规定对安全生产负有监督管理职责的部门依照有关法律、法规的规定，对涉及安全生产的事项需要审查批准或验收的，必须严格依照有关法律、法规和国家标准或者行业标准规定的安全生产条件和程序进行审查；不符合有关法律、法规和国家标准或者行业标准规定的安全生产条件的，不得批准或者验收通过。对未依法取得批准或者验收合格的单位擅自从事有关活动的，负责行政审批的部门发现或者接到举报后应当立即予以取缔，并依法予以处理。对已经依法取得批准的单位，负责行政审批的部门发现其不再具备安全生产条件的，应当撤销原批准。"

《安全生产法》第五十五条规定："负有安全生产监督管理职责的部门对涉及安全生产的事项进行审查、验收，不得收取费用；不得要求接受审查、验收的单位购买其指定品牌或者指定生产、销售单位的安全设备、器材或者其他产品。"

37. 熟悉负有安全生产监督管理职责的部门依法监督检查时行使的职权

现场检查权；当场处理权；紧急处置权；查封扣押权。监督检查不得影响被检查单位的正常生产经营活动。

38. 了解对安全生产监督检查人员依法履行职责的要求

一是坚持履行监管执法的行为准则，立党为公，执政为民，忠实于法律；二是严格按照程序履行职责，规范执法，持证执法，保守秘密；三是监督检查不得影响被检查单位的正常生产经营活动；四是应当将检查的时间、地点、内容、发现的问题及其处理情况，作出书面记录，并由检查人员和被检查单位的负责人签字；被检查单位负责人拒绝签字，检查人员应当将情况记录在案，并向负有安全生产监督管理职能的部门报告。

39. 了解对安全生产监督管理部门和人员进行监督监察的规定

《安全生产法》第六十一条规定：“监察机关依照行政监察法的规定，对负有安全生产监督管理职责的部门及其工作人员履行安全生产监督管理职责实施监察。”

40. 了解行政监察机关的职责

（1）检查负有安全生产监督管理职责的部门在遵守和执行法律、法规中的问题。

（2）受理对负有安全生产监督管理职责的部门及其工作人员在履行安全生产监督检查职责时违反行政纪律行为的控告、检举。

（3）调查处理负有安全生产监督管理职责的部门及其工作人员违反行政纪律的行为。

41. 掌握安全生产中介机构监督管理的规定

《安全生产法》第六十二条规定：“承担安全评价、认证、检测、检验的机构应当具备国家规定的资质条件，并对其作出的安全评价、认证、检测、检验的结果负责。”

42. 掌握安全生产监督管理的举报的规定

《安全生产法》第六十三条规定：“负有安全生产监督管理职责的部门应当建立举报制度，公开举报电话、信箱或者电子邮件地址，受理有关安全生产的举报；受理的举报事项经调查核实后，应当形成书面材料；需要落实整改措施的，报经有关负责人签字并督促落实。”

《安全生产法》第六十四条规定：“任何单位或者个人对事故隐患或者安全生产违法行为，均有权向负有安全生产监督管理职责的部门报告或者举报。”

（五）生产安全事故的应急救援与调查处理

43. 了解地方政府应急救援工作职责

《安全生产法》第六十八条规定：“县级以上地方各级人民政府应当组织有关部门制定本行政区域内特大生产安全事故应急救援预案，建立应急救援体系。”

44. 掌握有关生产经营单位应急救援的特殊规定

《安全生产法》第六十九条规定：“危险品的生产、经营、储存单位以及矿山、建筑施工单位应当建立应急救援组织；生产经营规模较小可以不建立应急救援组织的，应当指定兼职的应急救援人员。危险物品的生产、经营、储存单位以及矿山、建筑施工单位应当配备必要的应急救援器材、设备，并进行经常性维护、保养，保证正常运转。”

45. 掌握生产安全事故报告和处置的规定

《安全生产法》第七十条规定：“生产经营单位发生生产安全事故后，事故现场有关人员应当立即报告本单位负责人。单位负责人接到事故报告后，应当迅速采取有效措施，组织抢救，防止事故扩大，减少人员伤亡和财产损失，并按照国家有关规定立即如实报告当地负有安全生产监督管理职责的部门，不得隐瞒不报、谎报或者拖延不报，不得故意破坏事故现场、毁灭有关证据。”

《安全生产法》第七十一条规定：“负有安全生产监督管理职责的部门接到事故报告后，应当立即按照国家有关规定上报事故情况。负有安全生产监督管理职责的部门和有关地方人民政府对事故情况不得隐瞒不报、谎报或者拖延不报。”

《安全生产法》第七十二条规定："有关地方人民政府和负有安全生产监督管理职责的部门的负责人接到重大生产安全事故报告后，应当立即赶到事故现场，组织事故抢救。任何单位和个人都应当支持、配合事故抢救，并提供一切便利条件。"

46. 熟悉生产安全事故调查处理的规定

《安全生产法》第七十三条规定："事故调查处理应当按照实事求是、尊重科学的原则，及时、准确地查清事故原因，查明事故性质和责任，总结事故教训，提出整改措施，并对事故责任者提出处理意见。事故调查和处理的具体办法由国务院制定。"

《安全生产法》第七十四条规定："生产经营单位发生生产安全事故，经调查确定为责任事故的，除了应当查明事故单位的责任并依法予以追究外，还应当查明对安全生产的有关事项负有审查批准和监督职责的行政部门的责任，对有失职、渎职行为的，依照本法第七十七条的规定追究法律责任。"

《安全生产法》第七十五条规定："任何单位和个人不得阻挠和干涉对事故的依法调查。"

《安全生产法》第七十六条规定："县级以上地方各级人民政府负责安全生产监督管理部门应当定期统计分析本行政区域内发生生产安全事故的情况，并定期向社会公布。"

（六）安全生产法律责任

47. 了解安全生产法律责任的形式

行政责任；民事责任；刑事责任。

48. 熟悉安全生产违法行为行政处罚的决定机关（执法主体）

县级以上人民政府负责安全生产监督管理的部门；县以上人民政府；公安机关；法定的其他行政机关。

49. 掌握生产经营单位的法律责任

《安全生产法》规定追究生产经营单位法律责任的安全生产违法行为27种，设定的法律责任是实施罚款、没收违法所得、责令限期改正、停产停业整顿、责令停止建设、责令停止违法行为、吊销证照、关闭等行政处罚；导致发生生产安全事故给他人造成损害或者其他违法行为造成他人损害的，承担赔偿责任或者连带赔偿责任；构成犯罪的，依法追究刑事责任。

50. 掌握生产经营单位主要负责人、个人经营的投资人、有关主管人员和其他责任人员、从业人员的法律责任

《安全生产法》规定追究生产经营单位有关人员法律责任的安全生产违法行为7种，设定的法律责任是实施降职、撤职、罚款、拘留等行政处罚；构成犯罪的，依法追究刑事责任。

51. 掌握安全生产中介机构及其有关人员的法律责任

《安全生产法》规定追究安全生产中介机构及其有关人员的法律责任的安全生产违法行为，主要是承担安全评价、认证、检测、检验工作的机构出具假证明。设定的法律责任是实施罚款、没收非法所得、撤销执业资格的行政处罚；给他人造成损害的，与生产经营单位承担连带赔偿责任；构成犯罪的，依法追究刑事责任。

52. 熟悉民事赔偿责任强制执行的规定

一是确定生产经营单位发生生产安全事故造成人员伤亡、他人财产损失的，应当依法承

担赔偿责任。二是规定了强制执行措施。生产经营单位发生生产安全事故造成人员伤亡、他人财产损失，拒不承担赔偿责任或者其负责人逃匿的，由人民法院依法强制执行。三是规定了继续或者随时履行赔偿责任。生产安全事故的责任人未依法承担赔偿责任，经人民法院依法采取执行措施后，仍不能对受害人给予足额赔偿的，应当继续履行赔偿义务；受害人发现责任人有其他财产的，可以随时请求人民法院执行。

二、《消防法》(新修订)

53. 熟悉消防工作的方针、原则和责任制

新消防法继承和发展了我国消防法制建设成果，在总则中规定："消防工作贯彻预防为主、防消结合的方针，按照政府统一领导、部门依法监管、单位全面负责、公民积极参与的原则，实行消防安全责任制，建立健全社会化的消防工作网络。"

54. 了解各级政府消防工作职责

新消防法第三条规定："国务院领导全国的消防工作。地方各级人民政府负责本行政区域内的消防工作。"

55. 熟悉公安机关及消防机构职责

新消防法第四条规定："国务院公安部门对全国的消防工作实施监督管理。县级以上地方人民政府公安机关对本行政区域内的消防工作实施监督管理，并由本级人民政府公安机关消防机构负责实施。"

56. 了解消防监督管理主体的例外规定

新消防法在明确公安机关消防机构对消防工作具体实施监督管理的同时，对一些特殊单位消防工作的监督管理主体做了例外规定，总则第四条第一款规定："军事设施的消防工作，由其主管单位监督管理，公安机关消防机构协助；矿井地下部分、核电厂、海上石油天然气设施的消防工作，由其主管单位监督管理。"同时，针对森林、草原消防工作的特殊性，规定"法律、行政法规对森林、草原的消防工作另有规定的，从其规定。"

57. 了解行政主管部门的消防职责

新消防法第四条第二款规定："县级以上人民政府其他有关部门在各自的职责范围内，依照本法和其他相关法律、法规的规定做好消防安全工作。"

58. 掌握机关、团体、企业、事业等单位消防安全职责

新消防法规定，任何单位都应当无偿为报警提供便利，不得阻拦报警，严禁谎报火警；发生火灾的单位，必须立即组织力量扑救火灾，邻近单位应当给予支援；火灾扑灭后，发生火灾的单位和相关人员应当按照公安机关消防机构的要求保护现场，接受事故调查，如实提供与火灾有关的情况。

59. 掌握公民在消防工作中的权利和义务的规定

公民是消防工作重要的参与者和监督者。新消防法关于公民在消防工作中权利和义务的规定主要有：

(1) 任何人都有维护消防安全、保护消防设施、预防火灾、报告火警的义务。任何成年人都有参加有组织的灭火工作的义务。

(2) 任何人不得损坏、挪用或者擅自拆除、停用消防设施、器材，不得埋压、圈占、遮挡消火栓或者占用防火间距，不得占用、堵塞、封闭疏散通道、安全出口、消防车通道。

(3) 任何人发现火灾都应当立即报警。任何人都应当无偿为报警提供便利，不得阻拦报警。严禁谎报火警。

(4) 火灾扑灭后，相关人员应当按照公安机关消防机构的要求保护现场，接受事故调查，如实提供与火灾有关的情况。

60. 熟悉建设工程消防设计审核、消防验收和备案抽查制度

新消防法规定对国务院公安部门规定的大型人员密集场所和其他特殊建设工程，由公安机关消防机构实行建设工程消防设计审核、消防验收。

新消防法明确了其他工程实行备案抽查制度。规定对其他建设工程，建设单位应当自依法取得施工许可之日起七个工作日内，将消防设计文件报公安机关消防机构备案，公安机关消防机构应当进行抽查；经依法抽查不合格的，应当停止施工。建设单位在工程验收后应当报公安机关消防机构备案，公安机关消防机构应当进行抽查；经依法抽查不合格的，应当停止使用。

61. 了解公众聚集场所消防安全检查的规定

公众聚集场所的消防安全，历来是消防监督管理的重点。新消防法继承和发展了原消防法关于公安机关消防机构对公众聚集的场所在使用、营业前实施消防安全检查的规定，取消了原消防法中关于对公众聚集场所未经消防安全检查或者经检查不符合消防安全要求擅自投入使用、营业的限期改正的前置条件，对存在上述违法行为的，规定中直接给予责令停止施工、停止使用、停产停业和罚款的行政处罚。

62. 了解举办大型群众性活动的消防安全要求

为减少行政许可事项，新消防法将大型群众性活动的消防安全纳入《大型群众性活动安全管理条例》规定的治安行政许可审查内容，避免了多头审批，方便社会，方便群众，同时明确了消防安全要求，规定举办大型群众性活动，承办人应当依法向公安机关申请安全许可，制定灭火和应急疏散预案并组织演练，明确消防安全责任分工，确定消防安全管理人员，保持消防设施和消防器材配置齐全、完好有效，保证疏散通道、安全出口、疏散指示标志、应急照明和消防车通道符合消防技术标准和管理规定。

63. 熟悉消防产品监督管理的规定

消防产品属于安全类产品，其质量直接关系到火灾发生后消防产品能否有效地发挥作用，从而保障人身安全和财产安全。新消防法进一步明确了消防产品监督管理制度。规定消防产品必须符合国家标准；没有国家标准的，必须符合行业标准。禁止生产、销售或者使用不合格的消防产品以及国家明令淘汰的消防产品。

新消防法明确了消防产品强制认证制度，规定依法应当实行强制性产品认证的消防产品，由具有法定资质的认证机构按照国家标准、行业标准的强制性要求认证合格后，方可生产、销售、使用。

64. 了解消防规划纳入城乡规划的规定

新消防法将原消防法中的“城市规划”修改为“城乡规划”，规定“地方各级人民政府应当将包括消防安全布局、消防站、消防供水、消防通信、消防车通道、消防装备等内容的消防

规划纳入城乡规划，并负责组织实施。城乡消防安全布局不符合消防安全要求的，应当调整、完善；公共消防设施、消防装备不足或者不适应实际需要的，应当增建、改建、配置或者进行技术改造”。一字之变，“城”、“乡”并重，体现了我国对农村消防工作的高度重视。

65. 熟悉建设多种形式消防力量的规定

新消防法全面继承并发展了原消防法中有关建设多种形式消防力量的规定，明确了建立多种形式的消防力量的总体要求，区分城市、乡镇，明确建设不同形式消防力量的要求。规定“县级以上地方人民政府应当按照国家规定建立公安消防队、专职消防队，并按照国家标准配备消防装备，承担火灾扑救工作。乡镇人民政府应当根据当地经济发展和消防工作的需要，建立专职消防队、志愿消防队，承担火灾扑救工作”。

66. 熟悉公安消防队、政府专职消防队应急救援工作规定

根据我国应急救援力量建设的实际需要，充分考虑公安消防部队在现役体制、器材装备、训练管理等方面的优势，以及近年来公安消防部队应急救援工作成效，新消防法进一步加强了公安消防部队和政府专职消防队的应急救援能力建设及必要的保障措施，规定公安消防队、政府专职消防队依照国家规定承担重大灾害事故和其他以抢救人员生命为主的应急救援工作。

67. 熟悉公安机关及其消防机构监督检查的规定

有权必有责、用权受监督、侵权需赔偿、违法要追究，是依法行政和建立法治政府、责任政府的必然要求。为了加强消防执法监督，新消防法专门增加了“监督检查”一章，着力规范和约束政府及政府各部门，特别是公安机关及其消防机构权力的行使，强化了对其依法履行职责的监督，这对公安机关及其消防机构依法监督管理也提出了更高、更严的要求。

68. 掌握消防违法行为和行政处罚种类

新消防法适应消防工作发展的需要，在有关法律责任的规定上作出较大修订，加大消防行政处罚力度，补充完善了消防行政处罚制度。

新消防法增加了应予以行政处罚的违反消防法规的行为，解决了原消防法对违反消防法规的行为规定得不全、不严密，一些违法行为得不到及时制止、纠正和依法惩处的问题，维护了法律的严肃性和权威性。

新消防法调整了行政处罚的种类。新消防法设定了警告、罚款、拘留、责令停产停业(停止施工、停止使用)、没收违法所得、责令停止执业(吊销相应资质、资格)六类行政处罚，增加了责令停止执业(吊销相应资质、资格)一类行政处罚，对一些严重违反消防法规的行为特别是危害公共安全的行为增设了拘留处罚，增强了法律的威慑力。

新消防法新增的消防违法行为主要有：

(1) 消防设计经公安机关消防机构依法抽查不合格，不停止施工的；

(2) 建设工程投入使用后经公安机关消防机构依法抽查不合格，不停止使用的；

(3) 建设单位未依法将消防设计文件报公安机关消防机构备案，或者在竣工后未依法报公安机关消防机构备案的；

(4) 建设单位要求建筑设计单位或者建筑施工企业降低消防技术标准设计、施工的；

(5) 建筑设计单位不按照消防技术标准强制性要求进行消防设计的；

(6) 工程监理单位与建设单位或者施工企业串通，弄虚作假，降低消防施工质量的；

（7）人员密集场所在门窗上设置影响逃生和灭火救援的障碍物的；

（8）生产、储存、经营易燃易爆危险品的场所与居住场所设置在同一建筑物内，或者未与居住场所保持安全距离的；

（9）生产、储存、经营其他物品的场所与居住场所设置在同一建筑物内，不符合消防技术标准的；

（10）非法携带易燃易爆危险品进入公共场所或者乘坐公共交通工具的；

（11）阻碍公安机关消防机构的工作人员依法执行职务的；

（12）在火灾发生后阻拦报警，或者负有报告职责的人员不及时报警的；

（13）擅自拆封或者使用被公安机关消防机构查封的场所、部位的；

（14）人员密集场所使用不合格的消防产品或者国家明令淘汰的消防产品的；

（15）消防产品质量认证、消防设施检测等消防技术服务机构出具虚假、失实文件的。

69. 了解公安机关消防机构临时查封的规定

新消防法在继承原消防法中有关强制措施的基础上，根据消防执法工作实践，增加了临时查封措施。

新消防法规定公安机关消防机构在消防监督检查中发现火灾隐患的，应当通知有关单位或者个人立即采取措施消除隐患；不及时消除隐患可能严重威胁公共安全的，公安机关消防机构应当依照规定对危险部位或者场所采取临时查封措施。

70. 了解公安派出所消防监督职责

我国60%以上的火灾和60%以上的火灾伤亡发生在农村和乡镇。考虑到公安机关消防机构只在县级以上人民政府公安机关设立，而公安派出所覆盖广大农村和城市社区，新消防法赋予了公安派出所消防监督职责，规定公安派出所可以负责日常消防监督检查、开展消防宣传教育。

三、《机关、团体、企业、事业等单位消防安全管理规定》

71. 熟悉单位建立消防安全责任制的规定

单位应当落实逐级消防安全责任制和岗位消防安全责任制，明确逐级和岗位消防安全职责，确定各级、各岗位的消防安全责任人。

72. 熟悉单位消防安全责任人的消防安全职责

（1）贯彻执行消防法规，保障单位消防安全符合规定，掌握本单位的消防安全情况；

（2）将消防工作与本单位的生产、科研、经营、管理等活动统筹安排，批准实施年度消防工作计划；

（3）为本单位的消防安全提供必要的经费和组织保障；

（4）确定逐级消防安全责任，批准实施消防安全制度和保障消防安全的操作规程；

（5）组织防火检查，督促落实火灾隐患整改，及时处理涉及消防安全的重大问题；

（6）根据消防法规的规定建立专职消防队、义务消防队；

（7）组织制定符合本单位实际的灭火和应急疏散预案，并实施演练。

73. 熟悉单位消防安全管理人的消防安全职责

（1）拟订年度消防工作计划，组织实施日常消防安全管理工作；

（2）组织制订消防安全制度和保障消防安全的操作规程并检查督促其落实；

（3）拟订消防安全工作的资金投入和组织保障方案；

（4）组织实施防火检查和火灾隐患整改工作；

（5）组织实施对本单位消防设施、灭火器材和消防安全标志的维护保养，确保其完好有效，确保疏散通道和安全出口畅通；

（6）组织管理专职消防队和义务消防队；

（7）在员工中组织开展消防知识、技能的宣传教育和培训，组织灭火和应急疏散预案的实施和演练；

（8）单位消防安全责任人委托的其他消防安全管理工作；

（9）消防安全管理人应当定期向消防安全责任人报告消防安全情况，及时报告涉及消防安全的重大问题。

74. 了解承包、承租或者受委托经营、管理单位的消防安全职责

（1）实行承包、租赁或者委托经营、管理时，产权单位应当提供符合消防安全要求的建筑物，当事人在订立的合同中依照有关规定明确各方的消防安全责任；消防车通道、涉及公共消防安全的疏散设施和其他建筑消防设施应当由产权单位或者委托管理的单位统一管理。

（2）承包、承租或者受委托经营、管理的单位应当遵守本规定，在其使用、管理范围内履行消防安全职责。

75. 了解居民住宅区物业管理单位的消防安全职责

（1）制定消防安全制度，落实消防安全责任，开展消防安全宣传教育；

（2）开展防火检查，消除火灾隐患；

（3）保障疏散通道、安全出口、消防车通道畅通；

（4）保障公共消防设施、器材以及消防安全标志完好有效。

76. 了解举办集会、焰火晚会、灯会等具有火灾危险的大型活动的主办单位、承办单位以及提供场地单位的消防安全职责

应当在订立的合同中明确各方的消防安全责任。

77. 掌握建设单位、施工单位的消防安全职责

建筑工程施工现场的消防安全由施工单位负责。实行施工总承包的，由总承包单位负责。分包单位向总承包单位负责，服从总承包单位对施工现场的消防安全管理。

对建筑物进行局部改建、扩建和装修的工程，建设单位应当与施工单位在订立的合同中明确各方对施工现场的消防安全责任。

78. 掌握消防安全重点单位的确定范围

（1）商场（市场）、宾馆（饭店）、体育场（馆）、会堂、公共娱乐场所等公众聚集场所（以下统称公众聚集场所）；

（2）医院、养老院和寄宿制的学校、托儿所、幼儿园；

（3）国家机关；

（4）广播电台、电视台和邮政、通信枢纽；

（5）客运车站、码头、民用机场；

（6）公共图书馆、展览馆、博物馆、档案馆以及具有火灾危险性的文物保护单位；

(7) 发电厂(站)和电网经营企业；

(8) 易燃易爆化学物品的生产、充装、储存、供应、销售单位；

(9) 服装、制鞋等劳动密集型生产、加工企业；

(10) 重要的科研单位；

(11) 其他发生火灾可能性较大以及一旦发生火灾可能造成重大人身伤亡或者财产损失的单位；

(12) 高层办公楼(写字楼)、高层公寓楼等高层公共建筑，城市地下铁道、地下观光隧道等地下公共建筑和城市重要的交通隧道，粮、棉、木材、百货等物资集中的大型仓库和堆场，国家和省级等重点工程的施工现场，应当按照本规定对消防安全重点单位的要求，实行严格管理。

79. 掌握消防安全重点单位的基本要求

消防安全重点单位及其消防安全责任人、消防安全管理人应当报当地公安消防机构备案。

消防安全重点单位应当设置或者确定消防工作的归口管理职能部门，并确定专职或者兼职的消防管理人员。归口管理职能部门和专兼职消防管理人员在消防安全责任人或者消防安全管理人的领导下开展消防安全管理工作。

80. 了解公众聚集场所的消防安全条件

(1) 依法办理建筑工程消防设计审核手续，并经消防验收合格；

(2) 建立健全消防安全组织，消防安全责任明确；

(3) 建立消防安全管理制度和保障消防安全的操作规程；

(4) 员工经过消防安全培训；

(5) 建筑消防设施齐全、完好有效；

(6) 制定灭火和应急疏散预案。

向当地公安消防机构申报进行消防安全检查，经检查合格后方可开业使用。

81. 熟悉单位消防安全制度的主要内容

(1) 单位应当按照国家有关规定，结合本单位的特点，建立健全各项消防安全制度和保障消防安全的操作规程，并公布执行。

(2) 单位消防安全制度主要包括以下内容：消防安全教育、培训；防火巡查、检查；安全疏散设施管理；消防(控制室)值班；消防设施、器材维护管理；火灾隐患整改；用火、用电安全管理；易燃易爆危险物品和场所防火防爆；专职和义务消防队的组织管理；灭火和应急疏散预案演练；燃气和电气设备的检查和管理(包括防雷、防静电)；消防安全工作考评和奖惩；其他必要的消防安全内容。

82. 掌握单位确定消防安全重点部位的规定

单位应当将容易发生火灾、一旦发生火灾可能严重危及人身和财产安全以及对消防安全有重大影响的部位确定为消防安全重点部位，设置明显的防火标志，实行严格管理。

83. 熟悉单位动用明火的消防安全规定

(1) 单位应当对动用明火实行严格的消防安全管理。禁止在具有火灾、爆炸危险的场所使用明火；因特殊情况需要进行电、气焊等明火作业的，动火部门和人员应当按照单位的用火管理制度办理审批手续，落实现场监护人，在确认无火灾、爆炸危险后方可动火施工。动火施工人员应当遵守消防安全规定，并落实相应的消防安全措施。

（2）公众聚集场所或者两个以上单位共同使用的建筑物局部施工需要使用明火时，施工单位和使用单位应当共同采取措施，将施工区和使用区进行防火分隔，清除动火区域的易燃、可燃物，配置消防器材，专人监护，保证施工及使用范围的消防安全。

（3）公共娱乐场所在营业期间禁止动火施工。

84. 熟悉单位疏散通道、安全出口的消防安全规定

单位应当保障疏散通道、安全出口畅通，并设置符合国家规定的消防安全疏散指示标志和应急照明设施，保持防火门、防火卷帘、消防安全疏散指示标志、应急照明、机械排烟送风、火灾事故广播等设施处于正常状态。

85. 掌握单位的防火检查规定

机关、团体、事业单位应当至少每季度进行一次防火检查，其他单位应当至少每月进行一次防火检查。检查的内容应当包括：

（1）火灾隐患的整改情况以及防范措施的落实情况；

（2）安全疏散通道、疏散指示标志、应急照明和安全出口情况；

（3）消防车通道、消防水源情况；

（4）灭火器材配置及有效情况；

（5）用火、用电有无违章情况；

（6）重点工种人员以及其他员工消防知识的掌握情况；

（7）消防安全重点部位的管理情况；

（8）易燃易爆危险物品和场所防火防爆措施的落实情况以及其他重要物资的防火安全情况；

（9）消防（控制室）值班情况和设施运行、记录情况；

（10）防火巡查情况；

（11）消防安全标志的设置情况和完好、有效情况；

（12）其他需要检查的内容。

86. 掌握消防安全重点单位的防火检查规定

消防安全重点单位应当进行每日防火巡查，并确定巡查的人员、内容、部位和频次。其他单位可以根据需要组织防火巡查。巡查的内容应当包括：

（1）用火、用电有无违章情况；

（2）安全出口、疏散通道是否畅通，安全疏散指示标志、应急照明是否完好；

（3）消防设施、器材和消防安全标志是否在位、完整；

（4）常闭式防火门是否处于关闭状态，防火卷帘下是否堆放物品影响使用；

（5）消防安全重点部位的人员在岗情况；

（6）其他消防安全情况；

（7）公众聚集场所在营业期间的防火巡查应当至少每两小时一次；营业结束时应当对营业现场进行检查，消除遗留火种。医院、养老院、寄宿制的学校、托儿所、幼儿园应当加强夜间防火巡查，其他消防安全重点单位可以结合实际组织夜间防火巡查；

（8）防火巡查人员应当及时纠正违章行为，妥善处置火灾危险，无法当场处置的，应当立即报告。发现初起火灾应当立即报警并及时扑救。

87. 掌握消防设施、灭火器检查维修保养的规定

单位应当按照建筑消防设施检查维修保养有关规定的要求，对建筑消防设施的完好有效情况进行检查和维修保养。

设有自动消防设施的单位，应当按照有关规定定期对其自动消防设施进行全面检查测试，并出具检测报告，存档备查。

单位应当按照有关规定定期对灭火器进行维护保养和维修检查。对灭火器应当建立档案资料，记明配置类型、数量、设置位置、检查维修单位（人员）、更换药剂的时间等有关情况。

88. 掌握违反消防安全规定的行为

（1）违章进入生产、储存易燃易爆危险物品场所的；

（2）违章使用明火作业或者在具有火灾、爆炸危险的场所吸烟、使用明火等违反禁令的；

（3）将安全出口上锁、遮挡，或者占用、堆放物品影响疏散通道畅通的；

（4）消火栓、灭火器材被遮挡影响使用或者被挪作他用的；

（5）常闭式防火门处于开启状态，防火卷帘下堆放物品影响使用的；

（6）消防设施管理、值班人员和防火巡查人员脱岗的；

（7）违章关闭消防设施、切断消防电源的；

（8）其他可以当场改正的行为。

单位应当责成有关人员当场改正并督促落实。

89. 掌握火灾隐患的整改规定

（1）单位对存在的火灾隐患，应当及时予以消除。

（2）对不能当场改正的火灾隐患，消防工作归口管理职能部门或者专兼职消防管理人员应当根据本单位的管理分工，及时将存在的火灾隐患向单位的消防安全管理人或者消防安全责任人报告，提出整改方案。消防安全管理人或者消防安全责任人应当确定整改的措施、期限以及负责整改的部门、人员，并落实整改资金。

（3）在火灾隐患未消除之前，单位应当落实防范措施，保障消防安全。不能确保消防安全，随时可能引发火灾或者一旦发生火灾将严重危及人身安全的，应当将危险部位停产停业整改。

（4）火灾隐患整改完毕，负责整改的部门或者人员应当将整改情况记录报送消防安全责任人或者消防安全管理人签字确认后存档备查。

（5）对于涉及城市规划布局而不能自身解决的重大火灾隐患，以及机关、团体、事业单位确无能力解决的重大火灾隐患，单位应当提出解决方案并及时向其上级主管部门或者当地人民政府报告。

（6）对公安消防机构责令限期改正的火灾隐患，单位应当在规定的期限内改正并写出火灾隐患整改复函，报送公安消防机构。

90. 掌握单位宣传教育和培训内容

单位应当通过多种形式开展经常性的消防安全宣传教育。消防安全重点单位对每名员工

应当至少每年进行一次消防安全培训。宣传教育和培训内容应当包括：

（1）有关消防法规、消防安全制度和保障消防安全的操作规程；

（2）本单位、本岗位的火灾危险性和防火措施；

（3）有关消防设施的性能、灭火器材的使用方法；

（4）报火警、扑救初起火灾以及自救逃生的知识和技能；

（5）公众聚集场所对员工的消防安全培训应当至少每半年进行一次，培训的内容还应当包括组织、引导在场群众疏散的知识和技能；

（6）单位应当组织新上岗和进入新岗位的员工进行上岗前的消防安全培训；

（7）公众聚集场所在营业、活动期间，应当通过张贴图画、广播、闭路电视等向公众宣传防火、灭火、疏散逃生等常识；

（8）学校、幼儿园应当通过寓教于乐等多种形式对学生和幼儿进行消防安全常识教育。

91. 熟悉消防安全专门培训对象的规定

下列人员应当接受消防安全专门培训：

（1）单位的消防安全责任人、消防安全管理人；

（2）专、兼职消防管理人员；

（3）消防控制室的值班、操作人员；

（4）其他依照规定应当接受消防安全专门培训的人员；

（5）消防控制室的值班、操作人员应当持证上岗。

92. 掌握消防安全重点单位灭火和应急疏散预案的制定及演练的规定

消防安全重点单位制定的灭火和应急疏散预案应当包括下列内容：

（1）组织机构，包括：灭火行动组、通讯联络组、疏散引导组、安全防护救护组；

（2）报警和接警处置程序；

（3）应急疏散的组织程序和措施；

（4）扑救初起火灾的程序和措施；

（5）通讯联络、安全防护救护的程序和措施。

消防演练的规定：消防安全重点单位应当按照灭火和应急疏散预案，至少每半年进行一次演练，并结合实际，不断完善预案。其他单位应当结合本单位实际，参照制定相应的应急方案，至少每年组织一次演练。

消防演练时，应当设置明显标识并事先告知演练范围内的人员。

93. 熟悉消防安全重点单位消防档案的管理要求

消防安全重点单位应当建立健全消防档案。消防档案应当包括消防安全基本情况和消防安全管理情况。消防档案应当详实，全面反映单位消防工作的基本情况，并附有必要的图表，根据情况变化及时更新。

单位应当对消防档案统一保管、备查。

94. 熟悉消防档案的安全基本情况的内容

消防安全重点单位消防档案的安全基本情况应当包括以下内容：

（1）单位基本概况和消防安全重点部位情况；

（2）建筑物或者场所施工、使用或者开业前的消防设计审核、消防验收以及消防安全检查的文件、资料；

（3）消防管理组织机构和各级消防安全责任人；

（4）消防安全制度；

（5）消防设施、灭火器材情况；

（6）专职消防队、义务消防队人员及其消防装备配备情况；

（7）与消防安全有关的重点工种人员情况；

（8）新增消防产品、防火材料的合格证明材料；

（9）灭火和应急疏散预案。

95. 熟悉消防档案的安全管理情况的内容

消防安全重点单位消防档案的安全管理情况应当包括以下内容：

（1）公安消防机构填发的各种法律文书；

（2）消防设施定期检查记录、自动消防设施全面检查测试的报告以及维修保养的记录；

（3）火灾隐患及其整改情况记录；

（4）防火检查、巡查记录；

（5）有关燃气、电气设备检测（包括防雷、防静电）等记录资料；

（6）消防安全培训记录；

（7）灭火和应急疏散预案的演练记录；

（8）火灾情况记录；

（9）消防奖惩情况记录。

96. 熟悉单位消防安全工作的奖惩规定

单位应当将消防安全工作纳入内部检查、考核、评比内容。对在消防安全工作中成绩突出的部门（班组）和个人，单位应当给予表彰奖励。对未依法履行消防安全职责或者违反单位消防安全制度的行为，应当依照有关规定对责任人员给予行政纪律处分或者其他处理。

违反本规定，依法应当给予行政处罚的，依照有关法律、法规予以处罚；构成犯罪的，依法追究刑事责任。

四、《道路交通安全法》

97. 熟悉交通事故处理的规定

（1）交通事故现场处理

交通事故是指车辆在道路上因过错或者意外造成的人身伤亡或者财产损失的事件。在道路上发生交通事故，车辆驾驶人应当立即停车，保护现场；造成人身伤亡的车辆驾驶人应当立即抢救受伤人员，并迅速报告执勤的交通警察或者公安机关交通管理部门。因抢救受伤人员变动现场的，应当标明位置。乘车人、过往车辆驾驶人、过往行人应当予以协助。

在道路上发生交通事故，未造成人身伤亡，当事人对事实及成因无争议的，可以即行撤离现场，恢复交通，自行协商处理损害赔偿事宜；不即行撤离现场的，应当迅速报告执勤的交通警察或者公安机关交通管理部门。在道路上发生交通事故，仅造成轻微财产损失，并且基本事实清楚的，当事人应当先撤离现场再进行协商处理。

车辆发生交通事故后肇事者逃逸的，事故现场目击人员和其他知情人员应当向公安机关交通管理部门或者交通警察举报。举报属实的，公安机关交通管理部门应当给予奖励。

(2) 交通事故损害赔偿

对交通事故损害赔偿的争议，当事人可以请求公安厅机关交通管理部门调解，也可以直接向人民法院提起民事诉讼。经公安机关交通管理部门调解，当事人未达成协议或者调解书生效后不履行的，当事人可以向人民法院提起民事诉讼。

(3) 受伤人员救治

医疗机构对交通事故中的受伤人员应当及时抢救，不得因抢救费用未及时支付而拖延救治。肇事车辆参加机动车第三者责任强制保险的，由保险公司在责任限额范围内支付抢救费用；抢救费用超过责任限额的，未参加机动车第三者责任强制保险或者肇事后逃逸的，由道路交通事故社会救助基金先行垫付部分或者全部抢救费用，道路交通事故社会救助基金管理机构有权向交通事故责任人追偿。

(4) 人身伤亡和财产损失赔偿

机动车发生交通事故造成人身伤亡、财产损失的，由保险公司在机动车第三者责任强制保险责任限额范围内予以赔偿。超过责任限额的部分，按《道路交通安全法》第七十六条规定，承担赔偿责任。交通事故的损失是由非机动车驾驶人、行人故意造成的，机动车一方不承担责任。

98. 掌握交通安全违法行为应负的法律责任

行人、乘车人、非机动车驾驶人有道路交通安全违法行为，机动车驾驶人有道路交通安全违法行为，依照《道路交通安全法》第七章的有关规定追究法律责任。

99. 熟悉道路通行的规定

道路是指公路、城市道路和虽在单位管辖范围内但允许社会机动车辆通行的地方，包括广场、公共停车场等用于公共通行的场所。

车辆是指机动车和非机动车。机动车是指动力装置驱动或者牵引，上道路行驶的供人员乘用或者用于运送物品以及工程专项作业的轮式车辆。非机动车是指人力或者畜力驱动，上道路行驶的交通工具，以及虽有动力装置驱动但设计最高时速、空车质量、外形尺寸符合国家标准的残疾人机动轮椅车、电动自行车等交通工具。

(1) 机动车通行规定

① 同车道行驶

同道行驶的机动车，后车应当与前车保持足以采取紧急制动措施的安全距离。有前车正在左转弯、掉头、超车，与对面来车有会车可能，前车为执行紧急任务的警车、消防车、救护车、工程救险车，行经铁道路口、交叉路口、窄桥、弯道、隧道、人行横道、市区交通流量大的路段等没有超车条件的情形，不得超车。

② 交叉路口行驶

机动车通过交叉路口，应当按照交通信号灯、交通标志或者交通警察的指挥通过；通过没有交通信号灯、交通标志或者交通警察指挥的交叉路口时，应当减速慢行，并让行人和优先通行的车辆先行。

③ 机动车载物行驶

机动车载物应当符合核定的载重量，严禁超载；载物的长、宽、高不得违反装载要求，不得遗洒、飘散载运物。机动车运载超限的不可解体的物品时，影响交通安全的，应当按照公安机关交通管理部门制定的时间、路线、速度行驶，悬挂明显标志。机动车运载爆炸物品、易燃易爆化学品以及剧毒、放射性等危险物品，应当经公安机关批准后，按指定的时间、路线、速度行驶，悬挂警示标志并采取必要的安全措施。

④ 机动车载人行驶

机动车载人不得超过核定的人数，客运机车不得载货，禁止货运机动车载客。

⑤ 拖拉机行驶

高速公路、大中城市中心城区的道路，禁止拖拉机通行。其他禁止拖拉机通行的道路，由省、自治区、直辖市人民政府根据当地实际情况规定。在允许拖拉机通行的道路上，拖拉机可以从事货运，但是不得用于载人。

（2）非机动车通行规定

驾驶非机动在道路上行驶，应当遵守有关交通安全的规定。非机动车应当在非机动车道内行驶；在没有非机动车道的道路上，应当靠车行道的右侧行驶。残疾人机动轮椅车、电动自行车在非机动车道内行驶时，最高时速不得超过 5km。非机动车应当在规定的地点停放。未设停放地点的，非机动车停放不得妨碍其他车辆和行人通行。

（3）高速公路的特别规定

行人、非机动车、拖拉机、轮式专用机械车、铰接式客车、全挂拖斗车以及其他设计最高时速低于 70km 的机动车，不得进入高速公路。高速公路限速标志标明的最高时速不得超过 120km。任何单位、个人不得在高速公路上拦截检查行驶的车辆，公安机关的人民警察依法执行紧急公务除外。

五、《刑法》相关内容

100. 熟悉刑法有关安全生产犯罪的罪名和刑罚的规定

《刑法》有关安全生产犯罪的规定主要有重大责任事故罪、重大劳动安全事故罪、危险物品肇事罪、提供虚假证明文件罪以及国家工作人员职务犯罪等。

为了制裁严重的安全生产违法犯罪分子，《安全生产法》关于追究刑事责任的规定有 11 条。

101. 掌握生产经营单位及其有关人员构成犯罪所应承担的刑事责任

（1）重大责任事故罪、重大劳动安全事故罪、危险物品肇事罪——均处 3 年以下有期徒刑或者拘役；情节特别恶劣的，处 3 年以上 7 年以下有期徒刑。

（2）工程重大安全事故罪——处 5 年以下有期徒刑或者拘役，并处罚金；后果特别严重的，处 5 年以上 10 年以下有期徒刑，并处罚金。

（3）教育设施重大安全事故罪、消防责任事故罪、铁路运营安全事故罪——均处 3 年以下有期徒刑或者拘役；后果特别严重的，处 3 年以上 7 年以下有期徒刑。

（4）重大飞行事故罪——处 3 年以下有期徒刑或者拘役；造成飞机坠毁或者人员死亡的，处 3 年以上 7 年以下有期徒刑。

（5）交通肇事罪——处 3 年以下有期徒刑或者拘役；交通运输肇事后逃逸或者有其他特别恶劣情节的，处 3 年以上 7 年以下有期徒刑；因逃逸致人死亡的，处 7 年以上有期徒刑。

102. 熟悉负有安全生产监督管理职责的部门的工作人员构成犯罪应承担的刑事责任

（1）贪污罪、受贿罪——刑法第三百八十三条的规定处罚，索贿的从重处罚。

（2）玩忽职守罪——处3年以下有期徒刑或者拘役；情节特别严重的，处3年以上7年以下有期徒刑，刑法另有规定的，依照规定。

（3）循私舞弊罪——处5年以下有期徒刑或者拘役；情节特别严重的，处5年以上10年以下有期徒刑，刑法另有规定的，依照规定。

103. 掌握有关地方人民政府、负有安全生产监督管理职责的部门有关人员对生产安全事故隐瞒不报、谎报或者拖延不报的刑事责任

依照刑法关于玩忽职守罪的规定处罚。

104. 掌握安全生产中介机构及其有关人员构成犯罪应承担的刑事责任

承担资产评估、验资、验证、会计、审计、法律服务等职责的中介组织的人员提供虚假证明文件罪，情节严重的，处5年以下有期徒刑或者拘役，并处罚金。

前款规定的人员，索取他人财物或者非法收受他人财物，犯前款罪的，处5年以上10年以下有期徒刑，并处罚金。

第一款规定的人员，严重不负责任，出具的证明有重大失实，造成严重后果的，处3年以下有期徒刑或者拘役，并处或者单处罚金。

六、《行政处罚法》

105. 了解行政处罚的原则

行政处罚遵循公正、公开的原则。设定和实施行政处罚必须以事实为根据，与违法行为的事实、性质、情节以及社会危害程度相当。对违法行为给予行政处罚的规定必须公布；未经公布的，不得作为行政处罚的依据。

106. 掌握行政相对人的权利

（1）陈述权：当行政处罚实施机关对行政相对人实施行政处罚时，行政相对人有权如实陈述与行政处罚相关事实、情节。

（2）申辩权：行政相对人对行政处罚实施机关给予的行政处罚的违法事实认定、证据提取、适用法律和行政处罚种类、幅度持有异议的，有权为自己辩解并提出证据，要求行政处罚实施机关予以调查核实。

（3）复议权：在行政处罚实施过程中难免会出现一些行政违法行为，为了保证行政处罚的正确实施，纠正行政处罚实施机关的错误，必须给予行政相对人法律救济的权利和途径。公民、法人或者其他组织认为具体行政行为侵犯其合法权益，有权向行政机关提出行政复议申请。

（4）诉讼权：作出行政处罚具体行政行为，其行政机关或其上一级行政机关依法作出行政复议决定后，行政相对人不服的，仍然有权向人民法院提起行政诉讼，维护自己的合法权利。

（5）索赔权：国家机关和国家机关工作人员违法行使职权侵犯公民、法人和其他组织的合法权益造成损害的，受害人有取得国家赔偿的权利。

107. 掌握行政处罚的种类和设定

《行政处罚法》对最常见的、施行最多的主要行政处罚的种类作了概括性的规定：主要有警告、罚款、没收违法所得（非法财物）、责令停产停业、暂扣或者吊销许可证（执照）、行政拘留，以及法律、行政法规规定的其他行政处罚。法律、行政法规规定的其他行政处罚的种类不限于上述6种，还包括责令停止违法行为、责令改正、关闭等处罚。

《行政处罚法》对行政处罚的设定形式和权限作出严格而明确的规定：法律设定、地方性法规设定、部门规章设定、地方政府规章设定、其他规范性文件不得设定。

108. 了解行政处罚的实施机关

法定的行政机关、法律和法规授权的组织、行政机关依法委托的组织。

受委托组织必须符合下列条件：依法成立的管理公共事务的事业组织；具有熟悉有关法律、法规、规章和业务的工作人员；对违法行为需要进行技术检查或者技术鉴定的，应当有条件组织进行相应的技术检查或者技术鉴定。

109. 了解行政处罚的管辖和适用

行政处罚管辖分为一般管辖、指定管辖、移送管辖。

（1）一般管辖：行政处罚由违法行为发生地的县级以上人民政府具有行政处罚权的行政机关管辖。法律、行政法规另有规定的除外。

（2）指定管辖：对管辖发生争议的，报请共同的上一级行政机关指定管辖。

（3）移送管辖：违法行为构成犯罪的，行政机关必须将案件移送司法机关，依法追究刑事责任。

行政处罚的适用分为一事不再罚、未成年人的适用、精神病人的适用、从轻或者减轻处罚、处罚时效。

（1）一事不再罚：对当事人的同一个违法行为，不得给予两次以上罚款的行政处罚。

（2）未成年人的适用：不满十四周岁的人有违法行为的，不予行政处罚，责令监护人加以管教；已满十四周岁不满十八周岁的人有违法行为的，从轻或者减轻行政处罚。

（3）精神病人的适用：精神病人在不能辨认或者不能控制自己行为时有违法行为，不予行政处罚，但应责令其监护人严加看管和治疗。间歇性精神病人在精神正常时有违法行为的，应当给予行政处罚。

（4）从轻或者减轻处罚：当事人有下列情形之一的，应当依法从轻或者减轻行政处罚：

① 主动消除或者减轻违法行为危害后果的；

② 受他人胁迫有违法行为的；

③ 配合行政机关查处违法行为有立功表现的；

④ 其他依法从轻或者减轻行政处罚的。

违法行为轻微并及时纠正，没有造成危害后果的，不予行政处罚。

（5）处罚时效：违法行为在两年内未被发现的，不再给予行政处罚。法律另有规定的除外。违法行为的期限，从违法行为发生之日起计算；违法行为有连续或者继续状态的，从行为终了之日起计算。

110. 熟悉行政处罚的相关程序

（1）简易程序：适用于当场实施行政处罚的情形，违法事实确凿并有法定依据，对公民处以 50 元以下、对法人或者其他组织处以 1000 元以下罚款或者警告的行政处罚的，可以当场作出行政处罚决定。

（2）一般程序：除了当场作出行政处罚决定的，其他行政处罚应当适用一般程序。

① 确有应受行政处罚的违法行为的，根据情节轻重及具体情况，作出行政处罚决定；

② 违法行为轻微，依法可以不予行政处罚的，不予行政处罚；

③ 违法事实不能成立的，不得给予行政处罚；

④ 违法行为已构成犯罪的，移送司法机关。

（3）听证程序：是在对较重的行政处罚实施前适用的一种程序。行政机关作出责令停产停业、吊销许可证或者营业执照、较大数额罚款等行政处罚决定之前，应当告知当事人有要求举行听证的权利；当事人要求举行听证的，行政机关应当组织听证。

七、《劳动法》

111. 掌握用人单位劳动安全卫生的规定

（1）安全卫生的基本要求

① 劳动者的权利：《劳动法》第三条在劳动卫生方面赋予了劳动者享有的 7 项权利：一是劳动者享有平等就业和选择职业的权利；二是享有取得劳动报酬的权利；三是享有获得劳动安全卫生保护的权利；四是享有接受职业技能培训的权利；五是享受社会保险和福利的权利；六是享有提请劳动争议处理的权利；七是法律规定的其他劳动权利。

② 劳动者的义务：《劳动法》第三条在劳动卫生方面设定了劳动者需要履行的 4 项义务：一是劳动者应当完成劳动任务；二是劳动者应当提高职业技能；三是劳动者应当执行劳动安全卫生规程；四是劳动者应当遵守劳动纪律和职业道德。

③ 用人单位的义务：《劳动法》第五十二条规定："用人单位必须建立、健全劳动安全卫生制度，严格执行国家劳动安全卫生规程和标准，对劳动者进行劳动安全卫生教育，防止劳动过程中的事故，减少职业危害。"

（2）女职工和未成年工特殊保护

女职工和未成年工由于生理等原因不适宜从事某些危险性较大或者劳动强度较大的劳动，属于弱势群体，应当在劳动就业上给予特殊的保护。《劳动法》明文规定，国家对女工和未成年工实行特殊保护。未成年工是指年满 16 周岁未满 18 周岁的劳动者。同时对女职工和未成年工专门作出特殊保护的规定。

① 女工保护：一是禁止用人单位安排女工从事矿山井下、国家规定的第四级体力劳动强度的劳动和其他禁忌从事的劳动；二是禁止用人单位安排女职工在经期从事高处、低温、冷水作业和国家规定的第三级体力劳动强度的劳动；三是禁止用人单位安排女职工在怀孕期间从事国家规定的第三级体力劳动强度的劳动和孕期禁忌从事的活动。对怀孕 7 个月以上的职工，不得安排其延长工作时间和夜班劳动；四是禁止用人单位安排职工在哺乳未满 1 周岁婴儿期间从事国家规定的第三级体力劳动强度的劳动和哺乳期禁忌从事的其他劳动，不得延长其工作时间和夜班劳动。

② 未成年工保护：一是禁止用人单位安排未成年工从事矿山井下、有毒有害、国家规定的第四级体力劳动强度的劳动和其他禁忌从事的劳动；二是要求用人单位应当对未成年工

定期进行健康检查。

112. 熟悉有关劳动安全卫生监督检查的规定

（1）劳动监察

① 县级以上各级人民政府劳动行政部门依法对用人单位遵守劳动法律、法规的情况进行监督检查，对违反劳动法律、法规的行为有权制止，并责令改正。

② 县级以上各级人民政府劳动行政部门监督检查人员执行公务，有权进入用人单位了解执行劳动法律、法规的情况，并对劳动场所进行检查。县级以上各级人民政府劳动行政部门监督检查人员执行公务，必须出示证件，秉公执法并遵守有关规定。

（2）有关部门的监督

县级以上各级人民政府有关部门在各自范围内，对用人单位遵守劳动法律、法规的情况进行监督。

（3）工会的监督

各级工会依法维护劳动者的合法权益，对用人单位遵守劳动法律、法规的情况进行监督。任何组织和个人对于违反劳动法律、法规的行为有权检举和控告。

113. 了解劳动安全卫生违法行为实施行政处罚的决定机关

依照《安全生产法》和国务院的规定，现由县级以上人民政府负责安全生产监督管理的部门负责履行《劳动法》赋予劳动行政部门负责的劳动卫生监督管理职责，行使《劳动法》中有关劳动安全卫生监督管理和行政执法的职权。县级以上人民政府劳动行政部门依照法律和本级人民政府的规定，行使劳动安全卫生以外的其他劳动活动的监督管理和行政执法的职权。

八、《劳动合同法》

114. 掌握用人单位的告知义务和劳动者的说明义务

用人单位招用劳动者时，应当如实告知劳动者工作内容、工作条件、工作地点、职业危害、安全生产状况、劳动报酬，以及劳动者要求了解的其他情况；用人单位有权了解劳动者与劳动合同直接相关的基本情况，劳动者应当如实说明。

115. 熟悉劳动合同的种类

劳动合同分为固定期限劳动合同、无固定期限劳动合同和以完成一定工作任务为期限的劳动合同。

116. 熟悉劳动合同的内容

劳动合同应当具备以下条款：

（1）用人单位的名称、住所和法定代表人或者主要负责人；

（2）劳动者的姓名、住址和居民身份证或者其他有效身份证件号码；

（3）劳动合同期限；

（4）工作内容和工作地点；

（5）工作时间和休息休假；

（6）劳动报酬；

（7）社会保险；

（8）劳动保护、劳动条件和职业危害防护；

（9）法律、法规规定应当纳入劳动合同的其他事项。

劳动合同除前款规定的必备条款外，用人单位与劳动者可以约定试用期、培训、保守秘密、补充保险和福利待遇等其他事项。

117. 掌握劳动合同无效或者部分无效的规定

下列劳动合同无效或者部分无效：

（1）以欺诈、胁迫的手段或者乘人之危，使对方在违背真实意思的情况下订立或者变更劳动合同的；

（2）用人单位免除自己的法定责任、排除劳动者权利的；

（3）违反法律、行政法规强制性规定的。

对劳动合同的无效或者部分无效有争议的，由劳动争议仲裁机构或者人民法院确认。

118. 掌握加班及支付加班费的规定

用人单位应当严格执行劳动定额标准，不得强迫或者变相强迫劳动者加班。用人单位安排加班的，应当按照国家有关规定向劳动者支付加班费。

支付加班费的具体标准是：在标准工作日内安排劳动者延长工作时间的，支付不低于工资的150%的工资报酬；休息日安排劳动者工作又不能安排补休的，支付不低于工资的200%的工资报酬；法定休假日安排劳动者工作的，支付不低于工资的300%的工资报酬。

119. 掌握劳动者解除劳动合同的规定

用人单位有下列情形之一的，劳动者可以解除劳动合同：

（1）未按照劳动合同约定提供劳动保护或者劳动条件的；

（2）未及时足额支付劳动报酬的；

（3）未依法为劳动者缴纳社会保险费的；

（4）用人单位的规章制度违反法律、法规的规定，损害劳动者权益的；

（5）因本法第二十六条第一款规定的情形致使劳动合同无效的；

（6）法律、行政法规规定劳动者可以解除劳动合同的其他情形。

用人单位以暴力、威胁或者非法限制人身自由的手段强迫劳动者劳动的，或者用人单位违章指挥、强令冒险作业危及劳动者人身安全的，劳动者可以立即解除劳动合同，不需事先告知用人单位。

120. 掌握用人单位单方解除劳动合同的规定

劳动者有下列情形之一的，用人单位可以解除劳动合同：

（1）在试用期间被证明不符合录用条件的；

（2）严重违反用人单位的规章制度的；

（3）严重失职，营私舞弊，给用人单位造成重大损害的；

（4）劳动者同时与其他用人单位建立劳动关系，对完成本单位的工作任务造成严重影响，或者经用人单位提出，拒不改正的；

（5）因本法第二十六条第一款规定的情形致使劳动合同无效的；

（6）被依法追究刑事责任的。

121. 掌握无过失性辞退的规定

有下列情形之一的，用人单位提前三十日以书面形式通知劳动者本人或者额外支付劳动者一个月工资后，可以解除劳动合同：

（1）劳动者患病或者非因工负伤，在规定的医疗期满后不能从事原工作，也不能从事由用人单位另行安排的工作的；

（2）劳动者不能胜任工作，经过培训或者调整工作岗位，仍不能胜任工作的；

（3）劳动合同订立时所依据的客观情况发生重大变化，致使劳动合同无法履行，经用人单位与劳动者协商，未能就变更劳动合同内容达成协议的。

122. 熟悉经济性裁员的规定

有下列情形之一，需要裁减人员二十人以上或者裁减不足二十人但占企业职工总数百分之十以上的，用人单位提前三十日向工会或者全体职工说明情况，听取工会或者职工意见后，裁减人员方案经向劳动行政部门报告，可以裁减人员：

（1）依照企业破产法规定进行重整的；

（2）生产经营发生严重困难；

（3）企业转产、重大技术革新或者经营方式调整，经变更劳动合同后，仍需裁减人员的；

（4）其他因劳动合同订立时所依据的客观经济情况发生重大变化，致使劳动合同无法履行的。

裁减人员时，应当优先留用下列人员：

（1）与本单位订立较长期限的固定期限劳动合同的；

（2）与本单位订立无固定期限劳动合同的；

（3）家庭无其他就业人员，有需要扶养的老人或者未成年人的。

用人单位依照本条第一款规定裁减人员，在六个月内重新招用人员的，应当通知被裁减的人员，并在同等条件下优先招用被裁减的人员。

123. 掌握用人单位不得解除劳动合同的规定

劳动者有下列情形之一的，用人单位不得依照本法第四十条、第四十一条的规定解除劳动合同：

（1）从事接触职业病危害作业的劳动者未进行离岗前职业健康检查，或者疑似职业病病人在诊断或者医学观察期间的；

（2）在本单位患职业病或者因工负伤并被确认丧失或部分丧失劳动能力的；

（3）患病或者非因工负伤，在规定的医疗期内的；

（4）女职工在孕期、产期、哺乳期的；

（5）在本单位连续工作满十五年，且距法定退休年龄不足五年的；

（6）法律、行政法规规定的其他情形。

124. 熟悉劳动合同中止的规定

有下列情形之一的，劳动合同终止：

（1）劳动合同期满的；

（2）劳动者开始依法享受基本养老保险待遇的；

（3）劳动者死亡，或者被人民法院宣告死亡或者宣告失踪的；

（4）用人单位被依法宣告破产的；

（5）用人单位被吊销营业执照、责令关闭、撤销或者用人单位决定提前解散的；

（6）法律、行政法规规定的其他情形。

九、《职业病防治法》

125. 掌握职业病的含义及其范围

职业病指企业、事业单位和个体经济组织的劳动者在职业活动中，因接触粉尘、放射性物质和其他有毒、有害物质等因素引起的疾病。

职业病的分类和目录由国务院卫生行政主管部门会同国务院劳动保障行政部门制定、调整并公布。

126. 掌握用人单位在职业病防治方面的职责和职业病的前期预防的规定

用人单位在职业病防治方面的职责：

（1）用人单位应当为劳动者创造符合国家职业卫生标准和卫生要求的工作环境和条件，并采取措施保障劳动者获得职业卫生保护。

（2）用人单位应当建立、健全职业病防治责任制，加强对职业病防治的管理，提高职业病防治水平，对本单位产生的职业病危害承担责任。

（3）用人单位必须依法参加工伤社会保险。

职业病的前期预防：

（1）工作场所的职业要求

《职业病防治法》第三十三条规定，产生职业病危害的用人单位的设立，除应当符合法律、行政法规规定的设立条件外，其工作场所还应当符合6项职业卫生要求：职业病危害因素的强度或者浓度符合国家职业卫生标准；有与职业病危害防护相适应的设施；生产布局合理，符合有害与无害作业分开的原则；有配套的更衣间、洗浴间、孕妇休息间等卫生设施；设备、工具、用具等设施符合保护劳动者生理、心理健康的要求；法律、行政法规和国务院卫生行政部门关于保护劳动者健康的其他要求。

（2）职业病危害项目申报：《职业病防治法》第十四条规定，在卫生行政部门中建立职业病危害申报制度。用人单位设有依法公布的职业病目录所列职业病的危害项目的，应当及时、如实向卫生行政部门申报，接受监督。

（3）建设项目职业病危害预评价：新、改、扩建建设项目和技术改造、技术引进项目可能产生职业病危害的，建设单位在可行性论证阶段应当向卫生行政部门提交职业病危害预评价报告。卫生行政部门应当自收到职业病危害预评价报告之日起30日内，作出审核决定并书面通知建设单位。未提交预评价报告或者预评价报告未经卫生行政部门审核同意的，有关部门不得批准建设项目。职业病危害预评价报告应当对建设项目可能产生的职业危害因素及其对工作场所和劳动者健康的影响作出评价，确定危害类别和职业病防护措施。

（4）职业病危害防护措施：建设项目的职业病防护设施所需经费应当纳入建设工程预算，并与主体工程同时设计、同时施工、同时投入生产和使用。职业病危害严重的建设项目的防护设施设计，应当经卫生行政部门进行卫生审查，符合国家职业卫生标准和卫生要求的，方可施工。建设项目在竣工验收前，建设单位应当进行职业病危害控制效果评价。建设项目竣工验收时，其职业病防护经卫生行政部门验收合格后，方可投入正式生产和使用。

（5）职业卫生技术服务机构：《职业病防治法》第十七条规定，职业病危害预评价、职业病危害控制效果评价由依法设立的取得省级以上人民政府卫生行政部门资质认证的职业卫生技术服务机构进行。职业卫生技术服务机构所作的评价应当客观、真实。

127. 熟悉劳动过程中职业病的防治与管理、职业病诊断与职业病病人保障的规定

（1）用人单位职业病防治措施

《职业病防治法》第十九条规定，用人单位应当采取下列职业病防治措施：

① 设置或者指定职业卫生管理机构或者组织，配备专职或者兼职的职业卫生专业人员，负责本单位的职业病防治工作；

② 制定职业病防治计划和实施方案；

③ 建立健全职业卫生管理制度和操作规程；

④ 建立健全职业卫生档案和劳动者健康监护档案；

⑤ 建立健全工作场所职业危害因素监测及评价制度；

⑥ 建立健全职业病危害事故应急救援预案。

（2）用人单位职业病管理

① 职业病危害公告和警示：《职业病防治法》第二十二条规定，产生职业病危害的用人单位，应当在醒目位置设置公告栏，公布有关职业病防治的规章制度、操作规程、职业病危害事故应急救援措施和工作场所职业病危害因素检测结果。对产生严重职业病危害的作业岗位，应当在其醒目位置，设置警示标识和中文警示说明。警示说明应当载明产生职业病危害的种类、后果、预防以及应急救治措施等内容。

《职业病防治法》第二十三条规定，对可能发生急性职业损伤的有毒、有害工作场所，用人单位应当设置报警装置，配置现场急救用品、冲洗设备、应急撤离通道和必要的泄险区。对职业病防护设备、应急救援设施和个人使用的职业病防护用品，用人单位应当进行经常性的维护、检修，定期检测其性能和效果，确保其处于正常状态，不得擅自拆除或者停止使用。

② 劳动合同的职业病危害内容：《职业病防治法》第三十条规定，用人单位与劳动者订立劳动合同时，应当将工作过程可能产生的职业病危害及其后果、职业病防护措施和待遇等如实告诉劳动者，并在劳动合同中写明，不得隐瞒或者欺骗。劳动者在已订立劳动合同期间，因工作岗位或者工作内容变更，从事与所订立劳动合同中未告知的存在职业病危害的作业时，用人单位应当依照上述规定，有向劳动者履行如实告知的义务，并协商变更原劳动合同相关条款。用人单位违反以上规定的，劳动者有权拒绝从事存在职业病危害作业，用人单位不得因此解除劳动合同或者终止与劳动者所订立的劳动合同。

③ 急性职业病危害事故：发生或者可能发生急性职业病危害时，用人单位应当立即采取应急救援和控制措施，并及时报告所在地卫生行政部门和有关部门。卫生行政部门接到报告后，应当及时会同有关部门组织调查处理；必要时，可采取临时控制措施。对遭受或者可能遭受急性职业病危害的劳动者，用人单位应当及时组织救治，进行健康检查和医学观察，所需费用由用人单位承担。

（3）职业病诊断与职业病病人保障

① 职业病诊断：职业病诊断应当由省级以上人民政府卫生行政部门批准的医疗卫生机构承担。劳动者可以在用人单位所在地或者本人居住地依法承担职业病诊断的卫生医疗机构进行职业病诊断。职业病诊断，应当综合分析病人的职业史、职业病危害接触史和现场危害调查与评价、临床表现以及辅助检查结果等因素。

② 职业病保障：职业病病人依法享受国家规定的职业病待遇。用人单位应当按照国家有关规定，安排职业病病人进行治疗、康复和定期检查。用人单位对不适宜继续从事原工作的职业病病人，应当调离岗位，并妥善安置。用人单位对从事接触职业病危害的作业的劳动者，应当给予岗位津贴。职业病病人的诊疗、康复费用，伤残以及丧失劳动能力的职业病病人的社会保障，按照国家有关工伤社会保险的规定执行。职业病病人除依法享有工伤社会保险外，依照有关民事法律尚有获得赔偿的权利的，有权向用人单位提出赔偿要求。职业病病人变动工作单位，其依法享有的待遇不变。用人单位发生分立产、合并、解散、破产等情形的，应当对从事接触职业病危害作业的劳动者进行健康检查，并按照国家有关规定妥善安置职业病病人。

128. 熟悉对职业病防治进行监督检查的规定

（1）卫生部门的职责

① 拟定职业卫生法律、法规和标准；

② 负责对用人单位职业健康监护情况进行监督检查，规范职业病的预防、保健，并查处违法行为；

③ 负责职业卫生技术服务机构资质认定和监督管理；审批承担职业健康检查、职业病诊断的医疗卫生机构并进行监督管理，规范职业病的检查和救治；负责化学品毒性鉴定管理工作；

④ 负责对建设项目进行职业病危害预评价审核、职业病防护设施设计卫生审查和竣工验收。

（2）安全生产监督管理部门的职责

① 负责制定作业场所职业卫生监督检查、职业危害事故调查和有关违法、违规行为处罚的法规、标准，并监督实施；

② 负责作业场所职业卫生监督检查，依照《使用有毒物品作业场所劳动保护条例》发放职业卫生安全许可证；负责职业危害申报，依法监督生产经营单位贯彻执行国家有关职业卫生法律、法规、规定和标准的情况；

③ 组织查处职业危害事故和有关违法、违规行为；

④ 组织指导、监督检查生产经营单位职业安全培训工作。

（3）职业病防治的监督检查

① 日常监督检查权：《职业病防治法》第五十六条规定，履行职业病防治监督检查职责时，卫生行政部门有权采取下列措施：进入被检查单位和职业病危害现场，了解情况，调查取证；查阅或者复制与违反职业病防治法律、法规的行为有关资料和采集样品；责令违反职业病防治法律、法规的单位和个人停止违法行为。

② 临时控制措施：《职业病防治法》第五十七条规定，发生职业病危害事故或者有证据证明危害状态可能导致职业病危害事故发生时，卫生行政部门可以采取下列临时控制措施：

责令暂停导致职业病危害事故的作业；封存造成职业病危害事故或者可能导致职业病危害事故发生的材料和设备；组织控制职业病危害现场。

在职业病危害事故或者危害状态得到有效控制后，应当及时解除控制措施。

129. 掌握职业病防治违法行为应负的法律责任

（1）建设单位的法律责任：《职业病防治法》第六十二条规定，建设单位有违反本法规定的行为，给予警告，责令限期改正；逾期不改正的，处10万元以上50万元以下的罚款；情节严重的，责令停止产生职业病危害的作业，或者提请有关人民政府按照国务院规定权限责令停建、关闭的行政处罚。

（2）《职业病防治法》第六十五条、第六十六条、第六十七条、第七十条、第七十一条规定，用人单位有违反本法规定的行为，分别给予警告、责令限期改正、1万元以上30万元以下的罚款、责令停止产生职业病危害的作业，或者提请有关人民政府按照国务院规定的权限给予责令停建、关闭的行政处罚。对有直接责任的主管人员和其他直接人员，依法给予降级或者撤职的行政处分。

（3）《职业病防治法》第七十二条、第七十三条规定，职业卫生技术服务机构和医疗卫生机构有违反本法规定的行为，分别给予责令立即停止违法行为、没收违法所得、取消其相应资格的行政处罚。对直接负责的主管人员和其他直接责任人员，依法给予降级、撤职或者开除的处分；构成犯罪的，依法追究刑事责任。

130. 熟悉职业病防治违法行为的行政处罚

对于《职业病防治法》规定的职业病防治违法行为的行政处罚，应当按照国务院关于卫生行政部门与安全生产监督管理部门的职责分工，分别由卫生行政部门和安全生产监督管理部门在各自的职权范围内决定。

十、《建设工程安全生产管理条例》

131. 熟悉建设单位的安全责任

（1）《建设工程安全生产管理条例》第六条规定，建设单位应当向施工单位提供施工现场及毗邻区域内供水、排水、供电、供气、供热、通信、广播电视等地下观测资料，相邻建筑物和构筑物、地下工程的有关资料，并保证资料的真实、准确、完整。

（2）《建设工程安全生产管理条例》第七条规定，建设单位不得对勘察、设计、施工、工程监理等单位提出不符合建设工程安全生产法律、法规和强制性标准的要求，不得要求压缩合同工期。

（3）《建设工程安全生产管理条例》第八条规定，建设单位在编制工程概算时，应当确定建设工程安全作业环境及安全施工所需费用。

（4）《建设工程安全生产管理条例》第九条规定，建设单位不得明示或者暗示施工单位购买不符合安全要求的设备、设施、器材和用具。

（5）《建设工程安全生产管理条例》第十条规定，建设单位在申领施工许可证时，应当提供建设工程有关安全施工措施的资料。

（6）《建设工程安全生产管理条例》第十一条规定，建设单位应当将拆除工程发包给具有相应资质等级的施工单位。实施爆破作业的，应当遵守国家有关民用爆炸物品管理的规定。

132. 了解勘察和设计及工程监理等单位的安全责任

（1）勘察单位的安全责任

① 勘察单位注册资本、专业技术人员、技术装备和业绩应当符合规定，取得相应等级资质证书后，在许可范围内从事勘察活动。

② 勘察必须满足工程强制性标准的要求。

③ 勘察单位提供的勘察文件应当真实、准确，满足安全生产要求。

④ 勘察单位应当严格执行操作规程、采取措施保证各类管线、设施和周边建筑物、构筑物的安全。

（2）设计单位的安全责任

① 设计单位必须取得相应的等级资质证书，在许可范围内承揽设计业务。

② 设计单位必须依法和标准进行设计，保证设计质量和施工安全。

③ 设计单位应当考虑施工安全和防护的需要，对涉及施工安全的重点部位和环节，在设计文件中注明，并对防范生产安全事故提出指导意见。

④ 采用新结构、新材料、新工艺的建设工程以及特殊结构的工程，设计单位应当提出保障施工作业人员安全和预防生产安全事故的措施建议。

⑤ 设计单位和注册建筑师等注册执业人员应当对其设计负责。

（3）工程监理单位的安全责任

① 工程监理单位应当审查施工组织设计中的安全技术措施或者专项施工方案是否符合工程建设强制性标准。

② 工程监理单位在实施监理过程中，发现事故隐患的，应当要求施工单位整改；情节严重的，应当要求施工单位停止施工，并及时报告建设单位。施工单位拒不整改或者不停止施工的，工程监理单位应当及时向有关主管部门报告。

③ 工程监理单位和监理工程师应当按照法律、法规和工程建设强制性标准实施监理，对建设工程安全生产承担监理职责。

（4）有关单位的安全责任

提供机械设备和配件的单位的安全责任：应当按照安全施工的要求配备齐全有效的保险、限位等安全设施和装置。

出租单位的安全责任：一是出租机械设备、施工机具及配件，应当具有生产（制造）许可证、产品合格证；二是应当对出租机械设备、施工机具及配件的安全性能进行检测，在签订租赁协议时，应当出具检测合格证明；三是禁止出租检测不合格的机械设备、施工机具及配件。

现场安装、拆卸单位的安全责任：一是在施工现场安装、拆卸施工起重机械和整体提升脚手架、模板等自升式架设设施，必须具有相应的资质的单位承担；二是安装、拆卸起重机械、整体提升脚手架、模板等自升式架设设施，应当编制拆装方案、制定安全施工措施，并由专业技术人员现场监督；三是施工起重机械、整体提升脚手架、模板等自升式架设设施安装完毕后，安装单位应当自检，出具自检合格证明，并向施工单位进行安全使用说明，办理验收手续并签字。

《建设工程安全生产管理条例》规定，施工起重机械、整体提升脚手架、模板等自升式架设设备的使用达到国家规定的检验检测期限的，必须经具有专业资质的检验检测机构检测。经检测不合格的，不得继续使用。检验检测机构对检测合格的施工起重机械和整体提升脚手架、模板等自升式架设设备，应当出具安全合格证明文件，并对检测结果负责。

133. 掌握施工单位的安全责任

（1）施工单位的安全资质

《建筑法》第二十六条规定，承包建筑工程的单位应当持有依法取得的资质证书，并在其资质等级许可的业务范围内承揽工程。禁止建筑施工企业以任何形式允许其他单位或者个人使用本企业的资质证书、营业执照，以本企业的名义承揽工程。

（2）主要负责人和项目负责人的安全施工责任

① 施工单位主要负责人的安全责任：根据《安全生产法》第十七条有关生产经营单位主要负责人安全责任的规定，结合建设施工的实际，《建设工程安全生产管理条例》第二十一条第一款规定，施工单位主要负责人依法对本单位的安全生产工作全面负责。施工单位应当建立健全安全生产责任制和安全教育培训制度，制定安全生产规章制度的操作规程，保证本单位安全生产条件所需资金的投入，对所承担的建设工程进行定期和专项安全检查，并做好安全检查记录。

② 项目负责人的安全责任：施工单位的项目负责人即项目经理，在工程项目施工中处于《安全生产法》第五条所称的“生产经营单位主要负责人”的地位，代表施工企业法定代表人对项目组织实施中劳动力的调配、资金的使用、建筑材料的购进等行使决策权，应当对建设工程项目施工安全负全面责任，是本项目安全生产的第一责任人。《建设工程安全生产管理条例》第二十一条第二款规定，施工单位的项目负责人应当由取得执业资格的人员担任，对建设工程项目的安全施工负责，落实安全生产责任制、安全生产规章制度的操作规程，确保安全生产费用的有效使用，并根据工程的特点组织制定安全施工措施，消除安全事故隐患，及时、如实报告生产安全事故。

（3）安全管理机构和安全管理人员的配置

《安全生产法》第十九条第一款规定，矿山、建筑施工单位和危险物品的生产、经营、储存单位，应当设置安全生产管理机构或者配备专职安全生产管理人员。《建设工程安全生产管理条例》第二十三条规定，施工单位应当设立安全生产管理机构，配备专职安全生产管理人员。专职安全生产管理人员负责对安全生产进行现场监督检查。发现事故隐患应当及时向项目负责人和安全生产管理机构报告；对于违章指挥、违章操作的，应当立即制止。专职安全生产管理人员的配备办法由国务院建设行政主管部门合同国务院其他有关部门制定。

（4）总承包单位与分包单位的安全管理

《建设工程安全生产管理条例》第二十四条规定，建筑工程实行总承包的，由总承包单位对施工现场的安全生产负总责。总承包单位应当自行完成建设工程主体结构的施工。总承包单位依法将建设工程分包给其他单位的，分包合同中应当明确各自的安全生产方面的权利、义务。总承包单位和分包单位对分包工程的安全生产承担连带责任。分包单位应当服从总承包单位的安全生产管理，分包单位不服从管理导致生产安全事故的，由分包单位承担主要责任。

(5) 特种作业人员的资格管理

《建设工程安全生产管理条例》第二十五条规定，垂直运输机械作业人员、安装拆卸人工、爆破作业人员、起重信号工、登高架设作业人员等特种作业人员，必须按照国家有关规定经过专门的安全作业培训，并取得特种作业操作资格证书后，方可上岗作业。

(6) 安全警示标志和危险部位的安全防护措施

施工单位应当在施工现场入口、起重机械、临时用电设施、脚手架、出入通道口、楼梯口、电梯口、孔洞口、桥梁口、隧道口、基坑边沿、爆破物，有害危险气体、液体的存放处等危险部位，设置明显的安全警示标志。警示标志必须符合国家标准。施工单位应当根据不同施工阶段和周围环境及季节、气候的变化，在施工现场采取相应的安全施工措施。施工现场暂时停止施工的，施工单位应当做好现场防护，所需费用由责任方承担，或者按照合同约定执行。

(7) 施工现场的安全管理

《建设工程安全生产管理条例》第三十条至第三十五规定，施工现场安全管理包括下列内容：

① 毗邻建筑物、构筑物和地下管线和现场围栏的安全管理；

② 现场消防安全管理；

③ 保障施工人员的人身安全；

④ 施工人员的安全生产义务；

⑤ 施工现场安全防护用具、机械设备、施工机具和配件的管理；

⑥ 起重机械、脚手架、模板等设施的验收、检验和备案。

(8) 人身意外伤害保险

《建筑法》第四十八条规定，建筑施工企业必须为从事危险作业的职工办理意外伤害保险，支付保险费。《建设工程安全生产管理条例》第三十八条规定，施工单位应当为施工现场从事危险作业的人员办理意外伤害保险。意外伤害保险费由施工单位支付。实行施工总承包的，由总承包单位支付意外伤害保险费。意外伤害保险期限自建设工程开工之日起至竣工验收合格止。建筑法律、行政法规关于人身意外伤害保险规定，包括 4 个方面内容，一是意外伤害保险是法定的强制保险。该项保险不论施工单位是否愿意、经济状况好坏、工程造价多少，必须投保。二是意外伤害保险的投保人是施工单位。三是意外伤害保险的被保险人或者受益人是从事危险作业的职工。四是意外伤害保险期限与建设工程工期相同。

134. 掌握建设工程安全生产监督管理的规定

(1) 建筑施工安全生产的监督管理职责划分

建设施工的综合监督管理：《建设工程安全生产管理条例》第三十九条规定，国务院负责安全生产监督管理部门依照《安全生产法》的规定，对全国建设工程安全生产工作实施综合监督管理。县级以上人民政府负责安全生产监督管理的部门依照《安全生产法》的规定，对本行政区域内建设工程安全生产工作实施综合监督管理。

建设施工的专项监督管理：《建设工程安全生产管理条例》第四十条规定，国务院建设行政主管部门对全国的建设工程安全生产实施监督管理。国务院铁路、交通、水利等有关部门按照国务院规定的职责分工，负责有关专业建设工程安全生产的监督管理。县级以上人民政府交通、水利等有关部门在各自的职责范围内，负责本行政区域内的专业建设工程安全生产的监督管理。

(2) 建设施工许可

《建设工程安全生产管理条例》第四十二条规定，建设行政主管部门在审核发放施工许可证时，应当对建设项目工程是否有安全施工措施进行审查，对没有安全施工措施的，不得颁发施工许可证。建设行政主管部门或者其他有关部门对建设工程是否有安全施工措施进行审查时，不得收取费用。

(3) 日常监督检查措施

《建设工程安全生产管理条例》第四十三条规定，县级以上人民政府负有建设工程安全生产监督管理职责的部门在各自的职责范围内履行安全监督检查职责时，有权采取下列措施：

① 要求被检查单位提供有关建设工程安全生产的文件和资料；

② 进入被检查单位施工现场进行检查；

③ 纠正施工中违反安全生产要求的行为；

④ 对检查中发现的事故隐患，责令立即排除；重大事故隐患排除前或者排除过程中无法保证安全的，责令从危险区域内撤出作业人员或者暂时停止施工。

十一、《危险化学品安全管理条例》

135. 了解有关危险化学品安全管理的基本要求

危险化学品的范围；《危险化学品安全管理条例》的适用范围；危险化学品单位的安全责任；危险化学品监督管理部门的职责。

136. 熟悉危险化学品生产、储存、使用、经营、运输、登记过程中安全管理的规定

(1) 危险化学品生产、储存、使用：危险化学品生产、储存的规划与审批；设立危险化学品生产、储存企业的条件；企业设立的申请；生产装置和储存设施的选址；危险化学品生产、储存和使用的安全管理；生产、储存和使用剧毒化学品的安全管理；危险化学品包装物、容器的安全管理。

(2) 危险化学品经营：危险化学品经营许可；经营危险化学品的禁止性规定；剧毒化学品销售和购买。

(3) 危险化学品运输：危险化学品的运输；危险化学品运输人员的培训；危险化学品托运人和承运人的安全要求；危险化学品水上运输安全管理。

(4) 危险化学品登记：危险化学品生产、储存企业以及使用剧毒化学品和数量构成重大危险源的其他危险化学品的单位，应当向国务院经济贸易综合管理部门负责危险化学品登记的机构办理危险化学品登记。

137. 熟悉危险化学品安全生产违法行为应负的法律责任

危险化学品安全监督管理部门及其工作人员渎职、失职的法律责任；危险化学品安全监督管理部门及其工作人员违反事故救援规定的法律责任；危险化学品单位的法律责任。

十二、《安全生产许可条例》

138. 熟悉安全生产许可制度的适用范围

国家对矿山企业、建筑施工企业和危险化学品、烟花爆竹、民用爆破器材生产企业实行

安全生产许可制度。

139. 掌握取得安全生产许可证的条件和程序

取得安全生产许可证条件：

（1）建立健全安全生产责任制，制定完备的安全生产规章制度和操作规程；

（2）安全投入符合安全生产要求；

（3）设置安全生产管理机构，配备专职安全生产管理人员；

（4）主要负责人和安全生产管理人员经考核合格；

（5）特种作业人员经有关业务主管部门考核合格，取得特种作业人员操作资格证书；

（6）从业人员经安全生产教育和培训合格；

（7）依法参加工伤保险，为从业人员缴纳保险费；

（8）厂房、作业场所和安全设施、设备、工艺符合有关安全生产法律、法规、标准和规程的要求；

（9）有职业危害防治措施，并为从业人员配备符合国家标准或行业标准的劳动保护用品；

（10）依法进行安全评价；

（11）有重大危险源监测、评估、监控措施和应急预案；

（12）有生产安全事故应急救援预案、应急救援组织或者应急救援人员，配备必要的应急救援器材、设备；

（13）法律、法规规定的其他条件。

取得安全生产许可证的程序：

（1）企业向主管部门提交申请和符合安全生产条件的证明材料；

（2）主管部门受理：

① 审查书面及相关资料；

② 现场调查或委托中介机构进行现场调查，确定是否符合本条例规定的安全生产条件；

③ 自收到申请之日起45个工作日内（符合，发证；不符合，不发证，书面通知并说明不发证的理由）。

关于安全生产许可证的期限与延续的规定：

（1）安全生产许可证的有效期为3年。安全生产许可证有效期需要延期的，企业应当于期满前3个月向原安全生产许可证颁发管理机关办理延期手续。

（2）企业在安全生产许可证有效期内，严格遵守有关安全生产法律法规，未发生死亡事故的，安全生产许可证有效期届满时，经原安全生产许可证颁发管理机关同意，不再审查，安全生产许可证有效期延期3年。

十三、《特种设备安全监察条例》

140. 掌握特种设备的含义和范围

《特种设备安全监察条例》第二条规定，本条所称特种设备是指涉及生命安全、危险性较大的锅炉、压力容器（含气瓶）、压力管道、电梯、起重机械、客运索道、大型游乐设施。前款特种设备的目录由国务院负责特种设备安全监督管理的部门制定，报国务院批准后执行。

141. 熟悉特种设备生产的安全规定

（1）特种设备生产单位，应当按照《特种设备安全监察条例》规定以及国务院特种设备安全监督管理部门制定并公布安全技术规范的要求，进行生产活动。

（2）压力容器设计的安全管理

① 设计单位条件：《特种设备安全监察条例》第十一条规定，压力容器的设计单位应当经国务院特种设备安全监督管理部门许可，方可从事压力容器的设计活动。压力容器的设计单位应当具备两个条件：一是有与压力容器设计相适应的设计人员、设计审核人员；二是有与压力容器设计相适应的健全的管理制度和责任制度。

② 设计文件鉴定：《特种设备安全监察条例》第十二条规定，锅炉、压力容器中的气瓶、氧舱和客运索道、大型游乐设施的设计文件，应当经国务院特种设备安全监督管理部门核准的检测机构鉴定，方可用于制造。

（3）依照《特种设备安全监察条例》的规定，锅炉、压力容器、电梯、起重机械、客运索道、大型游乐设施及其安全附件、安全保护装置的制造、安装、改造单位，以及压力管道用管子、管件、阀门、法兰、补偿器、安全保护装置的制造单位，应当经国务院特种设备安全监督管理部门许可，方可从事相应的活动。上述特种设备制造、安装、改造单位应当具备3个条件：一是有与特种设备制造、安装、改造相适应的专业技术人员和技术工人；二是有与特种设备制造、安装、改造相适应的生产条件和检测手段；三是有健全的质量管理制度和责任制度。

（4）特种设备安装、改造和维修的安全管理

① 维修单位的要求：锅炉、压力容器、电梯、起重机械、客运索道、大型游乐设施的维修单位，应当有与特种设备维修相适应的专业技术人员和技术工作以及必要的检测手段，并经省、自治区、直辖市特种设备安全监督管理部门许可，方可从事相应的维修活动。

② 安装、改造、维修的管理：锅炉、压力容器、电梯、起重机械、客运索道、大型游乐设施的安装、改造、维修，必须由依照《特种设备安全监察条例》规定的取得许可的单位进行。电梯的安装、改造、维修，必须由电梯制造单位或者其通过合同委托、同意的依照本条例取得许可的单位进行。电梯制造单位对电梯质量以及安全运行涉及的质量问题负责。特种设备的安装、改造、维修的施工单位应当在施工前将拟进行特种设备安装、改造、维修情况书面告知直辖市或者设区的市的特种设备安全监督管理部门，告知后即可施工。

③ 电梯安装的管理：电梯井道的土建工程必须符合建筑工程质量要求。电梯安装过程中，电梯安装单位应当遵守施工现场的安全生产要求，落实现场安全防护措施。电梯安装施工过程中，施工现场的安全生产监督，由有关部门依照有关法律、行政法规的规定执行。电梯安装施工过程中，电梯安装单位应当服从建筑施工总承包单位对施工现场的安全生产管理，并订立合同，明确各自的安全责任。

④ 电梯的制造、安装、改造和维修的技术要求：电梯的制造、安装、改造和维修活动，必须严格遵守安全技术规范的要求。电梯制造单位委托或者同意其他单位进行电梯安装、改造、维修活动的，应当对其安装、改造、维修活动进行安全指导和监控。电梯的安装、改造、维修活动结束后，电梯制造单位应当按照安全技术规范的要求对电梯进行校验和调试，并对校验和调试的结果负责。

⑤ 技术资料移交归档：锅炉、压力容器、电梯、起重机械、客运索道、大型游乐设施的安装、改造、维修竣工后，安装、改造、维修的施工单位应当在30日内将有关技术资料移交使用单位。使用单位应当将其存入该特种设备的安全技术档案。

⑥ 特种设备的监督检验：锅炉、压力容器、压力管道元件、起重机械、大型游乐设施的制造过程和锅炉、压力容器、电梯、起重机械、客运索道、大型游乐设施的安装、改造、重大维修过程，必须经国务院特种设备安全监督管理部门核准的检验检测机构按照安全技术规范的要求进行监督检验；未经监督检验合格的不得出厂或者交付使用。

（5）气瓶充装单位的安全管理

《特种设备安全监察条例》第二十二条规定，气瓶充装单位应当经省、自治区、直辖市的特种设备安全监督管理部门许可，方可从事充装活动。气瓶充装单位应当具备3个条件：一是有与气瓶充装和管理相适应的管理工作人员和技术人员；二是有与气瓶充装和管理相适应能力的充装设备、检测手段、场地厂房、器具、安全设施和一定的气体储存能力，并能够向使用者提供符合安全技术规范要求的气瓶；三是有健全的充装安全管理制度、责任制度、紧急处理措施。气瓶充装单位应当对气瓶使用者安全使用气瓶进行指导，提供服务。

142. 掌握特种设备使用的安全规定

（1）特种设备使用单位的安全管理

① 基本要求：特种设备使用单位应当严格执行《特种设备安全监察条例》和有关安全生产的法律、行政法规的规定，保证特种设备的安全使用。特种设备使用单位应当使用符合安全技术规范要求的特种设备。特种设备投入使用前，使用单位应当核对其是否附有《特种设备安全监察条例》第十五条规定的相关文件。

② 使用登记：特种设备在投入使用前或者投入使用后30日内，特种设备使用单位应当向直辖市或者设区的市的特种设备安全监督管理部门登记。登记标志应当置于或者附着于该特种设备的显著位置。

③ 安全技术档案：特种设备使用单位应当建立特种设备安全技术档案。安全技术档案包括5项内容：一是特种设备的设计文件、制造单位、产品质量合格证明、使用维护说明等文件以及安装技术文件和资料；二是特种设备的定期检验和定期自行检查记录；三是特种设备的日常使用状况记录；四是特种设备及其安全附件、安全保护装置、测量调控装置及有关附属仪器仪表的日常维护保养记录；五是特种设备运行故障和事故记录。

（2）特种设备维护保养和定期检验

① 特种设备维护保养：特种设备使用单位应当对在用特种设备进行经常性日常维护保养，并定期自行检查。特种设备使用单位对在用特种设备应当至少每月进行一次自行检查，并作出记录。特种设备使用单位在对在用特种设备进行自行检查和日常维护保养时发现异常情况的，应当及时处理。特种设备使用单位应当对在用特种设备的安全附件、安全保护装置、测量调控装置及有关附属仪器仪表进行定期校验、检修，并作出记录。

② 特种设备定期检验检测：特种设备使用单位应当按照安全技术规范的定期检验要求，在安全检验合格有效期届满前1个月向特种设备检验检测机构提出定期检验要求。检验检测机构接到定期检验要求后，应当按照安全技术规范的要求及时进行检验。未经定期检验或者检验不合格的特种设备，不得继续使用。

（3）特种设备故障和事故隐患的处理

① 事故故障消除：特种设备出现故障或者发生异常情况，使用单位应当对其进行全面检查，消除事故故障后，方可重新投入使用。

② 报废注销：特种设备存在严重事故隐患，无改造、维修价值，或者超过安全技术规范使用年限，特种设备使用单位应当及时予以报废，并应当向原登记的特种设备安全监督管理部门办理注销手续。

③ 事故应急预案：特种设备使用单位应当制定特种设备的事故应急措施和救援预案。

（4）特种设备作业人员管理

① 特种设备作业人员资格：锅炉、压力容器、电梯、起重机械、客运索道、大型游乐设施的作业人员及其相关管理人员，应当按照国家有关规定经特种设备安全监督管理部门考试合格，取得国家统一格式的特种设备作业人员证书，方可从事相应的作业或者管理工作。

② 使用单位特种设备作业人员安全教育和培训：特种设备使用单位应当对特种设备作业人员进行特种设备安全教育和培训，保证特种设备作业人员具备必要的特种设备安全作业知识。特种设备作业人员在作业中应当严格执行特种设备的操作规程和有关的规章制度。

③ 事故隐患报告：特种设备作业人员在作业过程中发现事故隐患或者其他不安全因素，应当立即向现场安全管理人员和单位有关负责人报告。

143. 掌握特种设备检验检测的规定

（1）特种设备检验检测机构资质认可

从事《特种设备安全监察条例》规定的监督检验、定期检验、型式试验检测工作的特种设备检验检测机构，应当经国务院特种设备安全监督管理部门标注。特种设备使用单位设立的特种设备检验检测机构，经国务院特种设备安全监督管理部门核准，负责本单位一定范围内的特种设备定期检验、型式试验工作。取得特种设备检验检测机构资质，应当具备三个条件：一是有与从事的检验检测工作相适应的检验检测人员；二是有与所从事的检验检测工作相适应的检验检测仪器和设备；三是有健全的检验检测管理制度、检验检测责任制度。

（2）检验检测人员资格管理

从事本条例规定的监督检验、定期检验和型式试验的特种设备检验检测人员应当经国务院特种设备安全监督管理部门组织考核合格，取得检验检测人员证书，方可从事检验检测工作。

（3）检验检测活动的规范

① 检验检测机构和检验检测人员职业准则：特种设备检验检测机构和检验检测人员进行特种设备检验检测，应当遵循诚信原则和方便企业的原则，为特种设备生产、使用单位预算提供可靠、便捷的检验检测服务。特种设备检验检测机构和检验检测人员对涉及的被检验检测单位的商业秘密，负有保密义务。

② 特种设备检验检测的要求：特种设备检验检测机构和检验检测人员应当客观、公正、及时地出具检验检测结果、鉴定结论。检验检测结果、鉴定结论经检验检测人员签字后，由检验检测机构负责人签署。特种设备检验检测机构和检验检测人员对检验检测结果、鉴定结论负责。国务院特种设备安全监督管理部门应当组织对特种设备检验检测机构的检验检测结果、鉴定结论进行监督抽查。县级以上人民政府负责特种设备安全监督管理部门在本行政区域内也可以组织监督抽查，但是要防止重复抽查。监督抽查结果应当向社会公布。

特种设备检验检测机构和检验检测人员不得从事特种设备的生产、销售，不得以其名义推荐或者监制、监销特种设备。

③ 事故隐患报告：特种设备检验检测机构进行特种设备检验检测，发现严重事故隐患，应当及时告知特种设备使用单位，并立即向特种设备安全监督管理部门报告。

④ 投诉监督：特种设备检验检测机构和检验检测人员利用检验检测工作故意刁难特种设备生产、使用单位，特种设备生产、使用单位有权向特种设备安全监督管理部门投诉，接到投诉的特种设备安全监督管理部门，应当及时进行调查处理。

十四、《环境保护法》

144. 掌握环境保护法的立法目的、适用范围

立法目的：为保护和改善生活环境与生态环境，防治污染和其他公害，保障人体健康，促进社会主义现代化建设的发展。

适用范围：适用于中华人民共和国领域和中华人民共和国管辖的其他海域。

145. 掌握环境的含义

环境是指影响人类社会生存和发展的各种天然的和经过人工改造的自然因素总体，包括大气、水、海洋、土地、矿藏、森林、草原、野生动物、自然古迹、人文遗迹、自然保护区、风景名胜区、城市和乡村等。

146. 了解建设项目环境影响报告书的有关规定

建设污染环境项目，必须遵守国家有关建设项目环境保护管理的规定。

建设项目的环境影响报告书，必须对建设项目产生的污染和对环境的影响作出评价，规定防治措施，经项目主管部门预审并依照规定的程序报环境保护行政主管部门批准。环境影响报告书经批准后，计划部门方可批准建设项目设计书。

147. 了解对排污单位的检查规定

县级以上人民政府环境保护行政主管部门或者其他依照法律规定行使环境监督管理权的部门，有权对管辖范围内的排污单位进行现场检查。被检查的单位应当如实反映情况，提供必要的资料。检查机关应为被检查机关保守技术秘密和业务秘密。

148. 掌握产生环境污染和其他公害的单位必须采取有效措施防治污染和公害的有关规定

产生环境污染和其他公害的单位，必须把环境保护工作纳入计划，建立环境保护责任制度；采取有效措施，防治在生产建设或者其他活动中产生的废气、废水、废渣、粉尘、恶臭气体、放射性物质以及噪声振动、电磁波辐射等对环境的污染和危害。

149. 掌握建设项目防治污染设施“三同时”的规定

建设项目中防治污染的措施，必须与主体工程同时设计、同时施工、同时投产使用。防治污染的设施必须经原审批环境影响报告书的环境保护行政主管部门验收合格后，该建设项目方可投入生产或者使用。

防治污染的设施不得擅自拆除或者闲置，确有必要拆除或者闲置的，必须征得所在地的环境保护行政主管部门的同意。

150. 掌握新建和技术改造的工业企业防治污染和公害的有关规定

新建工业企业和现有工业企业的技术改造，应当采用资源利用率高、污染物排放量少的设备和工艺，采用经济合理的废弃物综合利用技术和污染物处理技术。

151. 熟悉因发生事故或者其他突然性事件，造成或可能造成污染事故的单位应当加强防范的有关规定

因发生事故或者其他突然性事件，造成或者可能造成污染事故的单位，必须立即采取措施处理，及时通报可能受到污染危害的单位和居民，并向当地环境保护行政主管部门和有关部门报告，接受调查处理。

可能发生重大污染事故的企业事业单位，应当采取措施，加强防范。

152. 熟悉违反建设和使用污染防治措施的有关规定应承担的法律责任

（1）违反本法规定，有下列行为之一的，环境保护行政主管部门或者其他依照法律规定行使环境监督管理权的部门可以根据不同情节，给予警告或者处以罚款。

① 拒绝环境保护行政主管部门或者其他依照法律规定行使环境监督管理权的部门现场检查或者在被检查时弄虚作假的。

② 拒报或者谎报国务院环境保护行政主管部门规定的有关污染物排放申报事项的。

③ 不按国家规定缴纳超标准排污费的。

④ 引进不符合我国环境保护规定要求的技术和设备的。

⑤ 将产生严重污染的生产设备转移给没有污染防治能力的单位使用的。

（2）建设项目的防止污染设施没有建成或者没有达到国家规定的要求，投入生产或者使用的，由批准该建设项目的环境影响报告书的环境保护行政主管部门责令停止生产或者使用，可以并处罚款。

（3）未经环境保护行政主管部门同意，擅自拆除或者闲置防治污染的设施，污染物排放超过规定的排放标准的，由环境保护行政主管部门责令重新安装使用，并处罚款。

（4）对违反本法规定，造成环境污染事故的企业事业单位，由环境保护行政主管部门或者其他依照法律规定行使环境监督管理权的部门根据所造成的危害后果处以罚款；情节严重的，对有关责任人员由其所在单位或者政府主管机关给予行政处分。

（5）对经限期治理逾期未完成治理任务的企业事业单位，除依照国家规定加收超标准排污费外，可以根据所造成的危害后果处以罚款，或者责令停业、关闭。

前款规定的罚款由环境保护行政主管部门决定。责令停业、关闭，由作出限期治理决定的人民政府决定；责令中央直接管辖的企业事业单位停业、关闭，须报国务院批准。

（6）当事人对行政处罚不服的，可以在接到处罚通知之日起 15 日内，向作出处罚决定的机关的上一级机关申请复议；对复议决定不服的，可以在接到复议通知之日起 15 日内，向人民法院起诉。当事人也可以在接到处罚通知之日起 15 日内，直接向人民法院起诉。当事人逾期不申请复议、也不向人民法院起诉、又不履行处罚决定的，由作出处罚决定的机关申请人民法院强制执行。

（7）造成环境污染危害的，有责任排除危害，并对直接受到损害的单位或者个人赔偿损失。

赔偿责任和赔偿金额的纠纷，可以根据当事人的请求，有环境保护行政主管部门或者其他依照法律规定行使环境监督管理权的部门处理，当事人对处理决定不服的，可以向人民法院起诉。当事人也可以直接向人民法院起诉。

完全由于不可抗拒的自然灾害，并经及时采取合理措施，仍然不能避免造成环境污染损害的，免于承担责任。

（8）因环境污染损害赔偿提起诉讼的时效期间为三年，从当事人知道或者应当知道受到污染损害起时计算。

（9）违反本法规定，造成重大环境污染事故，导致公私财产重大损失或者人身伤亡的严重后果的，对直接责任人员依法追究刑事责任。

（10）违反本法规定，造成土地、森林、草原、水、矿产、渔业、野生动物等资源的破坏的，依照有关法律的规定承担法律责任。

（11）环境保护监督管理人员滥用职权、玩忽职守、徇私舞弊的，由其所在单位或者上级主管机关给予行政处分；构成犯罪的，依法追究刑事责任。

十五、《国务院关于特大安全事故行政责任追究的规定》

153. 了解安全生产行政责任的责任主体

安全生产行政责任的责任主体是指各级人民政府及其有关部门对安全生产监督管理负有行政责任的有关责任人。

154. 掌握特大事故行政责任追究的事故种类

《事故行政责任追究规定》确定的特大安全事故行政责任追究的范围为下列7类：

（1）特大火灾事故；

（2）特大交通安全事故；

（3）特大建筑质量安全事故；

（4）民用爆炸物品和化学危险品特大安全事故；

（5）煤矿和其他矿山特大安全事故；

（6）锅炉、压力容器、压力管道和特种设备特大安全事故；

（7）其他特大安全事故。

155. 掌握特大安全事故的具体标准

《事故行政责任追究规定》规定，特大事故的具体标准，由国务院安全生产监督管理部门会同国务院有关部门，根据不同行业的事故发生情况具体确定，报国务院批准后执行。

156. 了解追究行政责任和刑事责任的规定

（1）追究行政责任的规定

① 对于违反本规定发生特大安全事故的，根据情节轻重，分别给予地方人民政府主要领导人或者政府部门、机构正职负责人降级、撤职直至开除公职的处分。

② 对于中小学校违反本规定的，给予校长记过、降级直至撤职的处分。

③ 发生特大安全事故，社会影响特别恶劣或者性质特别严重的，由国务院对负有领导责任的省长、自治区主席、直辖市市长和国务院有关部门正职负责人给予行政处分。

（2）追究刑事责任的规定

① 地方各级人民政府主要领导人和政府有关部门正职负责人对7类特大安全事故的防

范、发生，依照法律、行政法规和本规定的规定有失职、渎职或者应负领导责任的，构成玩忽职守罪或者其他罪的，依法追究刑事责任。

② 中小学校对学生进行劳动技能教育和组织学生参加公益劳动等社会实践活动，必须保证学生安全。严禁以任何形式、名义组织从事接触易燃、易爆、有毒、有害等危险品的劳动或者其他危险劳动。严禁将学校场地出租作为从事易燃、易爆、有毒、有害等危险品的生产、经营场所。中小学校违反上述规定，对校长给予撤职的行政处分，对直接组织者给予开除公职的行政处分；构成非法制造爆炸物罪或者其他罪的，依法追究刑事责任。

十六、《工伤保险条例》

157. 了解工伤保险条例的适用范围

工伤保险适用于中华人民共和国境内各类企业和有雇工的个体工商户从事生产经营的场所。工伤保险的主体中的各类企业不仅包括中国企业，也包括外国在华开办的“三资”企业。凡在工作期间和工作场所内工作、从事与本职工作及其有关的其他工作时受到事故伤害、意外伤害，因公外出受到伤害和上下班途中受到机动车伤害以及患职业病的全体职工和雇工，依法享有获得工伤保险补偿的权利。工伤保险适用的地域范围只限于因公活动所及的场所，超出这些场所的范围所受到的人身伤害，不属于工伤保险的范围。

158. 熟悉缴纳工伤保险费的规定

（1）确定费率的原则：《工伤保险条例》第八条规定，工伤保险费根据以支定收、收支平衡的原则，确定费率。工伤保险实行用人单位缴纳保险费的方式，建立工伤保险社会统筹基金。以支定收、收支平衡，既以一个周期内工伤保险基金的支付额度，确定征缴的额度。以成本为基础的保险费征缴可以提高工伤保险机构的承付能力。

（2）费率的制定：根据《工伤保险条例》的规定，国家根据不同行业的工伤风险程度确定行业的差别费率，并根据工伤保险费使用情况、工伤发生率等情况在每个行业内确定若干费率档次。

（3）《工伤保险条例》第十条规定，用人单位应当按时缴纳工伤保险费。职工个人不缴纳工伤保险费。用人单位缴纳工伤保险费的数额为本单位职工工资总额乘以单位缴费费率之积。

159. 熟悉工伤和劳动能力鉴定的规定

（1）工伤范围：《工伤保险条例》第十四条规定，职工有下列情形之一的，应当认定为工伤：

① 在工作时间和工作场所内，因工作原因受到事故伤害的；

② 在工作时间前后和工作场所内，从事与工作有关的预备性或者收尾性工作受到事故伤害的；

③ 在工作时间和工作场所内，因履行工作职责受到暴力等意外伤害的；

④ 患职业病的；

⑤ 因工外出期间，由于工作原因受到伤害或者发生事故下落不明的；

⑥ 在上下班途中，受到机动车事故伤害的；

⑦ 法律、行政法规规定应当认定为工伤的其他情形。

（2）视同工伤：《工伤保险条例》第十五条规定，职工有下列情形之一的，视同为工伤：

① 在工作时间和工作岗位，突发疾病死亡或者在世界范围 48 小时之内经抢救无效死亡的；

② 在抢险救灾等维护国家利益和公共利益活动中受到伤害的；

③ 职工原在军队服役，因战、因工负伤致残，已取得革命伤残军人证，到用人单位后复发的。

职工有前款第一项、第二项情形的，按照本条例的有关规定享受工伤保险待遇；职工有前款第三项情形的，按照本条例的有关规定享受除一次性伤残补助金以外的工伤保险待遇。

《工伤保险条例》规定，因犯罪或者违反治安管理伤亡的、醉酒导致伤亡的、自残或者自杀的等情形，不得认定为工伤或者视同工伤。

（3）劳动能力鉴定：《工伤保险条例》第二十一条规定，职工发生工伤经治疗伤情相对稳定后存在残疾影响劳动能力的，应当进行劳动能力鉴定。劳动能力鉴定是指利用医学科学的办法和依据鉴定标准，对伤病劳动者的伤、病、残程度及其劳动能力进行诊断和鉴定的活动。劳动功能障碍分为 10 个伤残等级，鉴定标准由国务院劳动保障行政部门会同国务院卫生行政部门等有关部门制定。

十七、《生产安全事故报告和调查处理条例》

160. 熟悉《生产安全事故报告和调查处理条例》适用范围

生产经营活动中发生的造成人身伤亡或者直接经济损失的生产安全事故的报告和调查处理，适用本条例。

161. 掌握生产安全事故等级划分的规定

根据生产安全事故（以下简称事故）造成的人员伤亡或者直接经济损失，事故一般分为以下等级：

（1）特别重大事故，是指造成 30 人以上死亡，或者 100 人以上重伤（包括急性工业中毒，下同），或者 1 亿元以上直接经济损失的事故；

（2）重大事故，是指造成 10 人以上 30 人以下死亡，或者 50 人以上 100 人以下重伤，或者 5000 万元以上 1 亿元以下直接经济损失的事故；

（3）较大事故，是指造成 3 人以上 10 人以下死亡，或者 10 人以上 50 人以下重伤，或者 1000 万元以上 5000 万元以下直接经济损失的事故；

（4）一般事故，是指造成 3 人以下死亡，或者 10 人以下重伤，或者 1000 万元以下直接经济损失的事故。

国务院安全生产监督管理部门可以会同国务院有关部门，制定事故等级划分的补充性规定。

本条第一款所称的“以上”包括本数，所称的“以下”不包括本数。

162. 掌握生产安全事故报告的规定

（1）事故报告应当及时、准确、完整，任何单位和个人对事故不得迟报、漏报、谎报或者瞒报。

(2) 事故发生后，事故现场有关人员应当立即向本单位负责人报告；单位负责人接到报告后，应当于1小时内向事故发生地县级以上人民政府安全生产监督管理部门和负有安全生产监督管理职责的有关部门报告。

情况紧急时，事故现场有关人员可以直接向事故发生地县级以上人民政府安全生产监督管理部门和负有安全生产监督管理职责的有关部门报告。

(3) 报告事故应当包括下列内容：

① 事故发生单位概况；

② 事故发生的时间、地点以及事故现场情况；

③ 事故的简要经过；

④ 事故已经造成或者可能造成的伤亡人数(包括下落不明的人数)和初步估计的直接经济损失；

⑤ 已经采取的措施；

⑥ 其他应当报告的情况。

(4) 事故报告后出现新情况的，应当及时补报。自事故发生之日起30日内，事故造成的伤亡人数发生变化的，应当及时补报。道路交通事故、火灾事故自发生之日起7日内，事故造成的伤亡人数发生变化的，应当及时补报。

163. 熟悉生产安全事故调查的规定

(1) 事故调查处理应当坚持实事求是、尊重科学的原则，及时、准确地查清事故经过、事故原因和事故损失，查明事故性质，认定事故责任，总结事故教训，提出整改措施，并对事故责任者依法追究责任。

(2) 事故调查组的组成应当遵循精简、效能的原则。事故调查组成员应当具有事故调查所需要的知识和专长，并与所调查的事故没有直接利害关系。

事故调查组履行下列职责：

① 查明事故发生的经过、原因、人员伤亡情况及直接经济损失；

② 认定事故的性质和事故责任；

③ 提出对事故责任者的处理建议；

④ 总结事故教训，提出防范和整改措施；

⑤ 提交事故调查报告。

事故调查组有权向有关单位和个人了解与事故有关的情况，并要求其提供相关文件、资料，有关单位和个人不得拒绝。

(3) 事故发生单位的负责人和有关人员在事故调查期间不得擅离职守，并应当随时接受事故调查组的询问，如实提供有关情况。

(4) 事故调查中发现涉嫌犯罪的，事故调查组应当及时将有关材料或者其复印件移交司法机关处理。

事故调查组成员在事故调查工作中应当诚信公正、恪尽职守，遵守事故调查组的纪律，保守事故调查的秘密。

(5) 事故调查组应当自事故发生之日起60日内提交事故调查报告；特殊情况下，经负责事故调查的人民政府批准，提交事故调查报告的期限可以适当延长，但延长的期限最长不超过60日。

(6) 事故调查报告应当包括下列内容:

① 事故发生单位概况;

② 事故发生经过和事故救援情况;

③ 事故造成的人员伤亡和直接经济损失;

④ 事故发生的原因和事故性质;

⑤ 事故责任的认定以及对事故责任者的处理建议;

⑥ 事故防范和整改措施。

事故调查报告应当附具有关证据材料。事故调查组成员应当在事故调查报告上签名。

164. 了解生产安全事故处理的规定

(1) 重大事故、较大事故、一般事故，负责事故调查的人民政府应当自收到事故调查报告之日起15日内做出批复；特别重大事故，30日内做出批复，特殊情况下，批复时间可以适当延长，但延长的时间最长不超过30日。

(2) 有关机关应当按照人民政府的批复，依照法律、行政法规规定的权限和程序，对事故发生单位和有关人员进行行政处罚，对负有事故责任的国家工作人员进行处分。

事故发生单位应当按照负责事故调查的人民政府的批复，对本单位负有事故责任的人员进行处理。

负有事故责任的人员涉嫌犯罪的，依法追究刑事责任。

(3) 事故发生单位应当认真吸取事故教训，落实防范和整改措施，防止事故再次发生。防范和整改措施的落实情况应当接受工会和职工的监督。

(4) 安全生产监督管理部门和负有安全生产监督管理职责的有关部门应当对事故发生单位落实防范和整改措施的情况进行监督检查。

(5) 事故处理的情况由负责事故调查的人民政府或者其授权的有关部门、机构向社会公布，依法应当保密的除外。

165. 熟悉安全生产事故报告和调查处理违法行为应负的法律责任

(1) 事故发生单位主要负责人有下列行为之一的，处上一年年收入40%至80%的罚款；属于国家工作人员的，并依法给予处分；构成犯罪的，依法追究刑事责任:

① 不立即组织事故抢救的;

② 迟报或者漏报事故的;

③ 在事故调查处理期间擅离职守的。

(2) 事故发生单位及其有关人员有下列行为之一的，对事故发生单位处100万元以上500万元以下的罚款；对主要负责人、直接负责的主管人员和其他直接责任人员处上一年年收入60%至100%的罚款；属于国家工作人员的，并依法给予处分；构成违反治安管理行为的，由公安机关依法给予治安管理处罚；构成犯罪的，依法追究刑事责任:

① 谎报或者瞒报事故的;

② 伪造或者故意破坏事故现场的;

③ 转移、隐匿资金、财产，或者销毁有关证据、资料的;

④ 拒绝接受调查或者拒绝提供有关情况和资料的;

⑤ 在事故调查中作伪证或者指使他人作伪证的;

⑥ 事故发生后逃匿的。

(3) 有关地方人民政府、安全生产监督管理部门和负有安全生产监督管理职责的有关部门有下列行为之一的，对直接负责的主管人员和其他直接责任人员依法给予处分；构成犯罪的，依法追究刑事责任：

① 不立即组织事故抢救的；

② 迟报、漏报、谎报或者瞒报事故的；

③ 阻碍、干涉事故调查工作的；

④ 在事故调查中作伪证或者指使他人作伪证的。

(4) 为发生事故的单位提供虚假证明的中介机构，由有关部门依法暂扣或者吊销其有关证照及其相关人员的执业资格；构成犯罪的，依法追究刑事责任。

(5) 参与事故调查的人员在事故调查中有下列行为之一的，依法给予处分；构成犯罪的，依法追究刑事责任：

① 对事故调查工作不负责任，致使事故调查工作有重大疏漏的；

② 包庇、袒护负有事故责任的人员或者借机打击报复的。

(6) 违反本条例规定，有关地方人民政府或者有关部门故意拖延或者拒绝落实经批复的对事故责任人的处理意见的，由监察机关对有关责任人员依法给予处分。

第二章　安全生产监督管理制度

一、《中国石化集团公司、销售企业安全禁令(试行)》

166. 掌握集团公司安全生产禁令的规定

为进一步规范员工行为，防止和避免重特大安全生产事故，保障员工生命和国家财产安全，根据《中华人民共和国安全生产法》和《中华人民共和国劳动法》等有关法律法规和集团公司安全监督管理规定，特制定本安全生产禁令。

(1) 严禁在禁烟区域内吸烟、在岗饮酒，违者予以开除并解除劳动合同。

(2) 严禁高处作业不系安全带，违者予以开除并解除劳动合同。

(3) 严禁水上作业不按规定穿戴救生衣，违者予以开除并解除劳动合同。

(4) 严禁无操作证从事电气、起重、电气焊作业，违者予以开除并解除劳动合同。

(5) 严禁工作中无证或酒后驾驶机动车，违者予以开除并解除劳动合同。

(6) 严禁未经审批擅自决定钻开高含硫化氢油气层或进行试气作业，违者对直接负责人予以开除并解除劳动合同。

(7) 严禁违反操作规程进行用火、进入受限空间、临时用电作业，违者给予行政处分并离岗培训；造成后果的，予以开除并解除劳动合同。

(8) 严禁负责放射源、火工器材、井控坐岗的监护人员擅离岗位，违者给予行政处分并离岗培训；造成后果的，予以开除并解除劳动合同。

(9) 严禁危险化学品装卸人员擅离岗位，违者给予行政处分并离岗培训；造成后果的，予以开除并解除劳动合同。

(10) 严禁钻井、测录井、井下作业违反井控安全操作规程，违者给予行政处分并离岗培训；造成后果的，予以开除并解除劳动合同。

员工违反上述禁令，造成严重后果的，对所在单位直接负责人、主要负责人给予警告直至撤职处分；对违章指挥、违规指使员工违反上述禁令的管理人员，给予行政警告直至撤职处分；造成严重后果的，予以开除并解除劳动合同。

员工违反上述禁令或管理人员违章指挥、违规指使员工违反上述禁令，导致发生上报集团公司重大事故的，按照《中国石化集团公司安全生产重大事故行政责任追究规定(试行)》对企业有关领导予以责任追究。

本禁令由集团公司安全环保局负责解释。

167. 掌握销售企业安全禁令的规定

(1) 油库

① 严禁油库重大作业期间值班领导及岗位操作人员脱岗，违者给予行政处分；造成严重后果的，予以开除并解除劳动合同或辞退。

② 严禁对入库车辆和人员不检查、不登记，违者给予行政处分；造成严重后果的，予以开除并解除劳动合同或辞退。

③ 严禁擅自更改、编造计量、质检数据；严禁未按规定进行前尺计量、进行油品化验及工艺流程复核进行油品接卸、输转作业，违者给予行政处分；造成严重后果的，予以开除并解除劳动合同或辞退。

④ 严禁汽车油罐车(油船)装、卸油品时，不有效连接静电接地线和防溢油装置进行作业，违者给予行政处分；造成严重后果的，予以开除并解除劳动合同或辞退。

⑤ 严禁汽车油罐车装、卸油品后，不按规定对油罐车设置铅封(含电子铅封)即驶离油库，违者给予行政处分；造成严重后果的，予以开除并解除劳动合同或辞退。

⑥ 严禁值班巡检人员离岗、睡岗、代检、漏检和不按时巡检，违者给予行政处分；造成严重后果的，予以开除并解除劳动合同或辞退。

(2) 加油(气)站

① 严禁在加油(气)站内吸烟、在爆炸危险区域接打手机、使用非防爆照明器材和非防爆电器，违者给予行政处分；造成严重后果的，予以开除并解除劳动合同或辞退。

② 严禁加油(气)站卸油(气)作业时不有效连接静电接地线和无人监护；严禁在卸油作业时利用收油罐进行加油作业，违者给予行政处分；造成严重后果的，予以开除并解除劳动合同或辞退。

③ 严禁使用加油枪直接给塑料容器加注易燃油品；严禁给未熄火车辆加注油品，违者给予行政处分；造成严重后果的，予以开除并解除劳动合同或辞退。

④ 严禁加油站员工使用客户加油卡代替员工卡加油；严禁挪用加油站货款、用预收款冲抵应收货款、以个人名义保留预收货款，违者予以开除并解除劳动合同或辞退。

⑤ 严禁擅自更改、编造计量、质检数据、破坏加油机流量计准确度、私自更换加油机电脑主板，违者予以开除并解除劳动合同或辞退。

⑥ 严禁员工私自拆除油罐车和运油船铅封(含电子铅封)；严禁汽车油罐车卸油后，不按规定对油罐车设置铅封(含电子铅封)即驶离加油站，违者给予行政处分；造成严重后果的，予以开除并解除劳动合同或辞退。

(3) 成品油管道

① 严禁在流程切换过程中现场无人监护，违者给予行政处分；造成严重后果的，予以开除并解除劳动合同或辞退。

② 严禁未按调度令操作，违者给予行政处分；造成严重后果的，予以开除并解除劳动合同。

③ 严禁当班操作人员脱岗、睡岗，违者给予行政处分；造成严重后果的，予以开除并解除劳动合同或辞退。

④ 严禁在生产用计算机上使用移动储存设备或进行与生产无关的操作，违者给予行政处分；造成严重后果的，予以开除并解除劳动合同或辞退。

⑤ 严禁未经审批摘除控制系统联锁保护或变更联锁保护值，违者给予行政处分；造成严重后果的，予以开除并解除劳动合同或辞退。

⑥ 严禁场站、外管道未按规定巡检，未能及时阻止和上报违章占压、违章施工，违者给予行政处分；造成严重后果的，予以开除并解除劳动合同或辞退。

（4）检维修与施工作业

① 严禁未按规定办理施工作业手续、未对施工人员进行安全教育并考核合格就进行施工作业，违者对相关责任人给予行政处分；造成严重后果的，予以开除并解除劳动合同或辞退。

② 严禁未按规定办理作业许可证和无监护人在现场进行用火、临时用电、进入受限空间、破土和高处作业，违者对我方相关责任人给予行政处分；造成严重后果的，予以开除并解除劳动合同或辞退。

③ 严禁在火灾爆炸危险场所未对气体进行检测分析，进行用火和进罐作业，违者对我方相关责任人给予行政处分；造成严重后果的，予以开除并解除劳动合同或辞退。

④ 严禁使用不合格的绝缘工具和防护用具进行电气操作及检修作业；严禁未安装漏电保护器使用移动电动工具，违者对我方相关责任人给予行政处分；造成严重后果的，予以开除并解除劳动合同或辞退。

⑤ 严禁油罐清洗、检修后不经验收合格就直接投入使用，违者给予行政处分；造成严重后果的，予以开除并解除劳动合同或辞退。

⑥ 严禁在爆炸危险区域内使用非防爆通讯、照明器材和非防爆工具，违者对我方相关责任人给予行政处分；造成严重后果的，予以开除并解除劳动合同或辞退。

二、《安全生产责任制》

168. 掌握安全生产责任制的含义

安全生产责任制是以制度的形式明确规定各级负责人、员工和部门，在生产活动中应负的安全责任。落实好安全生产责任制是做好安全工作的关键。

企业各级主要负责人是本单位安全生产第一责任人，其他领导、职能部门和员工，在各自和部门工作范围内，对实现安全生产负责。

安全生产人人有责，谁主管，谁负责，有岗必有责，上岗必守责，实行一岗一责制。

169. 掌握基层单位行政正职安全职责

（1）对本单位安全生产全面负责。

（2）保证国家、集团公司和企业有关安全生产的法律法规、标准和规章制度在本单位贯彻执行，落实各岗位职责和各项安全技术措施，及时发现和纠正“三违”现象，确保安全生产。

（3）把职业安全卫生工作列入议事日程，做到“五同时”。

（4）组织制订并实施本单位安全应急预案、安全管理规定、安全技术操作规程和安全技术措施。

（5）组织对新入厂员工进行安全教育和班组安全教育，对职工进行经常性的安全意识、安全知识和安全技术教育，开展岗位练兵，定期组织安全技术考核和应急预案演练，组织并参加班组安全活动。

（6）每周开展一次安全检查，落实隐患整改，保证生产设备、安全装备、消防设施、防护器材和急救器具等处于完好状态，并教育职工加强维护，正确使用。

（7）组织开展各项安全生产活动，总结交流安全生产经验，表彰并奖励先进班组和个人。

（8）对本单位发生的事故要坚持“四不放过”的原则，及时报告和处理，负责保护事故现场，防止事态扩大。

（9）负责对直接作业环节作业许可证的申请或审批，组织落实好各项安全防范措施。

（10）建立安全管理网络，发挥专、兼职安全管理人员的作用。

（11）建立健全干部值班制度，做到24小时有人管生产、管安全。

170. 掌握基层单位分管生产副职安全职责

（1）对本单位安全生产负直接责任。

（2）组织职工认真执行国家、股份公司和企业有关安全生产的法规、标准和规章，坚持生产与安全“五同时”。

（3）在保证安全的前提下组织指挥生产，及时制止违反安全生产制度和安全技术规程的行为。

（4）在生产过程中发现不安全因素、险情及事故时，应果断正确处理，立即报告主管领导，并通知有关职能部门，防止事态扩大。

（5）贯彻执行工艺操作纪律和操作规程，防止非计划停工和发生跑、冒、串事故，实现安、稳、长、满、优生产。

（6）负责组织安全检查。

（7）负责落实大检修及临时抢修施工的安全措施，制定安全施工方案，安排监护人员。

（8）负责员工生产技术培训和考核，检查新人厂员工的安全教育工作。

（9）负责对直接作业环节许可证的申请或审批，组织落实好各项安全防范措施。

171. 掌握基层单位分管设备副职安全职责

（1）贯彻执行国家、股份公司和企业关于设备检修、维护保养及施工方面的安全规定、标准及制度；负责组织制定和修订本单位各类设备的维护操作规程和安全管理制度。

（2）负责本单位设备的安全管理和安全运行，使其符合安全技术规范、标准的要求。

（3）负责组织编制本单位设备改造方案和设备检修计划，要有相应的职业安全卫生措施内容，并负责落实安全措施。

（4）组织本单位设备安全检查，对查出的问题要及时整改，并负责组织安全技术措施计划和事故隐患整改项目按计划实施。

（5）负责对本单位职工进行设备维护、保养、使用等安全知识的培训考核。

（6）负责落实本单位安技装备和消防设施的维护保养工作。

（7）按照安全生产监督管理制度，负责对直接作业环节作业许可证的申请或申批，组织落实好各项安全防范措施。

172. 掌握工艺技术人员安全职责

（1）负责本单位生产工艺中安全技术工作，确保工艺技术安全可靠。

（2）负责编制本单位安全技术规程及有关管理制度。在编制开停工、技术改造方案时，应有可靠的安全卫生技术措施，并对执行情况进行检查监督。

（3）具体负责本单位职工生产安全操作技术与安全生产知识的培训，组织安全生产技术练兵和考核。

（4）每天深入现场检查安全生产情况，发现事故隐患及时整改。制止违章作业、违章指挥，紧急情况下有权停止作业，并立即向领导报告。

（5）参加本单位新建、扩建、改建工程设计审查、竣工验收；参加工艺改造、工艺条件变动方案的审查，使之符合安全技术要求。

（6）负责本单位装置检修、停工、开工安全技术方案的制定，并对方案执行情况检查监督。

（7）本单位发生生产或与生产有关的事故要及时报告，并参加调查、分析。

173. 掌握设备技术人员安全职责

（1）负责本单位设备安全管理和设备安全运行。

（2）负责编制本单位设备操作安全技术规程及管理制度。在编制设备维护、检修、保养制度及方案时，应有可靠的安全卫生技术措施，并对执行情况进行检查监督。

（3）具体负责本单位职工设备安全操作技术知识的培训，组织设备安全生产技术练兵和考核。

（4）每天深入现场检查设备安全运行情况，发现事故隐患及时整改，制止违章作业、违章指挥，紧急情况下有权停止作业，并立即向领导报告。

（5）参加本单位新建、扩建、改建工程设计审查、竣工验收；参加设备改造、设备操作条件变动方案的审查，使之符合安全技术要求。

（6）发生设备或与设备有关的事故要及时报告，并参加设备和有关事故的调查、分析。

（7）负责本单位装置停工检修安全技术方案的制定，并对方案执行情况进行检查监督。

174. 掌握安全技术人员安全职责

（1）认真学习和贯彻执行安全生产方针政策、法律、法规，严格执行安全生产规章制度和安全生产禁令，负责本单位的安全技术工作；业务上接受安全监督部门的指导，有权直接向安全技术监督部门汇报工作；对班组安全员进行业务指导。

（2）组织建立健全本车间关键装置要害部位监控体系，对相关责任人员监控职责落实情况进行检查、督促、考核。

（3）参加车间(装置)各类事故的调查分析处理，负责组织本单位的事故统计分析，提出防范技术措施，按时上报。

（4）在车间主任领导下，组织有关人员确定本装置(部位)的危险点，并绘制出危险点分布图。负责编制本单位安全技术措施计划和隐患整改方案，及时上报和检查落实。

（5）负责并参加编制本单位安全生产管理制度和安全技术操作规程，并检查执行情况。

（6）组织编制、完善本单位事故预案，并督促组织事故预案演习。

（7）协助领导做好职工的安全思想、安全技术教育工作，负责新入厂人员的安全教育，指导并督促检查班组(岗位)的安全教育。

（8）按照安全技术规范、标准的要求，参加车间新建、改建、扩建工程的设计、竣工验收和设备改造、工艺条件变动方案的“三同时”审查，落实装置检修、停工、开工的安全卫生措施和环境保护措施。

（9）负责组织对检修、施工等作业前的风险评估和危险因素识别，并督促落实安全技术措施和环境保护措施。

（10）负责本单位安技装备、灭火器材、防护和急救器具的管理。

（11）经常深入现场检查，发现隐患及时整改。严格执行安全生产禁令，有权拒绝违章指挥和强令冒险作业，对他人的违章作业进行劝阻和制止，发现直接危及人身安全的紧急情况时，有权停止工作或者在采取可靠的应急措施后撤离作业场所。

（12）健全完善安全管理基础资料，做到齐全、实用、规格化，推进本单位 HSE 建设。

175. 掌握班组长安全职责

（1）执行落实上级和本单位对安全生产的指令和要求，全面负责本班组的安全生产。

（2）组织职工学习落实企业、本单位各项安全生产规章制度和安全技术操作，教育职工遵章守纪，制止违章行为，确保本班组的安全生产。

（3）组织并参加班组安全活动日及其他安全活动，坚持班前讲安全、班中检查安全、班后总结安全。

（4）负责对新职工（包括实习、代培人员）进行岗位安全教育。

（5）负责班组安全检查，发现不安全因素及时组织力量消除，并向上级报告。发生事故要立即报告，同时组织抢救、保护现场、做好详细记录，并参加事故调查、分析，落实防范措施。

（6）负责生产设备、安全设备、消防设备、防护器材和急救器具的日常检查维护工作，使其经常保持完好和正常运行。督促教育职工合理使用劳动防护用品、用具，正确使用灭火和气防器材。

（7）组织班组安全生产竞赛，表彰先进，总结经验。

（8）负责班组基层建设、基础管理，提高班组管理水平。保持生产作业现场整齐、清洁，实现清洁文明生产。

（9）落实好直接作业的监护工作。

176. 掌握班组安全员安全职责

（1）班组安全员由班组长或副班组长兼任，接受本单位安全员的业务指导，负责本班组的安全工作。

（2）组织开展本班组的各种安全活动，负责安全活动记录，提出改进安全工作意见和建议。坚持班前安全讲话，班后安全总结。

（3）对新职工（包括实习、代培人员）进行班组、岗位安全教育。组织岗位技术练兵和开展事故预案演练。

（4）严格执行安全生产的各项规章制度，对违章作业有权制止，并及时报告。

（5）检查监督本班组、岗位人员正确使用和管理好劳动防护用品、各种防护器具及灭火器材。

（6）发生事故时，及时了解情况，维护现场秩序，救护伤员，并向领导报告。

（7）落实好直接作业的监护工作。

177. 掌握生产操作人员安全职责

（1）认真学习和严格遵守各项规章制度，遵守劳动纪律，不违章作业，对本岗位的安全生产负直接责任。

（2）熟练掌握本岗位操作技能，严格执行工艺纪律和操作纪律，精心正确操作，做好各项记录。交接班应有安全情况内容，交班应为接班创造良好的安全生产条件。

(3) 正确分析、判断和处理各种事故苗头，把事故消灭在萌芽状态。在发生事故时，要及时如实向上级报告，按事故预案正确处理，并保护现场，做好详细记录。

(4) 按时认真进行巡回检查，发现异常情况及时处理和报告。

(5) 精心维护设备，保持作业环境整洁，搞好文明生产。

(6) 上岗按规定着装，熟练正确使用各种防护器具和灭火器材。

(7) 积极参加各种安全活动、岗位技术练兵和事故预案演练。

(8) 有权拒绝违章作业的指令，对他人违章作业有权加以劝阻和制止。

(9) 做好直接作业的监护工作，落实各项防范措施。

三、《安全承诺制度》

178. 熟悉安全承诺通则内容

(1) 认真执行集团公司“安全第一、预防为主、全员动手、综合治理”的安全生产方针，严格遵守集团公司安全生产禁令，以及人身安全、防火防爆、车辆安全等十大禁令，严格遵守安全生产各项规章制度。

(2) 自觉接受安全教育培训，提高安全技能。做到会报警，会自救、互救，会熟练使用防毒面具、呼吸器、灭火器等消防、气防设施。

(3) 忠于职守，严格履行本岗位安全职责，落实“一岗一责制”。

(4) 不违章指挥，不违章作业，不违反劳动纪律。自觉抵制违章指挥，纠正违章行为。做到不伤害自己，不伤害他人，不被他人伤害。

(5) 按规定着装上岗，穿戴好劳动防护用品。

179. 掌握安全承诺要求及承诺程序

所有与企业签订劳动合同的人员都应进行安全承诺。

各单位主要领导是实施本单位安全承诺签字的总负责人，各企业的安全监督部门是组织实施和考核安全承诺的责任部门。

安全承诺书有效期限为一年，每年元月份签订，签字后生效。

新入厂员工在完成“三级”安全教育后签订安全承诺书，换岗员工在完成新岗位的安全教育后重新签订安全承诺书，如果没有按规定进行安全教育，员工不应在安全承诺书上签字。

安全承诺书必须由承诺人本人亲笔签字，不允许他人代签。安全承诺签字一式两份，一份由承诺人保存，另一份交安全监督部门存档。

安全承诺誓词如下：我已经接受过本岗位安全教育，熟知安全承诺书的内容，愿认真执行，如违反本承诺，愿承担相应的责任。

四、《安全教育管理规定》

180. 熟悉安全教育管理规定适用范围

本规定适用于与本企业形成劳动关系的人员及进入生产厂区的临时用工、施工实习人员、技术服务人员、参观人员等。

181. 熟悉企业负责人、安全管理人员安全教育培训的主要内容及时间要求

安全教育培训的主要内容：

(1) 国家安全生产方针、政策和有关安全生产的法律、法规、规章及标准；

(2) 石油化工安全生产管理、安全生产技术、职业卫生等知识；

(3) 伤亡事故统计、报告及职业危害的调查处理方法；

(4) 应急管理、应急预案编制以及应急处置的内容和要求；

(5) 国内外先进的安全生产管理经验；

(6) 典型事故和应急救援案例分析；

(7) 其他需要培训的内容。

安全教育培训的时间要求：

初次安全培训时间不得少于32学时，每年再培训时间不得少于12学时。

182. 熟悉班组长安全教育培训的主要内容及时间要求

安全教育时间不应少于24学时，安全教育的主要内容：

(1) 国家有关安全生产方针、政策、法律、法规、集团公司及本企业安全生产规章制度；

(2) 安全技术、职业卫生和安全文化的知识、技能；

(3) 本班组和有关岗位的危险危害因素、安全注意事项、本岗位安全生产职责；

(4) 典型事故案例及事故抢救与应急处理措施等。

183. 熟悉新员工(包括学徒工、外单位调入员工、合同工、代培人员和大中专院校毕业生、有技术岗位的季节性农民外用工等)三级安全教育的主要内容及时间要求

岗前三级安全教育时间不少于72学时，经考试合格后方可上岗。

一级(厂级)安全教育时间不少于24小时，安全教育主要内容：

(1) 国家有关安全生产方针政策、法律法规；

(2) 通用安全技术、职业卫生、安全生产基本知识，包括一般机械、电气安全知识、消防知识、安全文化知识和气体防护常识等；

(3) 本单位安全生产的一般状况、性质、特点和特殊危险部位的介绍；

(4) 集团公司、直属企业和本单位安全生产规章制度，企业五项纪律(劳动、操作、工艺、施工和工作纪律)；

(5) 典型事故案例及其教训，预防事故的基本知识。

二级(车间级)安全教育时间不少于32学时，安全教育主要内容：

(1) 工作环境及危险有害因素；

(2) 所从事工种可能遭受的职业危害和伤亡事故；

(3) 所从事工种的安全职责、操作技能及强制性标准；

(4) 自救互救、急救方法、疏散和现场紧急情况的处理；

(5) 安全设施、个人防护用品的使用与维护；

(6) 本车间安全状况及相关规章制度；

(7) 预防事故和职业危害的措施及应注意的事项；
(8) 有关事故案例；
(9) 其他需要培训的内容。
三级(班组级)安全教育时间不少于16学时，安全教育主要内容：
(1) 班组、岗位的安全生产概况，本岗位的生产流程及工作特点和注意事项；
(2) 本岗位的职责范围，应知应会；
(3) 本岗位安全操作规程，岗位间衔接配合的安全卫生事项；
(4) 本岗位预防事故及灾害的措施。

184. 熟悉班组安全活动的主要内容及时间要求

主要内容：
(1) 学习国家有关安全生产的法令和法规；
(2) 学习有关安全生产文件、安全通报、安全技术规程、安全管理制度和安全技术知识；
(3) 结合事故通报和《班组安全》等安全学习材料，分析讨论典型事故，总结和吸取事故教训；
(4) 开展防火、防爆、防中毒和自我保护能力训练，以及异常情况紧急处理和应急演练；
(5) 开展岗位安全技术练兵，组织各种安全技术表演；
(6) 检查安全规章制度执行情况，查找并组织消除事故隐患；
(7) 开展安全文化活动、安全技术座谈、观看安全教育电影和录像；
(8) 其他安全活动。
时间要求：
班组安全活动每月应不少于两次，每次不少于1学时。

185. 了解临时用工、外来施工和实习人员安全教育的主要内容及时间要求

临时用工、外来施工和实习人员厂级安全教育由二级单位安全管理部门负责，安全教育时间不应少于8小时。安全教育主要内容：
(1) 企业安全生产基本特点；
(2) 进入厂区应遵守的安全生产规章制度；
(3) 所从事工作的危险有害因素及HSE注意事项；
(4) 事故教训等。
临时用工、外来施工和实习人员车间级安全教育由基层车间领导和安全管理人员负责，安全教育时间不应少于4小时。安全教育主要内容：
(1) 车间危险部位(主要生产系统、关键设备)及安全、环保注意事故；
(2) 车间职业危害因素(包括危险化学品和各种伤害能量)的性质及防护处理注意事项；
(3) 着火爆炸、泄漏中毒、环境污染事故的应急处理措施；
(4) 安全作业许可证办理的程序和注意事项；
(5) 生产装置的安全消防、气防卫生器材及设施的位置、使用程序和使用方法；
(6) 作业活动中应遵守的安全规定。

五、《安全检查规定》

186. 熟悉安全检查的主要任务

安全检查的主要任务是进行危害识别，查找不安全因素和不安全行为，提出消除或控制不安全因素的方法和纠正不安全行为的措施。

187. 掌握安全检查的主要形式及内容

安全检查分为外部检查和内部检查：

外部检查是指按照国家安全、卫生法规要求进行的法定监督、检测检查，以及政府部门组织的安全督查。

内部检查是指集团公司、直属企业内部根据生产情况开展计划性和临时性的自查活动。

内部检查主要有综合性检查、日常检查和专项检查等形式：

综合检查：是以落实岗位安全责任制为重点，各专业共同参与的全面检查，股份公司对各企业至少每年组织检查或抽查 1 次；各企业至少每半年组织 1 次；二级单位至少每季组织 1 次；基层单位至少每月组织 1 次。

日常检查：包括班组、岗位员工的交接班检查和班中巡回检查，以及基层单位领导和工艺、设备、电气、仪表、安全、消防、职业卫生等专业技术人员的经常性检查。

专项检查：包括季节性检查、节日前检查和专业性安全检查。

(1) 季节性检查：根据各季节特点开展的专项检查。春季安全大检查以防雷、防静电、防解冻跑漏为重点；夏季安全大检查以防暑降温、防食物中毒、防台风、防洪防汛为重点；秋季安全大检查以防火、防冻保温为重点；冬季安全大检查以防火、防爆、防煤气中毒、防冻防凝、防滑为重点。

(2) 节日前检查：主要是节前对安全、保卫、消防、生产准备、备用设备、交通、娱乐场所、应急预案进行的检查。特别应对节日期间领导干部、管理人员和检维修队伍值班安排、车辆值班和安全管理，以及原辅料、备品备件、存在隐患的防范措施和应急预案的落实情况进行重点检查。

(3) 专业性检查：主要是对锅炉、压力容器、压力管道、电气设备、机械设备、安全和卫生装备、监测仪器、危险物品、运输车辆等系统分别进行的专业检查；以及装置开、停工前、新装置竣工及试运行等时期进行的专项安全检查。

188. 熟悉安全问题的整改要求

检查人员或检查组应向被检查单位提交整改通知单。安全问题整改通知单应符合本企业的职业健康安全管理体系要求。所含内容有：记录号、检查单位、被检查单位、检查日期、存在问题、原因分析、整改和(或)防范措施、要求整改期限、实际整改完成时间、整改责任人、措施复核人。

被检查单位对查出的问题应立即落实有针对性的整改措施；暂时不能整改的，除采取有效防范措施外，还应制定计划，落实整改；对需资金投入整改的问题，应按照《事故隐患治理项目管理规定》执行，并对整改措施进行有效评估。

对隐患和问题的整改情况，应进行复查，跟踪督促整改措施的落实，实现闭环管理。

六、《成品油公路运输安全管理规定》

189. 熟悉成品油公路运输承运商准入条件

（1）企业法人营业执照、税务登记证、道路运输经营许可证等相关证照齐全。

（2）设置安全环保管理部门或专职安全环保管理岗，负责安全环保日常管理。安全环保管理人员应具备相关的专业知识和管理经验。

（3）建立健全以安全生产责任制为核心的安全管理制度以及适合公路油品运输企业的安全、环保管理体系。

（4）对驾驶员和押运员进行成品油安全特性、装卸油作业操作规程、防火知识、消防器材使用方法以及突发事件的处置措施等专业知识培训。

（5）按照国家油罐汽车运输强制保险的有关规定，参加相应的保险，并取得保险文书或财务担保证明。

（6）建立和完善各类突发事件应急预案，并定期开展演练。

（7）拥有专业运油车辆规模必须符合当地交通运输管理部门的规定。

（8）按规定配备油罐汽车押运员。

190. 了解油罐汽车应具备的基本条件

（1）车辆行驶证和危险化学品准运证等相关证照齐全。

（2）实际装载量不得大于核定装载量。

（3）罐体和附件良好有效，无影响强度的损伤、变形，无严重锈蚀，没有渗漏。罐体经有资质的检定部门检验合格。

（4）排气管安装有效防火帽，电路系统应有切断总电源装置。

（5）罐体必须设置静电接地端子，并在端子上方涂写明显标识；安装导电橡胶拖地带，装油后保持触地。

（6）配备两只4公斤以上干粉灭火器，位置要摆放合理，使用方便。

191. 了解驾驶员、押运员应具备的基本条件

（1）驾驶员、押运员应持有所在地方政府主管部门颁发的从业资格证书和相应培训合格证。

（2）必须接受有关成品油安全特性、装卸油作业操作规程、防火灭火知识、消防器材使用方法以及突发事件处置措施等方面的岗前培训，经考试合格后方可上岗。

（3）定期参加岗位安全教育、安全培训和预案演练。

（4）按规定穿着防静电工作服上岗。

192. 掌握油罐汽车油库装油安全管理规定

油罐车入库前，应做好以下工作：

（1）进入油库前，油库工作人员应对油罐汽车防火帽、灭火器、防静电胶带及有关证照等进行检查，发现不符合安全条件的油罐车，拒绝入库。

（2）驾驶员、押运员应穿防静电工作服，遵守入库安全管理制度，履行入库手续后方可入库。

油罐车装油前，应做好以下工作：

（1）发油工作人员引导油罐车安全停靠在准确位置，驾驶员协助工作人员按货单核实油料品名、规格和数量。发油工作人员检查确认油罐车设备完好、放油阀关闭、发动机熄火、车钥匙拔出，并在油罐车前面设置警示牌。

（2）装油前，连好具有报警功能的静电接地线，鹤管插到罐底部并放好防溢油报警探头后，发油工作人员发出装油指令。

装油作业时，应做好以下工作：

（1）严格输油速度，禁止喷溅式作业，遇有雷鸣电闪、发生火警等异常情况，立即停止收发作业，按照发油工作人员指令，采取相应安全措施。

（2）禁止使用手机、禁止修车作业。

（3）采取有效措施，防止溢油。

（4）装油作业期间，驾驶员、押运员和发油工作人员必须全过程在场监控。

装油作业完毕的安全管理：

（1）装油完毕，稳油 2 分钟以上，拔出鹤管、关闭罐口、撤除静电接地线，并由发油工作人员检查确认，移开警示牌，发出指令后车辆方可驶离。

（2）油罐车驶至门卫处，办理有关手续后方可出库。

193. 掌握油罐汽车加油站卸油安全管理规定

油罐车进入加油站卸油作业前，应做好以下工作：

（1）卸油作业前，油站工作人员引导油罐车进入车位，备好消防器材，连好静电接地端子，对油罐车铅封进行检查，核对所运油品的品种和数量，并在油罐车前设置“正在卸油，严禁烟火”警示牌。

（2）油罐车静置 15 分钟后，方可计量；驾驶员将卸油胶管与油罐车卸油口连接牢固，卸油员将卸油胶管与加油站油罐卸口连接牢固。

（3）卸油员检查确认与卸油罐连接的加油机是否已停止加油作业，检查确认卸油管线连接是否正确、牢固。卸油员和驾驶员双方履行确认手续后，卸油员发出卸油指令。

卸油作业时，应做好以下工作：

（1）卸油员开启加油站油罐卸油管线阀门，驾驶员缓慢开启罐车卸油阀，卸油员监督检查卸油管线、相关闸阀等设备运行情况，随时准备处置突发事件。卸油员、驾驶员、押运员必须全过程在场监卸，严禁离开。

（2）严格控制输油速度，禁止喷溅式卸油，遇有雷鸣电闪、发生火警等异常情况，立即停止卸油作业，按照加油站卸油员的指令，采取相应安全措施。

卸油完毕的安全管理：

（1）卸油完毕，卸油员确认罐车油品卸净，驾驶员关闭罐车闸阀，排空卸油胶管余油，卸油员关闭加油站油罐卸油管线阀门，拆除卸油管。

（2）卸油员检查确认罐口盖是否关闭坚固并加铅封，拆除静电接地线，移开警示牌，发出指令并引导汽车安全离站。

七、《成品油水路运输安全管理规定》

194. 熟悉成品油水路运输承运商准入条件

(1) 工商营业执照、税务登记证、水路运输许可证以及交通部航务、海事部门认可的危险化学品运输等资质文件。

(2) 设置安全环保管理部门或专职安全环保管理岗，负责安全环保日常管理。安全环保管理人员应具备相关的专业知识和管理经验。

(3) 建立健全以安全生产责任制为核心的安全管理制度以及适合船运企业的安全、环保管理体系。

(4) 对船员进行成品油安全特性、装卸油作业操作规程、防火灭火知识、消防器材使用方法以及突发事件的处置措施等专业知识培训。

(5) 按照国家船舶运输强制保险的有关规定，参加相应的保险，并取得保险文书或财务担保证明。

(6) 建立和完善各类突发事件应急预案，并定期开展演练。

195. 了解油船应具备的基本条件

(1) 具有相关主管部门签发的船舶检验合格证书、危险货物适装证书等符合成品油运输的证书和文书。

(2) 明确兼职安全员及其工作职责，负责油船安全环保的日常工作。

(3) 建立安全、环保管理制度和各类应急预案。

(4) 油船的布置、结构、管系、电气、消防和防污染设备等应符合安全要求，未经船舶检验部门同意，不得擅自更改。电气设备应符合整体防爆要求，移动式防爆灯具不少于2具。

(5) 船备输油泵、输油软管应符合安全要求，油泵出口应安装压力表并检测合格。

(6) 按规定配备吸油毡、消油剂、灭火器、消防沙等应急物资。

(7) 按船员人数配备救生衣等防护器材，要有防坠落、防滑跌设施，并配备1~2条软护栏。

(8) 逐步配备和完善GPS电子定位系统。

196. 了解船员应具备的基本条件

(1) 持有海事等管理机构颁发的适任证书和相应的培训合格证，熟悉所在船舶载运油品的安全知识和操作规程。

(2) 接受必要的岗前安全培训，经考试合格后方可上岗。

(3) 定期参加岗位安全教育、安全培训和预案演练。

(4) 按规定穿着防静电工作服上岗。

197. 掌握油船收发作业安全管理规定

(1) 收发作业前的安全管理

油船在靠泊码头后，船方应做好以下工作：

① 与码头方办理油品到库以及船员入库手续。

② 组织船员对船舶的安全状况进行全面检查。

③ 留有足以保证船舶安全操作的船员。

④ 在爆炸危险区不得使用非防爆电气，不得使用明火。

⑤ 在油船和趸船之间设置软护栏，首尾外挡配备应急拖缆。

⑥ 关闭朝向油舱甲板的水密门、窗和油舱甲板上舱室前沿及1.5米以内的左右舷门、窗，严防油气进入机舱和生活区。

⑦ 禁止与油船作业无关的船舶系靠。

收(发)油方应做好以下工作：

① 组织码头当班人员对趸船及其收卸、电气、消防、环保等设施进行安全检查。

② 确保静电接地线不少于两条且具有报警功能，油船静置时间不少于10分钟。

③ 趸船上游75米、下游150米范围内无明火作业。

④ 与库区通讯联络保持畅通。

⑤ 专人全过程实施安全、环保监控。

码头与船方应共同做好以下工作：

① 核对油品的品种、数量，确认工艺流程和作业程序，按规定悬挂信号，明确安全措施，双方共同遵照执行。

② 各自在发(收)油口附近备好灭火器、黄沙、水带、环保等应急物资。对可能发生渗漏的地方设置集油容器。

③ 设置围油栏。

④ 双方分别负责输油软管、静电接地线与己方管线口的连接，并分别负责己方输油管线阀门的开启。

⑤ 双方按照油品收发作业安全确认要求，共同进行作业前安全检查。履行安全确认手续后，由收(发)货方指定的现场负责人发出作业指令。

(2) 收发作业中的安全管理

收发作业过程中，码头作业人员和船员必须严格遵守以下规定：

① 严格控制输油速度，严禁进行喷溅式灌舱作业，遇有雷鸣电闪、风浪过大、附近发生火警等异常情况，立即停止收发作业，并采取相应安全措施。

② 严禁随身携带易燃物品或火种，严禁在油船、趸船上吸烟，严禁穿带钉的鞋、靴和易产生静电的服装，严禁使用手机。

③ 严禁进行明火、烧焊或敲打等易产生火花的修理作业。

④ 严禁前、后油舱或中部舱单独受载或卸载，防止舱体变形、折断，严禁跨驳作业。

⑤ 各油舱应留足油品膨胀空间，防止溢油。

⑥ 加强对压力表、管线进出口等关键部位的监控和对油船周边水域的观察，防止溢油或含油污水污染水体。

⑦ 作业过程中如发生突发事件，收(发)货方现场负责人在报警的同时，应立即启动应急预案，组织现场工作人员施救，视情况发出油船离泊指令。

⑧ 油船要保持适航性，留足保证油船正常运行的操作人员，接到收(发)货方现场负责人的指令后立即离泊。

(3) 收发作业完毕的安全管理

① 在静置稳油 10 分钟后，按照先出口、后进口的顺序以及谁连接、谁拆卸的分工，由收(发)货方现场负责人指挥双方关闭阀门，拆卸输油管和静电接地线，收回围油栏。

② 根据工艺条件，做好顶水、扫线等相关工作，防止管线内残油倒流污染水体。

③ 双方对作业现场检查复核，确认工艺复位后，由收(发)货方现场负责人发出船舶可以离港的指令，船舶方可离港。

八、《临时用电安全管理规定》

198. 熟悉临时用电作业许可证办理程序及火灾爆炸危险场所内的一切临时用电的特殊要求

许可证办理程序：

(1) 施工单位负责人持《电工作业操作证》、施工作业单等资料到配送电单位办理“中国石化临时用电作业许可证”。

(2) 配送电单位负责人应对作业程序和安全措施进行确认后签发《中国石化临时用电作业许可证》。

(3) 施工单位负责人应向施工作业人员进行作业程序和安全措施交底。

(4) 作业完工后，施工单位应及时通知负责配送电单位停电，配送电单位停电并作相应确认后，由施工单位拆除临时用电线路。

火灾爆炸危险场所内的一切临时用电的特殊要求：

在办理“中国石化临时用电作业许可证”前，按规定办理“中国石化用火作业许可证”。

199. 熟悉临时用电作业的安全措施

(1) 检修和施工队伍的自备电源不能接入公用电网。

(2) 安装临时用电线路的电气作业人员，应持有电工作业证。

(3) 临时用电设备和线路应按供电电压等级和容量正确使用，所有电气元件应符合国家规范标准要求，临时用电电源施工、安装应严格执行电气施工安装规范，并接地良好。

(4) 配送电单位应将临时用电设施纳入正常电器运行巡回检查范围，确保每天不少于两次巡回检查，并建立检查记录和隐患问题处理通知单，确保临时供电设施完好。对存在重大隐患和发生威胁安全的紧急情况时，配送电单位有权紧急停电处理。

(5) 临时用电单位应严格遵守临时用电规定，不得变更地点和工作内容，禁止任意增加用电负荷或私自向其他单位转供电。

(6) 在临时用电有效期内，如遇施工过程中停工、人员离开时，临时用电单位应从受电端向供电端逐次切断临时用电开关，待重新施工时，临时用电单位应对线路、设备进行检查确认后，方可送电。

200. 熟悉临时用电作业许可证签发人和配送电单位送(停)电、施工单位安装临时用电线路的电气作业人员应具备的基本条件

(1) 熟悉临时用电作业许可证签发人应具有电器运行经验并接受过临时用电管理培训。

(2) 配送电单位送(停)电、施工单位安装临时用电线路的电气作业人员应持有有效电工作业证。

201. 了解临时用电作业许可证的管理规定

（1）“中国石化临时用电作业许可证”一式三联，第一联由签发人留存，第二联交配送电执行人，施工单位持第三联。

（2）“中国石化临时用电作业许可证”有效期限为1个作业周期。

（3）用电结束后，“中国石化临时用电作业许可证”第三联交由配送电执行人注销。

（4）“中国石化临时用电作业许可证”保存期为一年。

九、《用火作业安全管理规定》

202. 熟悉用火作业含义及表现形式

用火作业是指在具有火灾爆炸危险场所内进行的施工过程。

用火作业是指采用以下方式的作业：

（1）气焊、电焊、铅焊、锡焊、塑料焊等各种焊接作业及气割、等离子切割、砂轮机、磨光机等各种金属切割作业。

（2）使用喷灯、液化气炉、火炉、电炉等明火作业。

（3）烧（烤、煨）管线熬青、炒砂子、铁锤击（产生火花）物件，喷砂和产生火花的其他作业。

（4）生产装置的罐区连接临时电源并使用非防爆电器设备和电动工具。

（5）使用雷管、炸药等进行爆破作业。

203. 熟悉用火作业分级

一级用火作业：

（1）储存收发易燃、可燃液（气）体的罐区、泵房、装卸作业区（铁路、公路、码头）、桶装仓库。

（2）加油（气）站的罐区（储气瓶）、加油（气）区、液化气泵房、压缩机房、接卸站区。

（3）输油（气）管道、隔油池、污水处理设施。

（4）易燃、可燃液体和气体的罐车、油轮、驳船等爆炸危险性区域的用火作业。

二级用火作业：

（1）从易燃、易爆及有毒储罐、泵房、装卸区等拆除的容器、管线、附件，已运到安全地点、并经过吹扫处理检验合格。

（2）罐区、泵房、装卸作业区等的非防爆区域及防火间距以外的区域。

（3）发电机房、配电间、消防泵房、化验室、储存收发润滑油的储罐、桶装油品仓库、灌装、收发区域等火灾危险性区域的用火作业。

三级用火作业：

在油库、加油站内，除一、二级以外的用火均属三级用火。

固定用火作业区：

除特级、一级、二级用火范围以外没有火灾危险性的区域划出的固定用火作业区。在二级以上用火区域内，不应设固定用火区。

204. 熟悉用火作业许可证办理程序及节日期间用火的特殊要求

用火作业许可证办理程序：

（1）销售企业一级、二级用火作业由用火单位填写“中国石化用火作业许可证”，报企业二级单位安全监督管理部门、生产部门审查合格，由主管安全生产领导签发。

（2）销售企业三级用火作业由用火单位填写“中国石化用火作业许可证”，报基层单位负责人签发。

（3）固定用火区的设定应由用火单位提出申请，报企业二级单位安全监督管理部门会同消防部门进行审查批准。

节日期间用火的特殊要求：

实行升级管理，即在原定用火级别的基础上升一级。

205. 掌握用火作业的安全措施（“三不用火”原则）

用火作业的安全措施：

（1）凡可用可不用的用火一律不用火，凡能拆下来的设备、管线都应拆下来移到安全地方用火，严格控制一级用火。不能拆下来的，切断物料来源并加好盲板；经吹扫、清洗、置换，通风换气；经分析合格，方可用火。

（2）各级用火审批人应亲临现场检查，督促用火单位落实防火措施后，方可审签“中国石化用火作业许可证”。

（3）一张用火作业许可证只限一处用火，实行一处（一个用火地点）、一证（用火作业许可证）、一人（用火作业监护人），不能用一张“中国石化用火作业许可证”进行多点用火。

（4）销售企业的“中国石化用火作业许可证”有效时间为一个作业周期，但最多不超过5天。若中断作业超过1小时继续用火，监护人、用火人和现场负责人应重新确认。固定用火点，每半年检查认定一次。

（5）用火分析：当可燃气体爆炸下限大于4%时，分析检测数据小于0.5%为合格；可燃气体爆炸下限小于4%时，分析检测数据小于0.2%为合格。

（6）用火期间，距用火点30米内严禁排放各类可燃气体，15米内严禁排放各类可燃液体。

“三不用火”原则：

（1）没有经批准的用火作业许可证不用火；

（2）用火监护人不在现场不用火；

（3）防火措施不落实不用火。

206. 熟悉用火作业人员职责

（1）用火作业人员应持有效的本岗位工种作业证。

（2）用火作业人员应严格执行“三不用火”的原则；对不符合的，有权拒绝用火。

207. 掌握用火监护人职责

（1）用火监护人应持有岗位操作合格证；了解用火区域或岗位的生产过程，熟悉工艺操作和设备状况；有较强的责任心，出现问题能正确处理；有处理应对突发事件的能力。

（2）应参加由安全监督管理部门组织的用火监护人培训班，考核合格后由安全监督管理部门发放用火监护人资格证书，做到持证上岗。

（3）在接到“中国石化用火作业许可证”后，应在安全技术人员和单位领导的指导下，逐项检查落实防火措施；检查用火现场的情况；用火过程中发现异常情况应及时采取措施；

监火时应佩戴明显标志；用火过程中不得离开现场，确需离开时，由监护人收回用火许可证，暂停用火。

（4）当发现用火部位与“中国石化用火作业许可证”不相符合，或者用火措施不落实时，用火监护人有权制止用火；当用火出现异常情况有权停止用火；对用火人不执行“三不用火”又不听劝阻时，有权收回“中国石化用火作业许可证”，并向上级报告。

208. 了解用火作业许可证的管理规定

（1）“中国石化用火作业许可证”是用火作业的凭证和依据，不得随意涂改、代签，应妥善保管。

（2）“中国石化用火作业许可证”一式四联，一联存放在签发部门，一联由用火作业人持有，一联由用火监护人持有，一联存放在用火点所在操作控制室或岗位。

（3）销售企业一级“中国石化用火作业许可证”由企业安全监督管理部门备案；销售企业二级“中国石化用火作业许可证”由二级单位安全监督管理部门存档；销售企业三级“中国石化用火作业许可证”由二级单位安全监督管理部门备案。

（4）“中国石化用火作业许可证”保存期限为1年。

十、《进入受限空间作业安全管理规定》

209. 熟悉受限空间、隔离的含义

受限空间是指在中国石化所属管理区域内炉、塔、釜、罐、仓、槽车、管道、烟道、下水道、沟、井、池、涵洞、裙座等进出口受限，通风不良，存在有毒有害风险，可能对进入人员身体健康和生命安全构成危害的封闭、半封闭设施及场所。

隔离是指采取加盲板或断开连接管线，彻底切断设备与设备间物料相互来往的方法。

210. 熟悉进入受限空间作业许可证办理程序

（1）进入受限空间作业单位负责人，应持有施工任务单，到分（子）公司、研究院（以下统称“企业”）的二级单位或基层单位办理“中国石化进入受限空间作业许可证”。

（2）企业二级单位或基层单位主管安全领导，应对作业程序和安全措施进行确认后，签发“中国石化进入受限空间作业许可证”。

（3）办理“中国石化进入受限空间作业许可证”前，生产及施工单位应针对作业内容对受限空间进行危害识别，分析受限空间内是否缺氧、富氧、易燃易爆、有毒有害、高温、负压等危害因素，制定相应的作业程序、安全防范和应急措施。

（4）进入受限空间作业前，生产单位必须与施工单位进行现场检查交底，生产单位领导组织有关专业技术人员会同进入受限空间作业单位的现场负责人及有关专业技术人员、监护人，对需进入作业的设备、设施进行现场检查，对进入受限空间作业内容、可能存在的风险以及施工作业环境进行交底，结合施工作业环境对许可证列出的有关安全措施逐条确认，并将补充措施确认后填入相应栏内。

（5）施工单位负责人应向施工作业人员进行作业程序和安全措施交底，并指派作业监护人；企业二级单位或基层单位与施工单位现场安全负责人对受限空间作业的全过程实施现场监督。

(6) 进入受限空间涉及用火、临时用电、高处等作业时，必须遵守有关安全规定，办理相应的许可证，“中国石化进入受限空间作业许可证”不能代替上述作业许可证。

(7) 进入受限空间作业完成后，企业二级单位或基层单位与施工单位现场安全负责人在“中国石化进入受限空间作业许可证”完工验收栏中签名。

211. 掌握进入受限空间作业的安全措施(“三不进入”原则)

进入受限空间作业的安全措施：

(1) 企业二级单位或基层单位与施工单位现场安全负责人应对现场监护人和作业人员进行必要的安全教育，内容包括所从事作业的安全知识、紧急情况下的处理和救护方法等。

(2) 根据需要制定安全应急预案。内容包括作业人员紧急状况时的逃生路线和救护方法，监护人与作业人员约定联络信号，现场应配备的救生设施和灭火器材等。

(3) 进入受限空间前，将受限空间吹扫、蒸煮、置换合格，所有与其相连的管线、阀门应加盲板隔离。

(4) 采取自然或强制通风，严禁向内充氧气。作业人员轮换作业或休息。

(5) 进入受限空间作业应使用安全电压和安全行灯。

(6) 当可燃气体爆炸下限大于4%时，其被测浓度不大于0.5%为合格；爆炸下限小于4%时，其被测浓度不大于0.2%为合格；氧含量19.5%～23.5%为合格。作业期间至少每隔4小时复测一次，如有一项不合格，应立即停止作业。

(7) 在特殊情况下(如清罐)，作业人员可戴供风式面具、空气呼吸器等。

(8) 发生有人中毒、窒息的紧急情况，抢救人员必须佩戴隔离式防护面具进入受限空间，并至少有1人在外部做联络工作。

(9) 作业停工期间，应防止人员误入，作业结束后，应对受限空间进行全面检查，确认无误后，施工单位和生产单位双方签字验收。

进入受限空间作业实行“三不进入”原则：

(1) 没有经批准的“进入受限空间作业许可证”不进入；

(2) 安全措施不落实不进入；

(3) 监护人不在场不进入。

212. 熟悉进入受限空间作业监护人的资格和权限

(1) 应熟悉作业区域的环境和工艺情况，有判断和处理异常情况的能力，掌握急救知识。

(2) 在作业人员进入受限空间作业前，负责对安全措施落实情况进行检查，发现安全措施不落实或不完善时，有权拒绝作业。

(3) 应清点出入受限空间作业人数，在出入口处保持与作业人员的联系，严禁离岗。当发现异常情况时，应及时制止作业，并立即采取救护措施。

(4) 应随身携带进入受限空间作业许可证，并负责保管。

(5) 在作业期间，不得离开现场或做与监护无关的事。

213. 熟悉进入受限空间作业人员职责

(1) 持有经审批同意、有效的“中国石化进入受限空间作业许可证”方可施工作业。

(2) 在作业前应充分了解作业的内容、地点(位号)、时间、要求，熟知作业中的危害因素和“中国石化进入受限空间作业许可证”中的安全措施。

(3)“中国石化进入受限空间作业许可证”所列安全措施须经落实确认、监护人同意后，方可进入受限空间内作业。

(4)作业人员遇有对违反本制度的强令作业、安全措施不落实、作业监护人不在场等情况有权拒绝作业，并向上级报告。

(5)应服从作业监护人的指挥，禁止携带作业器具以外的物品进入受限空间。如发现作业监护人不履行职责时，应立即停止作业。

(6)在作业中如发现情况异常或感到不适和呼吸困难时，应立即向作业监护人发出信号，迅速撤离现场，严禁在有毒、窒息环境中摘下防护面罩。

214. 了解进入受限空间作业许可证的管理规定

(1)“中国石化进入受限空间作业许可证”是进入受限空间作业的依据，不得涂改；如确需修改时，必须经签发人在修改内容处签字确认。如果“中国石化进入受限空间作业许可证”中安全措施、气体检测、评估等栏目填写不下时，应另加附页。“中国石化进入受限空间作业许可证”和附页应妥善保管，保存期为1年。

(2)“中国石化进入受限空间作业许可证”一式四联，第一联由企业二级单位或基层单位安全技术人员留存备查，第二联由作业负责人持有，第三联由监护人持有，第四联存放在作业点所在的操作控制室或岗位。

(3)“中国石化进入受限空间作业许可证”中各栏目，应由相应负责人填写，其他人不得代签，作业人员、监护人姓名应与“中国石化进入受限空间作业许可证”相符。

(4)“中国石化进入受限空间作业许可证”的有效期为作业项目一个周期。当作业中断4小时以上时，再次作业前，应重新对环境条件和安全措施予以确认；当作业内容和环境条件变更时，需重新办理“中国石化进入受限空间作业许可证”。

十一、《高处作业安全管理规定》

215. 熟悉高处作业的含义、办理高处作业许可证的规定高度

高处作业是指在坠落高度基准面2m以上(含2m)，有坠落可能的位置进行作业。

进行15m(含15m)以上高处作业，应办理“中国石化高处作业许可证”；凡经高处作业特殊培训的岗位人员、在正式巡检路线进行正常高处检查的人员不需要办理高处作业许可证。

216. 了解高处作业人员的基本要求

(1)凡患有高血压、心脏病、贫血病、癫痫病、精神病以及其他不适合高处作业疾患的人员，不得从事高处作业。

(2)应熟悉高处作业有关安全知识，掌握操作技能。

217. 熟悉高处作业许可证的办理程序

(1)施工单位负责人持施工任务单，到直属企业基层单位办理“中国石化高处作业许可证”。

(2)直属企业基层单位负责人应对作业程序和安全措施进行确认后，签发“中国石化高

处作业许可证”。

(3) 施工单位负责人应向施工作业人员进行作业程序和安全措施的交底；直属企业基层单位与施工单位现场安全负责人对高处作业的全过程实施现场监督。

(4) 高处作业完工后，直属企业基层单位与施工单位现场安全负责人应在“中国石化高处作业许可证”完工验收栏内签字。

218. 熟悉高处作业的安全措施

(1) 直属企业基层单位与施工单位现场安全负责人应对作业人员进行必要的安全教育，内容包括所从事作业的安全知识、作业中可能遇到意外情况的处理和救护方法等。

(2) 制定应急预案，内容包括作业人员紧急状况下逃生路线和救护方法，现场配备的救生设施和灭火器材等。

(3) 高处作业人员应使用与作业内容相适应的安全带，安全带应系挂在施工作业处上方的牢固构件上，不得系挂在有尖锐棱角的部位。安全带系挂下方应有足够的净空，安全带应高挂(系)低用。在进行高处移动作业时，应设置便于移动作业人员悬挂安全带的安全绳。

(4) 劳动保护服装应符合高处作业的要求。对于需要戴安全帽进行的高处作业，作业人员应系好安全帽带。禁止穿硬底和带钉易滑的鞋进行高处作业。

(5) 高处作业严禁上下投掷工具、材料和杂物等。所用材料应堆放平稳，必要时应设安全警戒区，并有专人监护。工具在使用时应系有安全绳，不用时将工具放入工具套(袋)内。在同一坠落方向上，一般不得进行上下交叉作业。如需进行交叉作业时，中间应设置安全防护层，坠落高度超过24m的交叉作业，应设双层防护。

(6) 高处作业人员不得站在不牢固的结构物上进行作业，不得在高处休息。登石棉板、瓦棱板等轻型材料作业时，必须铺设牢固的脚手板，并加以固定。

(7) 高处作业应使用符合安全要求、并经有关部门验收合格的脚手架。夜间高处作业应有充足的照明。

(8) 供高处作业人员上下用的梯道、电梯、吊笼等应完好；高处作业人员上下时手中不得持物。

(9) 在邻近地区有排放有毒、有害气体及粉尘超出允许浓度的场合，严禁进行高处作业。如在允许浓度范围内，应采取有效的防护措施。

(10) 遇有不适宜高处作业的恶劣气象条件(如六级风以上、雷电、暴雨、大雾等)时，严禁露天高处作业。

219. 熟悉高处作业人员的职责

(1) 持有经审批同意的“中国石化高处作业许可证”方可进行15m以上(含15m)高处作业。在作业前充分了解作业的内容、地点(位号)、时间和要求，熟知作业中危害因素和“中国石化高处作业许可证”中的安全措施。

(2) 对“中国石化高处作业许可证”中安全措施确认后，方可进行高处作业。

(3) 对违反本规定强令作业、安全措施不落实的，作业人员有权拒绝作业，并及时向上级报告。

(4) 在作业中如发现异常或感到不适等情况时，应发出信号，并迅速撤离现场。

220. 了解高处作业许可证的管理规定

(1)“中国石化高处作业许可证”是进行高处作业的依据，不得涂改；如确需修改时，应经签发人在修改内容处签字确认。“中国石化高处作业许可证”应妥善保管，保存期为1年。

(2)“中国石化高处作业许可证”一式两联，直属企业基层单位留存第一联，施工作业现场负责人持有第二联。

(3)“中国石化高处作业许可证”中各栏目，应由相应责任人填写，其他人不得代签。

(4)“中国石化高处作业许可证”的有效期为作业项目一个周期。当作业成绩中断再次作业前，应重新对环境条件和安全措施予以确认；当作业内容和环境条件变更时，需要重新办理“中国石化高处作业许可证”。

十二、《破土作业安全管理规定》

221. 熟悉破土作业含义

破土作业是指在销售企业油库(加油加气站)内部地面、埋地电缆、电信及地下管道区域范围内，以及交通道路、消防通道上开挖、掘进、钻孔、打桩、爆破等各种破土作业。

222. 熟悉破土作业许可证办理程序

(1) 破土作业许可证由施工单位填写，工程主管部门根据情况，组织电力、电信、生产、机动、公安、消防、安全等有关部门、破土施工区域所属单位和地下设施的主管单位联合进行现场地下情况交底，根据施工区域地质、水文、地下供排水管线、埋地燃气(含液化气)管道、埋地电缆、埋地电信、测量用的永久性标桩、地质和地震部门设置的长期观测孔、不明物、沙巷等情况向施工单位提出具体要求。

(2) 施工单位根据工作任务、交底情况及施工要求，制定施工方案，落实安全施工措施。经施工主管部门现场负责人和直属企业基层单位现场负责人签署意见，有关部门确认会签后，报直属企业二级单位主管领导审批。

223. 熟悉破土作业的安全措施

(1) 破土前，施工单位应按照施工方案，逐条落实安全措施，并对所有作业人员进行安全教育和安全技术交底后方可施工。破土作业涉及到电力、电信、地下供排水管线、生产工艺埋地管道等地下设施时，施工单位应设专人进行施工安全监督。

(2) 在破土开挖前，应先做好地面和地下排水，严防地面水渗入到作业层面，造成塌方。破土开挖，应防止邻近建(构)筑物、道路、管道等下沉和变形，必要时采取防护措施，加强观测，防止位移和沉降。挖掘破土时应由上至下逐层挖掘，严禁采用挖空底脚和挖洞的方法。在破土开挖过程中应采取防止滑坡和塌方的措施。

(3) 作业人员在作业中应按规定着装和佩戴劳动保护用品。

(4) 在施工过程中，有下列情形之一的，应报告建设单位，采取有效措施后方可继续进行作业：

① 需要占用规划批准范围以外的场地；

② 可能损坏道路、管线、电力、邮电通信等公共设施的；

③ 需要临时停水、停电、中断道路交通的；

④ 需要进行爆破的。

（5）在道路上（含居民区）及危险区域内施工，应在施工现场设围栏及警告牌，夜间应设警示灯。在地下通道施工或进行顶管作业，而影响地上安全或地面活动影响地下施工安全时，也应设围栏、警示牌、警示灯。

（6）在施工过程中，如发现不能辨认物体时，不得敲击、移动，应立即停止作业，报建设单位有关部门，查清情况采取有效措施后，方可继续施工。

（7）在雨期和解冻期在土方工程内作业时，应及时检查土方边坡，当发现边坡有裂纹或不断落土及支撑松动、变形、折断等情况应立即停止作业，经采取可靠措施检查无问题后方可继续施工。

（8）在破土开挖过程中，出现滑坡、塌方或其他险情时，应做到：

① 立即停止作业；

② 先撤出作业人员及设备；

③ 挂出明显标志的警告牌，夜间设警示灯；

④ 划出警戒区，设置警戒人员，日夜值勤；

⑤ 通知设计、建设和安全等有关部门，共同对险情进行调查处理。

（9）使用电动工具应安装漏电保护器。

224. 了解破土作业许可证的管理规定

（1）“中国石化破土作业许可证”一式三联，第一联交建设单位留存，第二联交施工单位，第三联交现场施工管理人员随身携带。

（2）一个施工点一个施工周期应办理一张作业许可证。

（3）“中国石化破土作业许可证”保存期为一年。

十三、《起重作业安全管理规定》

225. 熟悉起重作业一般安全管理规定

（1）使用单位应按照国家标准规定对起重机械进行日检、月检和年检。对检查中发现问题的起重设备，应进行检修处理，并保存检修档案。

（2）起重指挥人员、司索人员（起重工）和起重机械操作人员，应持有政府相关部门颁发的《特种作业人员操作证》，方可从事指挥和操作。

（3）在进行大型起重作业前，直属企业安全监督管理部门应会同有关技术部门对施工方案、施工安全措施和应急预案进行风险评估和审查。

226. 熟悉起重作业前安全检查内容

（1）安全监督管理部门应对从事指挥和操作人员进行资格确认。

（2）对起重机械和吊具保护装置进行安全检查确认，确保处于完好状态。

（3）对安全措施落实情况进行确认。

（4）对吊装区域内的安全状况进行检查（包括吊装区域的划定、标识、障碍）。

（5）核实天气情况。

227. 熟悉起重作业的安全措施

（1）起重作业时必须明确指挥人员，指挥人员应佩戴明显的标志。

（2）起重指挥人员必须按规定的指挥信号进行指挥，其他作业人员应清楚吊装方案和指挥信号。

（3）起重指挥人员必须严格执行吊装方案，发现问题要及时与方案编制人协商解决。

（4）正式起吊前应进行试吊，试吊中检查全部机具、地锚受力情况，发现问题应先将工件放回地面，故障排除后重新试吊，确认一切正常后，方可正式吊装。

（5）吊装过程中出现故障，应立即向指挥人员报告，没有指挥命令，任何人员不得擅自离开岗位。

（6）起吊重物就位前，不得解开吊装索具。

228. 熟悉起重操作人员安全注意事项

（1）按指挥人员所发出的指挥信号进行操作；对紧急停车信号，不论由何人发出，均应立即执行。

（2）当起重臂、吊钩或吊物下面有人，或吊物上有人、浮置物时不得进行起重操作。

（3）严禁使用起重机或其他起重机械起吊超载、重量不清的物品和埋置物体。

（4）在制动器、安全装置失灵、吊钩防松装置损坏、钢丝绳损伤达到报废标准等起重设备、设施处于非完好状态时，禁止进行起重操作。

（5）吊物捆绑、吊挂不牢或不平衡造成可能滑动，吊物棱角处与钢丝绳、吊索或吊带之间未加衬垫时，不得进行起重操作。

（6）无法看清场地、吊物情况和指挥信号时，不得进行起重操作。

（7）起重机械及其臂架、吊具、辅具、钢丝绳、缆风绳和吊物不得靠近高低压输电线路。确需在输电线路旁作业时，必须按规定保持足够的安全距离，不能满足时，应停电后再进行起重作业。

（8）在停工或休息时，不得将吊物、吊笼、吊具和吊索悬吊在空中。

（9）在起重机械工作时，不得对其进行检查和维修。不得在有载荷的情况下调整起升、变幅机构的制动器。

（10）下放吊物时，严禁自由下落（溜）；不得利用极限位置限制器停车。

（11）两台或多台起重机械吊运同一重物时，升降、运行应保持同步；各台起重机械所承受的载荷不得超过各自额定起重能力的80%。

（12）遇6级以上大风或大雪、大雨、大雾等恶劣天气时，不得从事露天起重作业。

229. 熟悉司索人员安全注意事项

（1）听从指挥人员的指挥，发现险情及时报告。

（2）根据重物具体情况选择合适的吊具与吊索；不准用吊钩直接缠绕重物，不得将不同种类或不同规格的吊索、吊具混合使用；吊具承载不得超过额定起重量，吊索不得超过安全负荷；起升吊物时应检查其连接点是否牢固、可靠。

（3）吊物捆绑应牢靠，吊点与吊物的重心应在同一垂直线。

（4）禁止人员随吊物起吊或在吊钩、吊物下停留；因特殊情况需进入悬吊物下方时，应事先与指挥人员起重操作人员联系，并设置支撑装置，不得停留在起重机运行轨道上。

（5）吊挂重物时，起吊绳、链所经过的棱角处应加衬垫；吊运零散物件时，应使用专门的吊篮、吊斗等器具。

（6）不得绑挂、起吊不明重量、与其他物相连、埋在地下或与地面及其他物体连结在一起的重物。

（7）人员与吊物应保持一定的安全距离，放置吊物就位时，应用拉绳或撑竿、钩子辅助就位。

230. 熟悉作业人员起重作业完毕后应做的工作

（1）将吊钩和起重臂放到规定的稳妥位置，所有控制手柄均应放到零位，对使用电气控制的起重机械，应将总电源开关断开。

（2）对在轨道上工作的起重机，应将起重机有效锚定。

（3）将吊索、吊具收回放置于规定的地方，并对其进行检查、维护、保养。

（4）对接替工作人员，应告知设备、设施存在的异常情况及尚未消除的故障。

（5）对起重机械进行维护保养时，应切断主电源并挂上标志牌或加锁。

十四、《生产厂区封闭化管理规定》

231. 掌握生产厂区封闭化管理规定

（1）一般规定

① 生产厂区，包括油罐区、剧毒化学品生产装置、库区，均应设置包围整个区域的围墙、围栏，实施封闭化管理，24 小时有人值班。

② 生产厂区入口、高危险区入口处应设置明显的禁火和违禁物品标志。

③ 严禁将香烟、打火机、火柴和酒精类饮料等物品带入生产厂区。

④ 所有人员、车辆必须凭企业下发的有效证件进出生产厂区，防止车辆、人员随意进出。有条件的单位要实现车辆、人员分道进出，在车辆通道设置带锁定机构的栏杆，人员通道设置如电子转门等带电子锁的门。

（2）人员进出管理

① 经过相应入厂教育并考核合格的人员（包括生产厂区内的员工、临时工作人员、外来参观和临时来访人员）允许进入生产厂区，安全教育的具体内容和要求按照《安全教育管理规定》执行。

② 进出生产厂区的所有人员应出示出入通行证（门卡），经检查确认后方可通行。进出生产厂区的车辆驾驶员随车检查确认。上级部门组织检查指导工作的人员凭检查组证件或在本单位人员带领下登记后进入。

③ 门卡应分为 3 类：员工门卡、承包商门卡和临时访客（包括外来参观人员）门卡，并有明显的颜色区别。每张门卡应有类别标志和唯一编号，规定有效期限。应设置计算机门卡管理系统，发放的每张门卡至少应有以下存档内容：卡号、持有人姓名、单位和编号、发放日期、失效日期、批准人姓名、单位和联系电话。员工和承包商门卡上还应贴有本人照片。要记录持卡人进出生产厂区的时间。

④ 承包商门卡发放：根据承包商管理部门负责人申请，在承包完成入厂三级安全检查教育，并考试合格后发放。承包商门卡应按工程时限设定有效期，但最长不超过半年。门卡申请人应确保持卡人在工作完成后或在门卡到期时及时将门卡交还发卡部门。

⑤ 临时访客门卡发放：根据来访接待部门责任人的申请，在访客完成入厂安全教育、确认遵守安全规定并签名后发放，有效期最长为 1 天。来访接待部门和责任人应确保客人离

开时将门卡交还发卡部门。

⑥ 外来参观和临时访客应在接待人员的带领下按照要求的路线参观、访问，不得随意参观、出入生产装置区。

⑦ 保卫部门依据人事部门、安全监督管理部门确认通知单，负责门卡的统一登记、发放、收缴和日常管理。职工解除劳动关系后，人事部门应及时通知保卫部门吊销该门卡并收回。

⑧ 门卡仅供持卡人使用，不得转借他人。如有转借，一经发现，立即吊销该门卡，并对转借人、借用人进行严肃处理。

（3）车辆进出管理

① 对进出生产厂区的所有车辆，包括驾驶员的有效证件，车辆搭载人员和装载物资，门卫应进行登记、检查，经确认有正当理由和持有效的入厂通行证明、证件，采取了规定的安全措施后方可进入。

② 车辆运进、运出的货物，应持有规定的出厂证明和手续方可放行。

③ 生产厂区内的道路应设置规范的车辆交通管理标示牌，禁止停车的区域应设置明显标志。

④ 在生产区行驶的车辆，应遵守厂区内行车的相关安全管理规定，按指定路线行驶和停车。

⑤ 消防车、救护车、气防车等在执行应急任务时，应鸣笛行车。

十五、《石油库安全管理规定》

232. 掌握石油库外来人员入库安全须知及门卫管理制度内容

（1）严禁携带火柴、打火机、香烟及其他易燃易燃物品入库；

（2）禁止一切人员因私事入库、住库；

（3）临时施工人员应接受安全教育，入库应佩戴临时出入证；

（4）外来人员因公入库应办理入库手续，并由库内有关人员陪同；

（5）凡携带物品出入库人员，应履行检查、登记手续。

（6）罐区、装卸作业区、泵房等爆炸危险区域，禁止使用非防爆移动通信设备。

233. 掌握入库车辆管理规定

（1）入库机动车辆应佩戴有效的防火罩和小型灭火器材。

（2）铁路机车入库，应符合安全规定，应加挂隔离车，不得顶车溜放作业，并有防止产生火花的安全措施。

（3）各种外来机动车辆装卸油后，不准在库内停放和修理。除本库消防车外的机动车辆未经批准不准进入罐区。

（4）油罐汽车应有可靠的静电接地部位，罐车的静电接地拖带应保持有效长度，符合接地要求。

234. 掌握石油库巡回检查制度内容

（1）严格执行岗位巡检制度，逐步实现智能巡检、打卡巡检，并纳入计算机监控系统。

（2）巡检人员应选择责任心强，并有一定专业技术知识的人员担任。

（3）应制定责任明确的巡检规定，具体内容包括：人员、巡检路线、时间要求和巡检内容。

（4）认真填好巡检记录和交接班记录，达到《职工听力保护规定》的要求。

235. 掌握石油库劳动保护规定

（1）劳动保护应执行《职业卫生管理规定》中的有关要求。

（2）清扫车、船的甲、乙类油品余油时，严禁进入车、船内作业。清罐作业按照《进入受限空间作业安全管理规定》执行。

（3）石油库焊工、电工等工种作业时，应佩戴专用的劳动保护用品。高空作业按照《高处作业安全管理规定》执行。

（4）石油库锅炉烟囱应有消烟除尘装置，烟尘排放应达到国家标准；生产噪音的设备或场所应采取隔音或消音措施，噪声不大于国家标准。

236. 熟悉石油库防火防爆规定

（1）石油库防火、防爆应严格执行《防火、防爆十大禁令》。

（2）罐区、装卸作业区、油泵房、消防泵房、锅炉房、配电间等重点部位设置安全标志和警示牌。安全标志的使用应符合 GB 2894《安全标志》和 GB 16179《安全标志使用导则》的要求。

（3）库内用火应严格执行《用火作业安全管理规定》，办理作业许可证，落实安全措施。

（4）储存、收发甲、乙丙 A 类易燃、可燃液体和气体的储罐区，泵房、装卸作业场所应设可燃气体报警器，其设置数量应符合 SH 3063《石油化工企业可燃气体检测报警设计规范》的要求，并按规定定期进行检测标定。

（5）靠山修建的石油库、覆土隐蔽库应在库区周围修建防火沟、防火墙或防火带，防止山火侵袭。每年秋季应对防火墙内的枯枝落叶、荒草等进行一次清除。

（6）防火堤容积符合要求，并应承受所容纳油品的静压力且不渗漏，堤内不得有超过 0.15m 高的草坪；防火堤与消防道路之间不得种植作物或树木，覆土罐顶部附件周围 5m 内不得有枯草。

（7）甲、乙类油品泵房应加强通风，间歇作业的室内油蒸气浓度应低于爆炸下限的 4%；连续作业 8 小时以上的，应低于爆炸下限的 1%。半地下式油泵房应设机械通风并定期排气。吸入口应接至半地下泵房地面不大于 0.2m 处，排出口应高于油泵房屋顶 1.5m、管口应装阻火器。付油亭下部设有阀室或泵房的，应做到敞口通风，不得设置围墙。

237. 熟悉储油罐及附件的安全要求

（1）新建或改建储罐应符合国家规范、规程，验收合格后方可投产使用。

（2）储存甲、乙类油品的地上油罐，应采用浮顶油罐。新建浮顶罐应采用二次密封装置。

（3）油罐应按规范要求，安装高低液位报警、高高液位报警和自动切断联锁装置。

（4）按规定进行储罐检查和钢板测厚，在用储罐应视其腐蚀严重情况增加检测次数。

（5）罐体无严重变形，无渗漏。罐体铅锤的允许偏差不大于设计高度的 1%（最大限度不超过 9cm）。罐内壁平整、无毛刺、底板及第一圈板 50cm 高度应进行防腐处理。罐外表无大面积锈蚀、起皮现象，漆层完好。

（6）储罐附件如呼吸阀、安全阀、阻火器、量油口等齐全有效；储罐阻火器应为波纹板式阻火器。通风管、加热盘管不堵不漏；升降管灵活，排污阀畅通，扶梯牢固，静电消除、接地装置有效；储罐进、出口阀门和人孔无渗漏，各部件螺栓齐全、坚固；浮盘、浮梯运行正常、无卡阻，浮盘、浮仓无渗漏；浮盘无积油、排水管畅通。

（7）储罐进出料时，现场阀门开关的状态在控制室应有明显的标记或显示，避免误操作，并有防止误操作的检测、安全自保等措施，防止物料超高、外溢。

（8）储罐发生高低液位报警时，应到现场检查确认，采取措施，严禁随意消除报警。

238. 熟悉泵的安全要求

（1）严格执行泵的操作规程，定期检查运行状况，发现异常情况，应查明原因，严禁带故障运行。

（2）加强泵的日常维护与保养，做好泵运行记录。

（3）新安装的泵和经过大修的泵，应进行试运转，经验收合格后才能投入使用。

（4）泵及管组应标明输送液体品名、流向，泵房内应有工艺流程图。

（5）泵联轴器应安装便于开启的防护罩。

239. 熟悉管道的安全要求

（1）新安装和大修后的管道，应按国家有关规定验收合格后才能使用。

（2）使用中的管道应结合储罐清洗进行强度试验，压力管道检测执行国家有关标准。

（3）加强管道的日常维护保养、定期检查，清除杂草杂物，排除管沟内积水。

（4）穿越道路、铁路、防火堤等的管道应有套管保护。

（5）管道应有工艺流程图、管网图，埋地管道除应有工艺流程图外，还应有埋地敷设走向图，图中管道走向、位置、埋设深度应准确无误。

（6）管道应按规定进行防腐处理，埋地管道时间五年以上，每年应在低洼、潮湿处开挖检查一次。

（7）管道穿越防火堤处应严密填实。罐区雨水排水阀应设置在堤外，并处于常闭状态。阀的开关应有明显标志。

（8）石油库内输油管道管沟在进入油泵房、灌油间和油罐组防火堤处，应设隔断墙。石油库内输油管道管沟应全部用砂填实。

240. 熟悉石油库电气装置的设置与管理要求

（1）设置在爆炸危险区域内的电气设备、元器件及线路应符合该区域的防爆等级要求；设置在火灾危险区域的电气设备，应符合防火保护要求；设置在一般用电区域的电气设备，应符合长期安全运行要求。

（2）禁止任何一级电压的架空线路跨越油罐区、桶装油品区、收发油作业区、油泵房等危险区域的上空。通往上述区域的线路，应采用符合防火防爆要求的钢管配线。

（3）电缆穿越道路应穿管保护，埋地电缆地面应设电缆桩标志。通往趸船的线路应采用软质电缆，并留有足够的水位变化余量。

（4）架空线路的电杆杆基或线路的中心线与危险区域边沿的最小水平间距应大于1.5倍杆高。

（5）在危险区域内使用临时性电气装置(包括移动式电气装置)应执行《临时用电安全管理规定》，办理临时用电作业票。

241. 熟悉电气装置的运行管理要求

（1）石油库应有完整的电力电缆分布情况和变配电、发电设施、输电线路等电器设备记录。

（2）变、配电所宜建立电工值班制度，且每班不得少于两人；当不设专职值班电工时，应进行定期巡视(每周至少巡视两次)；

（3）自备发电机每周至少起动一次，每次运转时间不应少于15min。

（4）变压器、高压配电装置、高压电缆、高压器具及继电保护装置应按当地供电部门的要求进行预防性试验。低压电缆每年应测量一次绝缘电阻并做绝缘分析。油浸式电缆应检查终端头的渗漏情况并及时处理。

（5）高压配电装置的操作应按规定填写操作票，由一人监护，另一人按操作票规定的程序执行，禁止带负荷分、合隔离开关。

（6）线路、设备突然停电后，应立即分断其电源开关并查明原因，禁止强行试送电。

242. 熟悉电气装置的检修要求

（1）对架空线路应定期进行巡检，并注意沿线环境情况，遇异常气候时应作特殊巡检。

（2）线路停电检修前，应填写停电通知单，停电线路的开关上应悬挂警示标志牌。对高压电气设备和线路进行检修，必须按电力部门的有关要求进行。

（3）当在被检修的停电设备附近有其他带电设备或裸露的带电体时，应保持足够的电气间距或采取可靠的绝缘隔离、屏障保护措施。

（4）在爆炸危险区内，禁止对设备、线路进行带电维护、检修作业；在非爆炸危险区内，因工作需要，应进行带电检修时，应符合有关安全规定。

243. 熟悉防雷、防静电的要求

（1）石油库防雷、防静电的设施、装置等应符合设计规范要求。

（2）石油库应绘制防雷、防静电装置平面布置图，建立台账。

（3）石油库的防雷、防静电接地装置应每年进行两次测试，并做好测试记录。接地线应做可拆装连接。

（4）防雷、防静电接地装置应保持完好有效。当防雷接地、防静电接地、电气设备的工作接地、保护接地及信息系统的接地等设共用接地装置时，按最小值考虑，其接地电阻不应大于4Ω。

（5）铁路装卸油设施钢轨、输油管道、鹤管、钢栈桥等应按规范作等电位跨接并接地，其接地电阻不应大于10Ω。

（6）压力储罐不设避雷针(线)，罐区不宜装设消雷器。

（7）严禁使用塑料桶或绝缘材料制作的容器灌装或输送甲、乙类油品。

（8）不准使用两种不同导电性能的材质制成的检尺、测温和采样工具进行作业。使用金属材质时应与罐体跨接，操作时不得猛拉快提。

（9）在爆炸危险场所人员应穿防静电工作服，禁止在爆炸危险场所穿脱衣服，帽子或类似物。

（10）不准在爆炸危险场所用化纤物拖擦工具、设备和地面。

（11）严禁用压缩空气吹扫甲、乙类油品管道和储罐，严禁使用汽油、苯类等易燃溶剂对设备、器具吹扫和清洗。

（12）油罐、罐车等容器内和可燃性液体的表面，不允许存在不接地的导电性漂浮物；油轮装油时，不准将导体放入油舱内。

（13）储存甲、乙、丙A类油品储罐的上罐扶梯入口处、泵房的门外和装卸作业操作平台扶梯入口处等应设消除人体静电接地装置。

244. 熟悉消防设施配置规定

（1）消防设施、装备、器材应符合国家有关消防法规、标准规范的要求，并定期组织检验、维修，确保消防设施和器材完好、有效。

（2）各作业场所和辅助生产作业区域应按规定设置消防标志、配置灭火器材。露天设置的手提式灭火器应安放在挂钩、托架或专用箱内，并应防雨、防尘、防潮。各类灭火器应标识明显、取用方便，并按期检验、充气、换药，不合格的灭火器应及时报废、更新。

（3）石油库应安装专用火灾报警装置（电话、电铃、警报器等），爆炸危险区域的报警装置应采用防爆型，保证及时、准确报警。

（4）按有关规范配置消防车。消防车辆应随时处于完好状态。接到火灾报警后，5分钟内到达火场。

（5）通信、灭火、防护、训练器材和检测仪器等，应满足防火灭火的需要。

245. 熟悉消防供水系统管理规定

（1）消防水池内不得有水草、杂物，寒冷地区应有防冻措施。

（2）系统启动后，冷却水到达指定喷淋罐冷却时间应不大于5min。

（3）地下供水管道应常年充水，主干线阀门保持常开，管道每半年冲洗一次。

（4）定期巡检消火栓，每季度作一次消火栓出水试验。距消火栓1.5m范围内无障碍，地下式消火栓标志明显，井内无积水、杂物。

（5）消防泵应每天盘车，每周应运转一次，系统设备运转时间不少于15min。

（6）泵房内阀门标识明显，启闭灵活。

（7）消防水带应盘卷整齐，存放在干燥的专用箱内，每半年进行一次全面检查。

（8）固定冷却系统每季应对喷嘴进行一次检查，清除锈渣，防止喷嘴堵塞。储罐冷却水主管应在下部设置排渣口。

246. 熟悉消防泡沫系统管理规定

（1）系统启动后，泡沫混合液到控制区内所有油罐泡沫产生器喷出时间应不大于5min。

（2）泡沫液应储存在0～40℃的室内，每年进行一次校验。

（3）空气泡沫比例混合器每年进行一次校验。

（4）泡沫产生器应保持附件齐全，滤网清洁，无堵塞、腐蚀现象，隔封玻璃完好有效。

（5）各种泡沫喷射装备应经常擦拭，加润滑油，每季进行一次全面检查。

（6）泡沫管道应加强防腐，每次使用后均应用清水冲洗干净，清除锈渣；泡沫支管控制阀应定期润滑，每周启闭一次。

247. 掌握石油库装卸作业安全规定

（1）装卸准备

① 应编写装卸作业指导书，检查设施设备是否处于良好状态。

② 铁路槽车入库后，应及时安放铁鞋，防止溜车。

③ 认真核对车船号、油品品名、牌号和质量检验合格证明。检查车船技术状况。及时采样、化验、计量，发现问题应查明原因，按有关规定处理。

（2）装卸作业

① 遇有强雷雨天气时，应暂停收、发、输转作业。

② 严格按照操作规程进行作业，作业过程中作业人员应穿防静电工作服，使用符合防爆要求的工具，严守岗位，防止跑油、溢油、混油等事故。

③ 容器内应避免出现细长的导电性突出物和避免物料高速剥离，铁路槽车卸油结束时，禁止打开鹤管透气阀向鹤管内进气。

④ 铁路槽车卸油，轻质油品应静置15min以上，黏质油品应静置20min以上；汽车罐车，应静置15min以上；油轮和舶船装、卸油，应静置10min以上，若油舱容积大于5000m^3应静置30min以上。

⑤ 铁路槽车装、卸油完成，均应静置2min以上，才能提起鹤管；汽车罐车装油作业前后，插入和提起鹤管均应静置2min以上，鹤管应轻提轻放。

⑥ 油罐汽车接地线的连接，应在油罐开盖以前进行，接地线的拆除应在装卸完毕，封闭罐盖以后进行。

⑦ 油轮在装卸作业前，应先将船体与陆地上按地端进行接地。使用软管或输油臂输送油品前，应做电气连接性检查。遵循先搭接线后接管，作业后先拆管后拆搭接线的原则。

⑧ 铁路罐车、汽车罐车、油轮、油罐等储存容器，装卸前和装卸后均应经过规定的静置时间，方可进行检尺、测温、取样、拆除接地线等作业。

⑨ 汽车罐车装卸应有防静电防溢油的联锁措施。静电接地线应接在罐车的专用接地端子板上，严禁接地装卸油口处。

⑩ 严禁喷溅式装卸油作业。装车鹤位应插到距罐底部不大于0.2m处。装车初速度不宜大于1m/s，装车速度不应大于4.5m/s。

⑪ 储罐储液不得超过安全高度，应有防止超装的措施。

⑫ 当采用金属管嘴或金属漏斗向金属油桶装油时，必须让他们保持良好的接触或连接，并可靠接地。

⑬ 装卸作业现场应设置监护人员，加强监督检查，制止“三违”作业。

十六、《加油站安全管理规定》

248. 掌握加油站的安全措施

（1）加油站内应有明显安全警示语和警示标牌。

（2）加油站内应设置安全标志牌，主要内容包括：

① 严禁在站内吸烟；

② 严禁在站内检修车辆、敲击铁器等易产生火花的作业；

③ 严禁机动车辆在站内不熄火加油；

④ 严禁在站内穿脱、拍打能产生静电的服装；

⑤ 严禁在站内使用手机、寻呼机等非防爆电器；

⑥ 严禁向塑料桶内加注易燃油品；

⑦ 严禁在站内用汽油、易挥发溶剂擦洗设备、衣物、工具及地面等；

⑧ 严禁行人、自行车在站穿行。

（3）高强电闪、雷击频繁时，应停止加油、卸油作业。

（4）落实防抢、防骗、防盗、防破坏等防范措施和保安工作，确保加油站人身、财物安全。

249. 掌握加油站消防管理规定

（1）加油站应制定消防应急预案，其主要内容包括：

① 组织机构和指挥系统；

② 地理位置，油罐数量、容积，加油机位置、数量，输油管线走向图，其他油品的存放地点、数量；

③ 建筑物的结构形式、耐火等级、面积、高度、内部设施及相互间的距离；

④ 灭火人员的配备、分工，警卫力量的布置，物资抢救、人员疏散措施及相应操作程序；

⑤ 各种消防器材的数量、摆放位置、应急补充措施；

⑥ 对外通信联络及外援力量的部署、指挥等。

（2）加油站各种消防器材应按 GB 50156—2002《汽车加油加气站设计与施工规范》(2006 修订)有关规定配置，并摆放合理，取用方便。

（3）消防器材应指定专人管理，定时检查、养护，定期更换，确保完好有效。

250. 掌握加油站用电、防雷、防静电规定

（1）用电规定

① 在爆炸危险区内使用的电气设备应符合爆炸危险区等级要求。

② 当独立变压器供电时，应采用三相四线接零保护或三相五线专用接地线保护；当使用电网直供或由临近企业转供电时，用电设备的保护方式应与供电网保持一致。在加油站内，用电设备应保持接地和保护接零。

③ 电气器具、线路应完好无损，电气连接处应规范、紧密牢固、无腐蚀。

④ 设置在罩棚下的照明灯具应选用防护型灯具。

⑤ 对加油机内部的电气密封进行定期检查，如发现密封不良应立即修复或更换。

⑥ 加油站内不得随意装接临时电气线路。

⑦ 加油站营业房等场所禁止使用电炉等易引起火灾的电器。

（2）防雷、防静电

① 要对钢质油罐及其金属附件做可靠的电气连接并接地，接地点不少于两处。接地线与接地体的连接处应用焊接，接地线与被接地设备的连接应设断接卡，并用双螺栓连接，埋地部分均用焊接。

② 防雷、防静电接地装置每年至少在雷雨季节前检测一次并做好记录。接地电阻值要求：油罐、站房、罩棚不应大于 10Ω；输油管线不应大于 30Ω；卸油防静电接地不应大于 100Ω。

③ 弱电系统(通信、信号、监测和微机控制等)应按有关规定或产品技术的要求，采取防雷措施。

④ 定期检查加油机、加油胶管及卸油场地的静电连接线，保持完好有效。

(3) 加油站卸油应采取密闭方式，罐车卸油管与油罐进出油管的连接应采用快速接头；汽柴油进油口应分别采用阴阳接头，以防混油；油罐卸油进油管应伸至罐内距罐底 0. 2m 处，严禁喷溅式卸油。

(4) 加油站输油管线管沟要用砂填实，输油管线管沟与电缆沟、暖气沟应隔断。

(5) 加油站卸油静电接地应采用具有报警功能的接地装置。严禁在爆炸危险区内乱拉电线，使用非防爆电器。

(6) 加油站油罐通气管口应装设阻火器，通气管的口径不应小于 50mm，通气管距加油站围墙的距离不应小于 3m；通气管口应高出地面至少 4m，沿建筑物墙向上敷设的通气管口应高于顶面或屋脊 1m。

(7) 当加油站油罐埋在地下水位以下时，应采取防止油罐上浮措施。建在水源保护区附近的直埋地下油罐，应采取防渗漏扩散的保护措施，并设渗漏检测设施。

(8) 根据一、二、三级加油站的要求，对加油站的油罐宜采用具有测量温度、液位等功能的测试监控仪表。

(9) 加油站应采用国家认定的具有整体防爆功能的加油机，不得进行破坏整体防爆功能的改造。

十七、《液化石油气和压缩天然气加气站安全管理规定》

251. 掌握加气站的安全措施

(1) 加气站内应有明显“加气站安全管理十大禁令”标志牌，禁令的内容是：

① 严禁在站内吸烟；

② 严禁在站内进行车辆检修等易产生火花的作业；

③ 严禁机动车辆在站内不熄火加气；

④ 严禁在站内穿脱、拍打能产生静电的服装；

⑤ 严禁在站内使用手提电话机、寻呼机等非防爆电器；

⑥ 严禁在站内就地排放易燃、易爆物料及化学危险品；

⑦ 严禁在站内用汽油、易挥发溶剂擦洗设备、衣物、工具及地面等；

⑧ 严禁行人、自行车在站穿行；

⑨ 严禁非岗位操作人员操作加气机；

⑩ 严禁驾驶员远离加气车辆。

(2) 加气站内应设置明显的安全警语、警示。

(3) 加油加气合建站应在站内以明显的颜色划出引导加气车辆进出站和停靠台标志线。

(4) 遇有高强闪电、雷雨天气及其他意外情况时，应停止卸气、加气作业。

252. 掌握加气站用电、防雷、防静电规定

(1) 用电规定

① 在爆炸危险区内使用的电气设备防爆等级应符合现行 GB 50058《爆炸和火灾危险环境电力装置设计规范》的要求。

② 电气设备、线路应完好无损，电气连接紧密牢固，无腐蚀，符合防爆要求。

③ 对加气机内部的电气密封应每月检查1次，如发现密封不良要立即修复或更换。

④ 加气站的安全用电应符合有关规定，加气站防爆区域内不应随意装接临时电气线路，临时用电按照股份公司《临时用电安全管理规定》执行。

⑤ 加气站营业室、休息间等场所禁止使用电炉、电暖器等易引起火灾的电器。

（2）防雷、防静电

① 防雷、防静电接地装置的连接线、跨接线、接地装置电阻每年至少在雷雨季节前检测1次并做好记录。

② 定期检查加气机、高压胶管及卸气场地的静电连接线，体质完好有效。

③ 加气站的防静电工作应符合股份公司《易燃、可燃液体防静电安全规定》的要求。

253. 掌握加气站消防管理规定

（1）站长是防火第一责任人，每名员工都是义务消防队员，应做到“四懂四会”，即：懂火灾危险性，懂预防措施，懂扑救方法，懂疏散方法；会报警，会使用灭火器材，会扑救初期火灾，会组织人员逃生。每半年组织1次演练。

（2）加气站应制定应急预案，其主要内容包括：

① 应急组织和指挥系统；

② 地理位置，气罐数量、容积，加气机数量；

③ 建筑物的结构形式、耐火等级、面积、高度、内部设施及相互的距离；

④ 人员的配备、分工，警卫力量的布置，物资抢救、人员疏散措施及相应的操作程序；

⑤ 各种消防器材的数量、摆放位置、应急补充措施；

⑥ 对外联络及外援力量的部署和管理。

（3）加气站消防器材的配置和管理

① 加气站应按照GB 50156《汽车加油加气站设计与施工规范》的要求，设置灭火器材；

② 消防器材应由专人管理，定期检查、养护，定期换药，并有检查、保养和更换记录。

254. 熟悉接卸气作业安全管理规定

（1）认真查验送货单据，核对品名、数量、质量化验和进气储罐位号，严禁腐蚀介质超标的气体卸入储罐。

（2）严格按操作规程进行卸气作业。

（3）送气车应按指定位置停车、熄火，用木塞固定车轮，并将车钥匙交操作员暂时保管。

（4）接卸气时，须先接临时接地线，确认气、液相软管上截止阀（球阀）处于关闭状态，再连接卸气管。槽车卸液设备应由送气方操。

（5）卸气期间，操作员应现场监护，随时检查压力、温度和液位，液化石油气储气罐液量不应超过储气罐容积的85%；压缩天然气储气罐的压力不应超过25MPa。

（6）送气司机不应离开作业现场，装卸气时不得清扫、维修车辆。

（7）卸气结束后，由操作员拆卸输气管、临时接地线，检查无误后，送气车辆方可离开现场。

255. 熟悉加气作业安全管理规定

（1）严禁为无技术监督部门检验合格证的汽车储气瓶加气，严禁为非汽车储气瓶以外的任何燃气装置、气瓶加气。

(2) 作业时每台加气机应有 1 名操作人员，但不能同时操作两把加气枪作业。

(3) 操作人员应站在侧面引导车辆进站，汽车应停在标有明显标识的指定位置，保持与加气机 1m 以上距离。

(4) 汽车停稳后，操作员应监督司机拉紧手刹，引擎熄火，取下车钥匙，离开驾驶室。夜间应关闭车灯。

(5) 加气前，操作人员应对车辆的贮气瓶仪表、阀门、管道进行安全检查，查看其是否在使用期内。

(6) 在出液管路和回流管路上的阀门全部打开后，潜液泵方可启动。潜液泵旁通管路上的调节阀(或安全回流阀)不应关闭。

(7) 作业时加气胶(软)管不应交叉或绕过其他设备。

(8) 液化石油气储气瓶内部压力过高无法加气时，应连接气相回流管泄压，不应现场放空排气。压缩天然气放空时，枪口严禁对准人。

(9) 加气过程中，应注意监视加气机计量仪表及储气瓶的液位或压力是否正常。液化石油气液量不应超过储气瓶容积的 85%，压缩天然气压力不应超过 20MPa。

(10) 加气期间，操作人员不应离开现场，严禁非操作人员代为操作，严禁非操作人员自己主动充装。

(11) 加气过程中如遇紧急情况(如车辆或设备泄漏)应立即停止作业。

(12) 加气结束，关闭加气枪、贮气瓶阀、加气管阀、卸下加气枪，盖好加气口保护盖，核准加气数量，并确认无漏气现象后，方可启动车辆。

(13) 接卸气、加气作业期间，安全员应定时巡检储气罐的运行参数，储气罐液位低于 20% 时应停止潜液泵的运行并停止加气作业。

十八、《承包商安全管理规定》

256. 掌握建设单位安全监督管理部门的安全职责

建设单位安全监督管理部门负责制定本单位《承包商 HSE 管理规定》和《承包商 HSE 管理考核规定》；对各承包商进行年度 HSE 资质评审或安全资质评审；对本单位及承包商的执行情况(包括作业现场)进行监督、检查和考核，并定期进行公布。

257. 掌握建设单位工程项目管理部门的安全职责

建设单位工程项目管理部门负责监督检查项目安全措施的落实情况，对查出的问题督促承包商整改，并跟踪检查。在项目完工后，建设单位工程项目管理部门负责对承包商 HSE 表现做出评价，将承包商 HSE 表现评价送交施工单位，并抄送建设单位安全监督管理部门备案。

258. 熟悉承包商安全管理要求

(1) 使用的工具、机具应符合安全要求。

(2) 应遵守建设单位的安全生产管理规定，办理相关作业许可证。

(3) 凡施工现场的作业人员，应严格执行合同中的安全条款，接受建设单位安全监督管理部门的检查和监督。

(4) 进入施工现场应穿戴符合国家标准及建设单位规定的劳动防护用品。

259. 熟悉总包单位与分包单位安全责任

建设工程实行施工总承包的，由总承包单位对施工现场的安全生产负总责。总承包单位应当自行完成建设工程主体结构的施工。依法将建设工程分包给其他单位的，分包合同中应当明确各自的安全生产方面的权利、义务。总承包单位和分承包单位对分包工程的安全生产承担连带责任。分包单位应当服从总承包单位的安全生产管理，分包单位不服从管理导致生产安全事故的，由分包单位承担主要责任。

260. 掌握施工作业基本条件

（1）明确双方 HSE 管理工作的第一责任人。

（2）确定双方现场 HSE 管理的联络人员。

（3）建设单位应对施工方案中的危害识别和风险评价结论进行审核、确认。

（4）建设单位工程项目主管部门已向施工单位明确了 HSE 措施及要求。

（5）建设单位应对施工人员进行三级安全教育，施工单位应将“特种作业操作证”和安全管理资格证，报建设单位安全监督管理部门备案。

（6）施工用的临时设施、建筑符合防火、防爆、防毒等要求，消防器材配备齐全，道路畅通。

（7）双方人员确认作业现场已具备安全作业条件。

十九、《加油站现场施工安全管理工作规定》

261. 掌握加油站现场施工的安全管理规定

（1）凡在加油站内进行施工作业（新建、迁建除外）都要执行本规定。

（2）施工单位进站前，地市公司各相关部门和公司领导要按照《施工单位进站施工确认表》的内容逐项审核，并签字确认，各部门分别复印留存。

（3）我方施工现场安全监护人必须拿到《施工单位进站施工确认表》后，方允许施工单位进站施工。《施工单位进站施工确认表》必须在加油站留存备案。

（4）我方施工现场监护人负责施工现场安全监督和检查，每日按照检查情况填写《加油站现场施工安全监督检查表》。我方施工现场安全监护人对施工单位“三违”作业有权叫停施工，并填写《加油站施工整改通知单》，逐级上报。最后由施工组织部门（或主管领导）与施工单位协调，进行整改，整改合格后方允许恢复施工。《加油站施工整改通知单》在各部门流转，经签字确认后，分别复印留存备查。

（5）公司领导、安全部门、施工组织部门和零售部门（含 ME）要定期对施工加油站进行检查，并填写《加油站现场施工安全监督检查台帐》。对加油站一、二级用火施工作业，按照集团公司《用火作业安全管理规定》，零售部门、安全部门负责人和安全主管经理必须亲自到现场落实安全措施后签发《中国石化用火作业许可证》，同时在《加油站现场施工安全监督检查台帐》上签字确认。

（6）各单位可根据实际情况，对加油站现场施工安全监控检查表内容中的具体条目进行适当调整。

二十、《安全设施管理规定》

262. 熟悉安全设施的含义及分类

安全设施是指为保障安全生产，预防与控制事故，减少与消除事故影响，抢险救灾而设置的设备、设施、器材及安全附件等。

安全设施分为预防事故设施、控制事故设施、减少与消除事故影响设施三类。

263. 熟悉安全设施设备(技术)部门的管理责任

设备(机动)部门的管理职责：

(1) 建立完整的安全设施档案，制定检修、维护、保养、校验及更新制度。参加安全设施配置方案的设计审查工作，以及校验、更新、停用(或临时停用)、拆除和报废的技术论证和审查工作。

(2) 负责组织安全设施投用前的检查、验收；负责审核、制定年(季)度检修、校验计划及安全阀是否延期校验的报批工作；负责运行状况、检修质量的检查；将安全设施的完好使用情况列入设备考核评比内容，确保安装率、使用率、完好率达到百分之百。

(3) 建立严格的安全联锁系统管理制度。生产期间安全联锁系统应100%投入使用。严禁擅自摘除安全联锁系统进行生产。确需摘除，要经直属企业主管领导或总工程师审查和批准，同时制定相应的保护措施并指派专人负责落实。

(4) 负责安全设施校验的单位和人员应取得国家和行业规定的相应资质。校验用校验仪器、校验方法和校验周期等应符合规范要求。

技术部门的管理职责：

(1) 严格执行建设项目“三同时”规定，积极采用技术先进、性能可靠的安全设施。

(2) 制定安全设施的技术措施计划并组织实施。

(3) 参加安全设施配置方案的设计审查、竣工验收，以及校验、更新、停用(或临时停用)、拆除、报废的技术论证工作。

(4) 组织编制、修订安全设施的技术操作规程，其工艺指标必须符合安全生产要求。

264. 掌握安全设施安全监督管理部门的管理责任

(1) 建立完整的安全设施档案、台帐，监督检查安全设施的配备、校验与完好情况。

(2) 定期组织对安全设施的使用、维护、保养、校验情况的专业性安全检查。

(3) 监督检查建设项目中设施“三同时”的执行情况，组织或参加安全设施的设计审查、投产前的检查和竣工验收工作。组织或参加校验、更新、停用(或临时停用)、拆除、报废安全设施的技术论证和审查备案。

(4) 参加安全设施的考察调研，提出建议和意见。

(5) 审核并申报基层单位增设安全设施的事故隐患治理项目。

265. 熟悉安全设施供应部门的管理责任

(1) 供应部门对安全设施的采购应符合设计要求，保证质量。

(2) 应选用有生产许可证厂家、并有产品质量合格证及经过鉴定的产品；不准采取试用的方法购进新型安全设施。

266. 掌握安全设施施工管理部门的管理责任

(1) 施工必须按照批准的安全设施设计施工，并对安全设施的工程质量负责。

(2) 严格执行建设项目“三同时”规定，确保安全设施与主体工程同施工。

(3) 严格施工队伍的资质审查和工程质量监督的管理，确保按图施工。

(4) 负责组织安全设施的检验调试、竣工验收，确保竣工资料齐全和安全设施性能良好，并与主体工程同时投入使用。

267. 掌握安全设施使用单位的管理责任

(1) 认真落实安全设施管理使用的有关规定，执行安全设施的更新、校验、检修、停用(或临时停用)、拆除、报废申报程序，未经主管领导和部门批准，严禁擅自拆除、停用(或临时停用)安全设施。

(2) 按照安全设施的用途及配置数量，放置在规定的使用位置，确定管理人员和维护责任，不允许挪作他用。

(3) 定期对安全设施进行日常检查，并配合校验及维护，确保完好。

(4) 结合生产实际，组织对操作人员进行正确使用安全设施的技术培训，经考试合格后持证上岗。定期开展岗位练兵和应急演练，提高员工使用安全设施的能力。

(5) 对竣工资料不全或未达到安全设施设计性能的工程项目，在移交时有权拒绝接管。

二十一、《可燃液体防静电安全规定》

268. 熟悉可燃液体防静电的含义

可燃液体防静电是指在可燃液体的装卸、输送、调合、采样、检尺、测温及设备检修过程中，防止产生静电和消除可燃液体储罐、铁路罐(槽)车、汽车罐(槽)车、鹤管、管线、人体等已有的静电。不包括雷电、杂散电流的防护和固体、气体、粉尘的防静电。

269. 掌握静电引燃条件

(1) 有足以产生引燃性放电的静电电荷的积聚。

(2) 有合适的火花间隙，使积聚的电荷产生放电。

(3) 在火花间隙中有可燃性液体的蒸气—空气的混合物。

270. 掌握液化烃、可燃液体的火灾危险性分类

液化烃、可燃液体的火灾危险性分类如表2-1。

表2-1 液化烃、可燃液体的火灾危险性分类表

类别		名称	特征
甲	A	液化烃	15℃时的蒸气压力 >0.1MPa 的烃类液体及其他类似的液体
	B	可燃液体	甲A类以外，闪点 <28℃
乙	A		28℃ ≤闪点≤45℃
	B		45℃ <闪点 <60℃
丙	A		60℃ ≤闪点≤120℃
	B		闪点 >120℃

271. 熟悉甲、乙类可燃液体进入储罐或槽车时流速的规定

初流速不应大于1m/s。当入口管浸没200mm后可逐步提高流速。如采用其他有效静电措施可不受上述限制。

当液体输送管线上装有过滤器时，对甲、乙类可燃液体的输送，自过滤器至装料之间应有30s的缓和时间。如满足不了缓和时间，可配置缓和器或采取其他防静电措施。

表2-2 进液管与所配缓和器(管)对照表

进液管			缓和器(管)		
直径/(mm)	流量/(m^3/h)	流速/(m/s)	直径/mm	流量/(m^3/h)	流速/(m/s)
100	80	2.83	200	0.71	4
100	160	5.66	250	0.91	5
100	200	7.08	250	1.31	5
100	250	8.85	300	0.98	6
150	160	2.52	250	0.91	5
150	300	4.72	350	0.87	7
150	400	6.29	450	0.7	9

272. 掌握储(罐)槽(车)等装入可燃液体的规定

(1) 严禁从储罐上部注入甲、乙类可燃液体。

(2) 罐内液体应充分脱水后，方可进料。

(3) 禁止对装过汽油等高挥发性新产品油罐注入低挥发性油品。

(4) 在储罐变更注入可燃液体时，应进行惰性气体置换，置换后测定储罐内的可燃气体浓度，使之符合安全规定范围。

(5) 对于难以进行惰性气体置换的桶、槽等容器，应严格控制流速并保证可靠接地。

273. 熟悉甲、乙类可燃液体的检尺、测温、采样规定

(1) 液体进入储罐，经一定的静置时间方可进行检尺、测温、采样等作业。

表2-3 静置时间表

导电率/(S/m)	储罐容积/m^3			
	<10	10~50(不含)	50~5000(不含)	>5000
	静置时间/min			
$>10^{-8}$	1	1	1	2
$10^{-12}\sim10^{-8}$	2	3	20	30
$10^{-14}\sim10^{-12}$	4	5	60	120
$<10^{-14}$	10	15	120	240

(2) 应使用导静电材质的检尺、测温、采样工具进行作业，并与罐体进行可靠连接。

(3) 检尺、测温、采样时，不应猛拉快提，上提速度不大于0.5m/s，下落速度不大于1m/s。

(4) 铁路罐(槽)车、汽车罐(槽)车的检尺、测温、采样，应在装载完毕且静置2min后进行。

（5）储罐在收油过程中，会积聚大量静电荷，应尽量采用自动测量和采样设备。

（6）工作人员在检尺、测温、采样时，应消除人体所带静电。

274. 熟悉铁路罐（槽）车装卸规定

（1）装车鹤管应尽量采用密闭装车设施。

（2）铁路罐（槽）车浸没装车速度应满足 $VD \leqslant 0.8$，其中 V—液体流速，m/s；D—鹤管内径，m。大鹤管装车出口流速可以超过其所得计算值，但不得大于5m/s。

（3）鹤管应插入罐（槽）车底部，距罐（槽）车底不大于200mm为宜。

275. 熟悉汽车罐（槽）车装卸规定

（1）汽车罐（槽）车在进行装卸作业前，应将车体进行可靠接地。

（2）装卸操作完毕，应经过2min以上的静置时间，才能依次进行提升鹤管、拆除接地线等作业。

（3）汽车罐车浸没装车速度应满足 $VD \leqslant 0.5$，其中 V—液体流速，m/s；D—鹤管内径，m。

276. 熟悉小型容器盛装甲、乙类可燃液体的规定

（1）严禁使用非导静电材料的容器在作业现场盛装甲、乙类可燃液体。

（2）禁止用绝缘体吊挂容器盛装甲、乙类可燃液体。

（3）金属容器盛装甲、乙类可燃液体前，容器、漏斗和管嘴应接地。

（4）容器灌注甲、乙类可燃液体，宜采用导静电胶管。

277. 熟悉防止人体带电危害的着装规定

（1）除雨天和在积水场所进行作业外，在爆炸危险场所不应穿易产生静电的服装和鞋靴。

（2）在爆炸危险场所不应穿脱衣服、鞋靴，不准梳头。

（3）人工清洗油罐和刷槽车时，应穿防静电工作服和防静电雨衣、导静电胶靴。

278. 熟悉清洗盛装可燃液体设备、器具的规定

（1）严禁使用汽油、苯类等易燃溶剂进行设备器具和地面的清洗。

（2）使用液体喷洗容器时，压力不得大于0.9MPa。

（3）严禁使用压缩空气进行甲、乙类可燃液体管线的清扫。

（4）应使用所采样品的同类液体对采样器进行清洗，清洗用过和剩余的样品严禁倒回罐内。

（5）在易燃、易爆场所严禁使用化纤材质制作的拖布、抹布来拖擦物体和地面。

（6）严禁在一个容器内同时采用人工和机械两种方法清洗。

279. 熟悉防静电接地的电阻值要求

静电接地连接系统总泄漏电阻值应不大于106Ω，接地体的接地电阻值应不大于100Ω。静电接地连接系统的金属（包括带电金属体本身）已与其他用途的接地网共用时，接地的电阻值可由其他用途的接地要求确定。

280. 熟悉设备、管道上静电接地连接点位置要求

（1）不受外力伤害。

（2）便于检查维修。

（3）便于与接地干线相连。

（4）不妨碍操作。

（5）尽量避开容易积聚可燃混合物以及容易锈蚀的地点。

281. 熟悉专用金属接地板的设置要求

（1）金属接地板可焊（或紧固）在设备、管道的金属外壳或支座上。

（2）金属接地板的材质应与设备、管道的金属外壳材质相同。

（3）金属接地板的截面不应小于 50mm × 10mm，最小有效长度对小型设备宜为 60mm，大型设备宜为 110mm。如设备有保温层，则端板应伸出保温层外。

282. 了解接地干线和接地体的具体要求

（1）装置区的电气保护接地干线，可作为静电接地的干线使用，设备、管道的静电接地线不能利用电气设备专用的零线。

（2）静电接地干线在装置内呈环状布置，不同标高的接地干线之间应有两处相连，在每个装置区（包括装卸栈台）相对侧的适当位置上，最少各设 1 组独立的接地体，并与干线相连接。

（3）静电接地干线可接到其他用途的接地板上，但不能与独立避雷针的接地极共用，其间距应符合防雷规范。

（4）孤立设备及室外管道的接地点，应根据需要设置接地体。

（5）接地干线和接地体材质选用耐腐蚀材料，当选用镀锌钢材时，其规格如表 2－4。

表 2－4　接地干线和接地体所用镀锌钢材

名　称	地上/mm		地下/mm
	室内	室外	
扁钢	25 × 4	40 × 4	40 × 4
圆钢	ϕ12	ϕ14	ϕ14
角钢			50 × 50 × 5
钢管			*DN*50

283. 了解接地支线和跨接线的具体要求

（1）接地支线和跨接线应使用有足够机械强度，且耐腐蚀的金属导体。

（2）接地支线：固定设备应选用截面不小于 ϕ8mm 的镀锌圆钢、截面不小于 12mm × 4mm 的镀锌扁钢或截面不小于 16mm^2 的多股铜芯电线，大型移动设备应选用截面不小于 16mm^2 的铜芯软绞线或橡套铜芯软电缆，一般移动设备应选用截面不小于 10mm^2 的铜芯软绞线或橡套铜芯软电缆，振动和频繁移动的器件应选用截面不小于 6mm^2 的铜芯软绞线。

（3）固定设备的跨接线应选用 6mm^2 的铜芯软绞线或软铜编织线。

284. 了解罐、塔等固定设备的接地要求

（1）罐、塔等孤立设备的金属体用螺栓固定于混凝土基础上，或部分埋设于地下，当其接地电阻小于 100Ω 时，可不另做防静电接地体。

（2）罐、塔等设备原则上要求在多个部位上进行重复接地，接地端板位置不应装在物料进出口附近。

（3）储存甲、乙类可燃液体的浮顶储罐，浮顶与罐体连接导线应采用横截面不小于$25mm^2$的软铜绞线且不应少于两处。单罐容积不小于5万m^3的钢制浮顶储罐，浮顶与罐体连接导线应采用横截面不小于$50mm^2$的扁平镀锡软铜复绞线或绝缘阻燃护套软铜复绞线，连接点用铜接线端子及两个M12不锈钢螺栓加防松垫片连接。

（4）储罐的采样井应与罐体相跨接，并在采样操作台上操作口两侧1.5m以外各设1处接地端板，供采样器导电绳索、检尺工具及人体接地用。

（5）储罐内壁采用防静电涂料时，涂层的表面电阻率应为$10^8 \sim 10^{11}\Omega$。

285. 了解可燃液体管网系统接地的要求

（1）装置区内管道可通过与其相连的工艺设备的金属外壳接地。

（2）管网内泵、过滤器、缓和器等应设置接地连接点。

（3）管道在进出装置区（含生产车间厂房）处、分叉处应进行接地；长距离无分支管道应每隔100m接地1次。

（4）在平行金属管道间可利用管架焊接连接端板，进行静电挠性跨接，也可利用固定支座进行跨接接地。

（5）型钢管架可作为接地连接系统的导体使用。

（6）跨接线选用多股$6mm^2$的铜芯线或$25mm \times 4mm$扁钢时，长度应为管间距留有适当裕度（不小于100mm），屏蔽线选多股$10mm^2$裸铜软绞线时，跨接螺栓不应小于M10。

（7）工艺管道与伴热管间除利用绑扎用的金属丝跨接外，在伴热管进汽口及回水口处应与工艺管道支座相跨接。

（8）金属管已装设阴极保护的区段，不应做静电接地。

286. 熟悉铁路装卸区、汽车装卸区、码头区接地系统的要求

（1）可燃液体的铁路装卸区、汽车装卸区、码头区的管道、设备及支架、建（构）筑物的金属体应连接成电气通路并接地。

（2）铁路装卸区域内铁路钢轨的两端应接地，区域内与区域外钢轨间电气通路应绝缘隔离。每根钢轨间应是良好的电气通路，平行钢轨之间应跨接，每个鹤位处宜跨接并接地。

（3）铁路罐（槽）车栈台和汽车罐（槽）车站台应设专用接地线，并宜与装车系统联锁。

（4）码头区的移动式接地连接线，应用绝缘护套导线，通过防爆开关，将接地装置与油品装卸设施相连。也可在输油臂或橡胶软管上装设$2.5 \times 10^4 \sim 2.5 \times 10^6\Omega$的绝缘法兰或绝缘管段。

287. 熟悉移动设备的接地措施

（1）用于储运可燃液体的中、小型移动设备均应防静电接地。

（2）铁路罐（槽）车和汽车罐（槽）车装卸时应通过专用接地线与栈（站）台跨接。

（3）汽车罐（槽）车车体应设有接地连接端板，该端板和罐（槽）车应连接成电气通路；汽车罐（槽）车应采用$140 \sim 200\Omega$的导电接地带。

（4）油船应通过移动式接地线或绝缘管段与码头区设施跨接。

288. 熟悉接地连接方法

（1）接地连接的支、干线与接地体等处，应采用焊接或螺栓可靠连接。

（2）在设备或管道金属体的一定位置上设有专用接地连接端板，在“端板”与接地支线之间，加挠性跨线用螺栓可靠连接。

（3）对于移动式设备及工具类可使用电池夹头、鳄式夹钳、专用连接夹头、蝶形螺栓等连接器械与接地支、干线相连接。

（4）接地对象不是金属体时，应在接地物上装设紧密结合的金属体再进行接地，此种“间接接地处”应避免受机械振动、摩擦和拉压等损害。

289. 熟悉防静电接地要求

（1）在“接地连接”的各导体之间，接触应可靠，确保电气通路的完好性。

（2）如接地连接系统有断裂点，在从事恢复性工作前，应确保断裂点周围的环境内没有易燃、易爆物质。

（3）在对接地连接系统的维护工作中，应重点检查螺栓坚固接点及垫片。

（4）每年应对各固定设备接地电阻进行一次测量，并建立测量数据档案，如果被测设备电阻不符合规定，应立即检修。

（5）在可能产生静电的场合，移动设备（工具）的接地线装拆工作应做到：

① 在操作或移动前，将接地线装设好；

② 操作结束，应经过规定的静置时间后，拆除接地线；

③ 装拆接地线的接点位置应离开易燃、易爆危险部位，装卸作业时不应在下风向。

（6）如对设备、管道等进行局部检修，将静电连接回路断路时，应事先做好临时性接地，检修后应及时复原，并重新测定接地电阻值。

二十二、《职业卫生管理规定》

290. 熟悉职业卫生工作方针、管理体制

职业卫生工作坚持“预防为主、防治结合、分类管理、综合治理”，实行“总部监督、企业负责、分级管理、定期考核”的管理体制。

291. 掌握职业卫生工作例会内容

制定制度，研究工作，布置任务，通报企业有毒有害作业场所监测、职业健康监护、职业卫生宣传教育及劳动保护检查考核、职业卫生隐患检查及治理等情况。

292. 熟悉职工职业健康档案的内容

职业健康档案包括员工的职业史、既往史、职业病危害接触史、职业健康检查结果和职业病诊疗等个人健康资料、相应作业场所职业危害因素检测结果。

293. 掌握职业健康教育培训的规定

各单位安全和教育培训主管部门要组织对职业卫生管理人员进行职业卫生专业知识与法律法规的教育培训工作。结合生产实际，每年至少组织一次学习，举办专题培训班和学习讲座，提高职业卫生管理人员的业务水平和管理水平。

各单位要对全体职工进行职业病防治的法规教育和基础知识的培训与考核。组织职工认真学习和贯彻国家职业病防治法规、条例及中国石化的规章制度，树立法制观念，提高遵纪守法意识。基层生产班组每季度在安全活动中安排一次职业卫生知识学习活动，并做好记录。

二十三、《环境保护工作管理办法》

294. 掌握环保决策机构职责

(1) 负责组织贯彻国家和股份公司环境保护方面的办法、规定和要求。

(2) 审定本单位的环保发展规划和有关规定、章程、办法。

(3) 协调解决本单位有关环保的计划、设计、建设、生产等重大问题。

295. 掌握环保监督管理机构职责

(1) 贯彻并监督执行国家环境保护法律、规定、标准和股份公司的各项环保要求。

(2) 组织制定本企业环保工作管理办法，建立健全本企业环保管理体系，明确各管理层次的环保职责和各岗位的环保责任，制定环保分级控制指标。

(3) 编制本企业的环保长远规划、年度计划。负责制定本企业的环保科研计划，确定环保科研课题。

(4) 监督、检查环保“三同时”的执行情况。企业环保部门必须从项目建议书阶段开始，对建设项目全过程的环保工作实施监督管理，参与审定工程项目建议书的环保内容、环境影响评价大纲、环境影响报告书、可研报告书环境篇、初步设计环保篇、试运行环保方案等工作，参加环保项目的竣工验收和后评估。

(5) 组织并做好本企业的污染防治、清洁生产、“三废”综合利用工作；监督本企业的污染物的产生、排放，对排出企业的污染物实施严格监督管理，防止二次污染；组织制定污染事故处理预案；组织完成地方政府环保部门和上级主管部门下达的各项环保经济技术指标。

(6) 制定本企业环境监测工作计划，做好环境监测质量保证工作，及时掌握本企业环境质量状况和环境变化趋势。做好环保分析和统计工作，及时向上级部门和地方政府环保部门报告。

(7) 组织本单位的环保宣传教育工作，监督职工上岗环保考核制度的执行情况，负责本单位的环保表彰与处罚。

(8) 按规定及时处理和上报环境污染事故。

二十四、《机动车交通安全管理规定》

296. 掌握机动车辆交通安全管理机构(岗位)职责

各单位及其二级单位机动车辆交通安全管理科(岗)安全职责：

(1) 贯彻国家有关机动车辆交通安全管理法律、法规、标准及股份公司有关机动车辆交通安全管理的各项规章制度。

(2) 制定、修改、完善本单位机动车辆交通安全管理有关规定并贯彻、落实。

(3) 参加本单位车辆安全技术状况检查，组织或参加单位内机动车辆交通安全检查，制止违章指挥、违章操作、违反劳动纪律行为；参与厂(矿)区道路的交通安全管理。

(4) 组织或会同有关部门开展各项交通安全活动，配合劳资教育培训主管部门开展对本单位相关管理人员、交通安全管理人员、车管干部和驾驶员的交通安全培训，负责对驾、乘人员(包括职工私家机动车辆驾驶员)的日常交通安全教育工作。

(5) 负责本单位所属车辆、机动车驾驶员牌证和单位内部准驾证管理，组织或参与本单位机动车辆和驾驶员驾驶证、准驾证的定期检审。

(6) 负责制定本单位内部机动车辆保险方案、投保和保险车辆事故定损、索赔工作。

(7) 参加本单位机动车驾驶员的技能考核工作，对驾驶员的评聘有权提出建议。

(8) 建立健全机动车辆交通安全各项档案资料。

(9) 协助公安交通管理部门对本单位所属车辆发生的道路交通事故进行调查、处理，分析事故原因，提出事故预防措施和建议，负责事故的统计和上报工作。

(10) 建立机动车辆驾驶员交通安全奖惩制度，表彰奖励机动车辆交通安全先进集体和个人，对违反交通安全法规行为人员和道路交通事故责任人提出处理建议。

(11) 及时总结、发现、推广本单位机动车辆交通安全管理先进经验，提高交通安全管理水平。

专(兼)职安全员交通安全职责：

(1) 在本单位负责人领导下，负责本单位交通安全工作，贯彻落实国家有关交通法律、法规、标准和上级交通安全各项规章制度。

(2) 遵守各项规章制度和劳动纪律，坚持原则，制止违章行为。

(3) 负责或参与制定、修订本单位交通安全制度和车辆驾驶安全操作技术规程，并检查执行情况。

(4) 负责安排并检查指导班组交通安全活动。

(5) 做好驾驶员和员工的交通安全宣传和教育培训工作。

(6) 组织开展本单位车辆进出场安全检查等日常安全检查工作，发现隐患及时消除，不能立即消除的应采取防范措施，并及时向领导汇报。

(7) 督促、检查驾驶员对机动车辆进行日常维护维修。

(8) 负责本单位机动车辆、驾驶证、准驾证的检审或换证工作。

(9) 参与本单位交通事故调查、处理，负责统计分析，及时上报。

(10) 建立健全交通安全管理基础资料。

297. 掌握机动车辆交通安全专项检查规定

(1) 各单位每半年组织 1 次，二级单位每季度组织 1 次，基层单位每月组织 1 次。

(2) 各单位应按照国家和股份公司有关规定建立机动车辆 GPS 监控管理系统，加强对车辆运行监控管理。

(3) 各单位交通安全管理部门应积极协调当地公安交通管理部门，经常开展路检夜查和宣传教育活动。

298. 熟悉机动车安全管理制度

(1) 内部机动车辆准驾制度，包括准驾证申领范围、申领种类、审验或换证办法、对违反准驾证管理规定的处理办法等内容。

(2) 车辆调度管理制度和长途车辆审批制度。

(3) 日常车辆运行“三交一定”(驾驶员应将准驾证、车辆行车证件和钥匙上交基层车辆单位统一保管，将车辆停放在指定车位)制度和法定节假日期间无工作(公务)任务车辆的

"三交一封"（驾驶员将准驾证、车辆钥匙、行车证件上交单位统一封存，将车辆固定停放）制度。

（4）车辆进出（停车）场、车库安全管理制度。

（5）恶劣天气和特殊任务车辆安全行驶规定。

（6）长期在外值班车辆的交通安全管理制度。

（7）机动车辆服务商的交通安全监督管理制度。

（8）机动车辆维修保养和检查整改制度。

（9）汽车修理安全管理规定。

（10）厂内机动车交通安全管理制度。

（11）交通安全培训教育制度，并将全员交通安全教育和职工私家机动车辆驾驶人的交通安全教育纳入制度中，将交通安全相关知识作为各级管理人员安全资格培训的一项重要内容。

（12）机动车辆驾驶员交通安全奖惩制度。

299. 熟悉机动车辆交通安全管理档案

（1）机动车辆档案。

（2）机动车驾驶员档案。

（3）道路交通事故档案。

（4）驾驶员安全行驶公里数统计档案。

（5）安全检查记录，隐患整改记录。

（6）机动车辆保险档案。

300. 掌握驾驶员安全管理规定

机动车驾驶员应具备良好的职业道德和身体条件，作风正派，遵纪守法，并取得国家颁发的机动车辆驾驶证。

经各单位或所属二级单位安全部门考核其驾驶技能、交通安全法规知识等科目合格后，取得单位内部机动车辆准驾证后，方可驾驶单位内部机动车辆。

驾驶员应做到：

（1）遵守国家法律、法规和股份公司及本单位的相关安全生产规章制度，严格自律，驾驶车辆做到"四不、四让"（不违反信号，不争道抢行，不乱停乱放，不随意变道；车辆让行人，转弯让直行，右转让左转，超车让对行），不违反交通安全法律法规。

（2）加强职业道德修养，培养良好的生活习惯，提高安全自律性，不开英雄车，斗气车和霸气车，礼貌行车，文明行车，驾驶车辆时应精力充沛和良好的心境。

（3）爱护车辆，服从调度，自觉接受安全检查；出车前、行驶途中和收车回场后应按规定检查车辆，及时做好车辆日常维护保养，保证车辆处于良好状态，如实汇报出车情况。

（4）自觉参加本单位组织的各项安全活动，提高自身安全意识和技能。

（5）拒绝执行违章指挥。

301. 掌握机动车辆安全管理规定

（1）机动车辆应经当地公安交通管理部门登记后方可上路行驶；尚未登记需要临时上路行驶的机动车辆，应申领临时通行牌证并按规定行驶。

（2）机动车辆安全技术状况、安全装置和车辆标识应符合 GB 7258 规定要求，车辆的日常安全检查和维护维修应重点检查监控制动、转向、灯光等关键要害部位，严禁车辆带病上路行驶。

（3）机动车辆应按规定配备随车工具、灭火器、警告标志、大中型客车逃生安全锤等；在山区、冰雪、泥泞道路上行驶的车辆，应配备防滑链和防溜掩木。

（4）严禁机动车辆客货混装，机动车辆载人（物）不得超过行驶证核定的载人（重）量，运输超限物件（超长、超宽、超高、超重）应按规定到当地相关部门办理超限运输手续。

3 台车以上共同执行同一任务时，应指定负责人并编队行驶。车队行驶时，应保持安全行车距离，中速行驶，并做好途中对车辆的“三停四查”（通过险路险桥前停车查看路况、通过城市前停车整理车容车貌、遇有行车安全障碍时停车排除事故隐患，途中检查车辆轮胎气压是否正常，检查车辆制动、转向等装置是否灵敏安全可靠，检查车辆灯光信号是否有效，检查货物捆绑是否牢固）。

（5）机动车应按照相关法律、法规的规定进行检验，未按规定检验、检验不合格或达到报废标准的机动车辆，不得继续行驶。

（6）车辆变更、转移和报废时，应及时到公安车辆管理部门办理登记手续，并到单位安全部门备案。

（7）机动车辆应投保机动车交通强制险和第三者责任险，并以规避风险为原则，根据不同车辆风险大小确定投保金额。

302. 掌握乘员安全管理规定

（1）乘员乘坐机动车辆时应自觉遵守《道路交通安全法》等相关法律法规和股份公司及本单位的相关规定，按规定系好安全带，不得将身体任何部位伸出车外。

（2）带车人应为义务安全员，负有监督驾驶员安全驾驶、纠正驾驶员违章行为、协助驾驶员处理行车中紧急事态、约束其他乘员配合驾驶员的责任。

（3）乘员应听从指挥，先下后上，依次排队上下车，在机动车道上不得从机动车辆左侧上下车，下车后不得匆忙横穿公路；车辆未停稳不得上下车或跳车；中途上车时，不准强行撞拦车、扒车和搭车。

（4）乘员不得携带易燃易爆等危险物品上车；不得向车外抛洒物品。

（5）所有乘员均有协助驾驶员观察了望的义务，不得妨碍或干预驾驶员正常驾驶，不得强迫或引诱驾驶员违章驾驶。

（6）搭乘出租车或长途车外出时，应乘坐具有营运资质正规专业公司的出租车或线路车，不宜搭乘个体营运的线路车或长途夜车，不应搭乘黑出租、货运车、摩托车。

303. 掌握危险货物运输安全管理规定

（1）危险货物运输车辆应持有国家颁发的危险货物道路运输许可证，并按规定要求对罐式车辆的罐体进行定期检验。

（2）危险货物运输车辆应符合 GB 21668《危险货物运输车辆结构要求》的规定。

（3）危险货物运输车辆应按照 GB 13392《道路运输车辆标志》和有关标准要求，安装标志牌、标志灯和喷涂反光带及安全标示牌。

（4）危险货物运输车辆应按照 JT 617《汽车运输危险货物规则》和 GB 20300《道路运输爆炸品和剧毒化学品车辆安全技术条件》的规定，安装符合 AQ 3004《危险化学品汽车运输安全监控车载终端》规定的 GPS 监控车终端和配置必要的通讯工具。

(5) 危险货物运输车辆的电路系统应有切断总电源和隔离火花装置，排气管应装有隔热和火星熄灭装置，车辆应安装符合 JT 230《汽车导静电橡胶拖地带》规定的导静电拖地带。

(6) 危险货物运输罐车以及其他容器应符合相关法律法规和标准的规定。

(7) 装运危险货物的车厢应保持清洁干燥，车上残留物不应随意排弃；被污染过的车辆应洗刷消毒，未经彻底消毒，严禁装运食品、药品、饲料及动物。

(8) 移动罐体车、全挂汽车列车、三轮机动车、拖拉机、人力三轮车、自行车、摩托车和报废、擅自改装、检测不合格的车辆不准运输危险货物，自卸汽车除二级固体外，不准运输其他危险货物。

(9) 除特别规定外，车辆应根据运输货物的性质每侧配备 1 只 2kg 以上的干粉灭火器。

(10) 危险货物运输应配备押运员。

(11) 驾驶员、押运员、装卸管理人员应进行相关安全知识培训，取得国家颁发的相应资格证件，了解所运载危险化学品的性质、危害特性、包装容器使用特性和发生意外时的应急措施；车上配备必要的应急处理器材和防护用品。

(12) 危险货物运输车辆严禁搭乘无关人员，途中应经常进行检查，发现问题及时采取措施；车辆中途临时停靠、过夜，应安排专人看管。

(13) 装有危险货物的车辆不得进入危险化学品运输车辆禁止通行的区域；确需进入禁止通行区域时，应向当地公安部门报告，按照公安部门指定的行车时间和路线行驶。

(14) 运输途中车辆发生故障时，应选择安全地点进行修理。

(15) 危险货物运输车辆上严禁吸烟，运输禁火危险货物车辆不得接近明火和高温场所。

(16) 装卸作业应遵守操作规程，轻装、轻卸，严禁摔碰、撞击、重压、倒置，使用工具时不得损伤货物，不准粘有与所装货物性质相抵触的物品。货物应堆放整齐、捆扎牢固、防止失落。操作过程中，有关人员不得擅离岗位。

(17) 易燃易爆危险货物装卸作业时，应连接好导静电接地线，雷雨天气无避雷措施时禁止装卸作业。

(18) 根据运输货物的性质，采取相应的遮阳、控温、防爆、防火、防震、防水、防冻、防粉尘飞扬、防泄漏措施。

液化石油气的公路运输应遵守 SY/T 6356《液化石油气储运》的规定；运输散装危险货物（如液化气瓶等）和其他危险货物（如油泥沙等）的车辆，应根据危险物品的性质和 JT 617《汽车运输危险货物规则》、JT 618《汽车运输、装卸危险货物作业规程》的规范要求，对车辆进行必要的改装或采取必要的安全防护措施，保证运输安全。

304. 掌握车辆行驶安全保障

生产管理部门和基础车辆单位安排任务时，应对车辆、驾驶员、天气、道路和任务等进行 HSE 风险识别分析，合理调派车辆和驾驶员，不得因工作任务造成驾驶员疲劳开车、超速行驶。

驾驶员在出车前应全面了解出车任务，选择最佳行车路线，预测分析途中风险因素，提前做好预防措施，并认真做好安全检查，确保车辆安全技术状况良好，行车证件齐全有效。

驾驶员在出车前应对自己的状况和精神状态进行确认，确保行车过程中精神饱满、精力充沛，身体和精神状态不会对安全行车造成影响。

驾驶员驾驶车辆应严格遵守《道路交通安全法》及相关法律法规，杜绝酒后开车、疲劳开车、超速行驶、强行超车等严重交通违规行为，并做到以下要求：

(1) 起步前，要认真查看车辆周围，大型车辆还应注意车底，确认安全后方可发出信号起步行驶。

(2) 驾驶车辆时，应集中精力，认真观察判断，发现异常情况时应提前减速，并采取相应措施，切勿疏散麻痹、心存侥幸。

(3) 行车过程中，要沉着冷静，谨慎驾驶，不可急躁侥幸、左右超车、超速行驶。

(4) 行车途中要保持安全车距，切勿跟车过近、横距过小，导致突发情况措手不及。

(5) 超会车时，要正确判断超会车的距离、速度，切勿盲目侥幸，避免“三点”或“多点”交会，严禁强超抢会行为。

(6) 行经路口时要严格遵守灯光信号和通行规则，注意避让行人，不得强行通过。

(7) 行经村庄、学校、繁华街道或城乡结合部时，要减速慢行，注意观察判断，并做好预防措施，防止儿童、学生玩耍打闹或车、马、行人争道抢行、截头猛拐、突然横穿等意外情况发生。

(8) 在雨、雪、雾等恶劣天气或冰雪、泥水道路上行驶时，应严格控制车速，掌稳方向，加大安全车距，操作方向、油门、刹车要轻缓，切勿急打方向、猛踩急抬油门或刹车过急过死，禁止超速行驶、左右穿插、紧急行驶，紧急制动。

(9) 长途任务要遵守规定，行车途中应中速行驶，沉着冷静，不可高速赶路、超速行驶，严禁疲劳驾驶。

(10) 车辆转弯、掉头、停车或变道行驶时，要注意观察来往车辆和行人，遵守通行规则，给后方来车、行人留有安全距离，不得强行转弯、掉头、停车或随意变道。

(11) 高速公路行驶应控制车速，保持安全车距，注意调节注意力，按规定行车、超车、变道和应急停车，避免视觉疲劳、注意力分散，严禁开车、强行超车、随意变道和逆向行驶。

(12) 午饭后应尽量稍作休息调整再上路行驶，若饭后急需上路，应采取措施振作精神，避免发生饭后困倦、瞌睡、精力不足和注意力分散等现象。

(13) 夜晚、黄昏行车要减速慢行，注意观察；超会车时应沉着谨慎，合理使用灯光，切勿观察不清盲目行驶，要特别注意因光线对射形成的视线盲区。

(14) 遇有险路、险桥时，驾驶员应下车察看，必要时乘车人应下车步行通过；车辆行驶时应低速慢行，乘车人应协助了望，严禁冒险强行通过。

(15) 行经沼泽和泥泞路段时应下车察看路况，不得冒险驶人；车辆被陷时，不应猛加油门前行或倒车，要挖开被陷轮胎周围的泥土，垫好垫物或用其他车辆拖出。

(16) 机动车辆需要通过水淹路段时，应下车察看积水深度，不可侥幸冒险通过。如可通行，应选好行车路线，使用低速档平稳操作、缓慢先进，不宜在水中停车、变速和急剧转向；若车辆在水中因故熄火，不可再发动车辆，应设法将车拖出，防止发动车辆时水从排气管进入发动机造成发动机损坏。

(17) 在山路及山坡上行驶时，应注意路标指示，掌稳方向盘，中速行驶，充分利用发动机的牵引力控制车速，不宜频繁使用刹车；在弯道多、视线不良的情况下，应缓慢先进，提前减速、鸣号；上坡时不得蛇形曲线行驶，下坡时严禁熄火或空档滑行。

（18）在沙漠地区行驶，应先进行沙漠驾驶培训，掌握迷路或抛锚后遇险救生的基本技能，经考核合格后方可单独驾驶。

二十五、《安全事故管理规定》

305. 掌握事故的分类规定

事故可分为七类：

（1）火灾事故：在生产经营过程中，由于各种原因引起的火灾，并造成人员伤亡或财产损失的事故。

（2）爆炸事故：在生产经营过程中，由于各种原因引起的爆炸，并造成人员伤亡或财产损失的事故。

（3）人身事故：员工在劳动过程中发生与工作有关的人身伤亡和急性中毒事故。

（4）生产事故：由于“三违”或其他原因造成跑油、油气泄漏、油品变质、混油等事故。

（5）设备事故：由于设计、制造、安装、施工、使用、检维修、管理等原因造成机械、动力、电气、电信、仪器(表)、容器、运输设备、管道等设备及建(构)筑物等损坏，造成损失或影响生产的事故。

（6）交通事故：车辆、船舶在行驶、航运过程中，由于违反交通、航运规则或机械故障等造成车辆、船舶损坏、财产损失或人身伤亡的事故。

（7）放射事故：放射源丢失、失控、保管不善等，造成人员伤害、环境污染，以及重大社会影响的事故。

306. 掌握事故的分级规定

下列事故为股份公司级事故，根据事故造成人员伤亡、直接经济损失情况，一般分为四个等级：

（1）特别重大事故：是指造成30人以上死亡，或者100人以上重伤(包括急性工业中毒)，或者1亿元以上直接经济损失的事故。

（2）重大事故：是指造成10人以上30人以下死亡，或者50人以上100人以下重伤(包括急性工业中毒)，或者5000万元以上1亿以下直接经济损失的事故。

（3）较大事故：是指3人以上10人以下死亡，或者10人以上50人以下重伤(包括急性工业中毒)，或者1000万元以上5000万元以下直接经济损失的事故。

（4）一般事故：是指造成3人以下死亡，或者10人以下重伤(包括急性工业中毒)，或者10万元以上1000万元以下直接经济损失的事故。

上述条款中的“以上”包括本数，“以下”不包括本数。

尚未构成股份公司级的事故，纳入分(子)公司级事故管理。

下列事故(事件)为上报股份公司备案事故：

（1）分(子)公司辖区内(含厂区外独立油库、码头、铁路油品作业区、加油站、长输管道及站场等)发生的，且事故造成人员伤亡、直接经济损失严重程度尚未构成股份公司级事故的火灾、爆炸、油气泄漏和放射事故等；销售企业发生油品变质5吨及以上事故；一次混入量20吨及以上的混油事故；承包商在辖区内作业过程中发生的死亡、重伤、急性中毒，或其他造成重大影响的事故。

(2) 分(子)公司辖区周边发生的，可能对股份公司造成影响的重大事故、事件。

(3) 承运商在公路、水路运输中发生的人身伤亡、火灾、爆炸、油品泄漏事故，以及水路运输中发生撞船、搁浅事故。

(4) 被授权使用股份公司形象标识企业所发生的人身伤亡、火灾、爆炸、油品泄漏事故。

(5) 发生本规定以外的，并在社会上造成重大影响的事故、事件。

307. 掌握事故上报的规定

(1) 分(子)公司所属单位发生股份公司级事故或备案事故(事件)后，事故单位应立即上报。分(子)公司接到报告后，应在1小时内报告股份公司安全环保部。情况特别紧急时可选用电话口头报告。任何单位、个人不得以任何借口拖延不报。

分(子)公司应当按照有关规定，及时向事故发生地人民政府安全生产监督管理部门和负有安全生产监督管理职责的有关部门报告有关事故情况，同时向股份公司安全环保部报告。

分(子)公司应当在事故发生12小时内填写“中国石化事故快报”和“中国石化备案事故快报”上报股份公司安全环保部。

(2) 当关键装置要害部位发生火灾、爆炸或可燃物质、有毒有害气体非正常排放、严重泄漏，危及周边社会公共安全时，分(子)公司要立即用简明文字或电话报告股份公司总裁办公室和安全环保部。

(3) 事故发生后，事故单位要立即启动应急预案，采取有效措施组织抢救财产，防止事故扩大，努力减少人员伤亡和财产损失。

(4) 分(子)公司要建立健全事故新闻发布制度和媒体应对机制，及时、主动、准确、客观地向新闻媒体公布事故的有关情况。

(5) 在事故抢险过程中应妥善保护事故现场以及相关证据。任何单位和个人不得故意破坏事故现场、毁灭相关证据。因抢救人员、防止事故扩大以及疏散交通等原因，需要移动事故现场物件时，应当作出标记，妥善保存现场重要痕迹、物证。

(6) 凡发生股份公司级事故或分(子)公司应承担一定责任的备案事故(事件)，分(子)公司应在事故发生后30天内，按照“中国石化事故调查报告”的要求提交事故调查报告，连同“中国石化‘四不放过’登记表”一并上报股份公司安全环保部。

(7) 事故调查、处理过程中发现新情况的，要及时上报补充报告。

自事故发生之日起30天内，事故造成伤亡人数发生变化的，应当及时补报。道路交通事故、火灾事故自发生之日起7日内，事故造成伤亡人数发生变化的，应当及时补报。

(8) 事故调查报告应当及时、准确、完整，任何单位和个人不得迟到、漏报、谎报或者瞒报。

二十六、《安全生产保证基金管理办法》

308. 了解安保基金计提依据和缴纳范围

安保基金计提的依据：企事业单位固定资产原值和存货。

属于缴纳安保基金的范围：

（1）固定资产和存货；

（2）基本建设项目中引进的成套设备；

（3）新装置建成投料试车，但尚未报转的固定资产。

不属于缴纳安保基金的范围：

（1）土地、公路（不包括厂内公路）、运输车辆（不包括施工机具）、船舶（不包括趸船）；

（2）货币、票证、有价证券、文件、帐册、图表、技术资料、电脑资料、枪支弹药以及无法鉴定价值的财产；

（3）铁路、道路、涵洞、水闸、堤堰、桥梁及护坡；

（4）林木、花草、牲畜、禽类和其他饲养动物；

（5）违章建筑、危险建筑和临时暂设工程。

已向社会保险的资产不得再计缴安保基金。

309. 了解安保基金的提取标准及操作办法

安保基金缴纳单位按照期末固定资产原值和存货帐面平均余额的4‰提取。

（1）所属企业，包括控股、参股、股份制企业和合资企业以期末固定资产原值和存货最近6个月帐面平均余额（扣除第七条各款规定的扣除额）为基数，每年分两次提取：第一次，按上一年12月底固定资产原值帐面数和上年7～12月6个月存货期末余额平均值的2‰提取；第二次，按本年6月底固定资产原值帐面数和本年1～6月存货期末余额平均值的2‰提取。

（2）设计施工单位、集体、“三产”、分离企业和事业单位参照第一款规定提取。

（3）新装置建成投料试车，在尚未正式投产、国家验收（即固定资产未转帐）之前，应以调整概算投资扣除已投保资产和待转出、待摊销的费用之后的85%作为基数，按照其数的4‰提取，参照第一款规定操作。

（4）基本建设项目中引进的成套设备按设备到岸价的2‰提取，列入基建费用，并参照第一款规定操作。

310. 了解安保基金使用规定

（1）总公司集中的安保基金分企业与总公司两级使用，即小部分由总公司返回企业使用，大部分由总公司统筹使用。

（2）总公司对企业返回安保基金的比例根据企业缴纳的情况定为安保基金实际上缴额的20%和17%。按期足额缴纳安保基金的企业，返回比例为20%；未按期足额缴纳的企业，返回比例为17%。

（3）返回安保基金由企业按规定开支范围和比例使用：60%用于事故隐患治理和安全技术措施；20%用于安全教育培训；20%用于防止重大事故、消除重大隐患和对安全生产有特殊贡献的先进单位和个人的奖励。

（4）未完成总公司安全考核指标的单位不得提取20%的奖励，并将这部分奖励全部用于增补事故隐患治理和安全技术措施支出。

（5）企业年末安保基金结余结转下年继续使用。

311. 了解安保基金监督管理规定

安保基金实行分级管理。总公司安监局负责安保基金的管理和使用，财务部和财务公司负责安保基金财务监督和银行结算。企事业单位的安监部门负责本单位安保基金管理和使用，财务部门负责安保基金的财务监督和银行结算。

为了管好、用好安保基金，缴纳单位应设专人负责安保基金管理。建立安保基金分类使用台账、详细的固定资产缴纳台帐和管理制度。及时统计、上报有关安保基金资料和报表。缴纳单位每次缴纳安保基金时，均应填制一份安保基金缴纳情况表和一份固定资产缴纳台账，连同汇款凭证寄往总公司安监局。安监局审核确认后，及时返回安保基金，并开具收据作为缴纳安保基金的正式凭证。

安保基金支付业务，由总公司安监局开具拨款通知单，财务公司负责拨款。

第三章　现代安全理论

一、安全法则

312. 掌握热炉法则

热炉法则(HotStove Rule)，又称火炉效应，源自西方管理学家提出的惩罚原则，它的实际指导意义在于如果有人违反了规章制度，就像去碰触一个烧红的火炉，一定要让他受到“烫”的处罚。与奖赏之类的正面强化手段相反，而惩罚之类则属于反面强化手段，热炉法则应用“三性”，即即刻性、预先示警性、彻底贯穿性来完善规章制度。

(1) 即刻性：当某人要碰到火炉时，立即就会被烫，火炉对人，不分贵贱亲疏，规章制度也应如此，不分职务高低，适用于任何人，一律平等；还有，违反规章制度的行为与处罚之间间隔时间过长，就不能收到好的罚戒、教育作用。因此，执行规章制度一定要坚决果断。

(2) 预先示警性：火炉摆在那里，要让大家知道碰触则会被烫，这就需要管理有一个健全的长效机制，只有立足于正反两面的引导，使人自觉地去行动，管理机制才能发挥其优越性。

(3) 彻底贯穿性：火炉对人绝对“说到做到”，不是吓唬人的。执行和落实规章制度虽然会使人痛苦一时，但绝对必要，如果在执行赏罚时优柔寡断、瞻前顾后，就会使规章制度成为摆设，失去其应有的作用。

“热炉法则”阐述了惩处制度的四大原则：

(1) 警告性原则：热炉外观火红，不用手去摸，也可知道炉子是热得足以灼伤人的。为让员工趋利避害，企业的领导者就要经常对下属进行规章制度的教育和宣传，以警告或劝戒员工不要触犯规章制度，说明惩处的种类和额度。如果企业平常把规章制度藏在抽屉里，谁都不知道里面规定的内容，等到员工违反时，才拿出来作为惩处的依据。这样做，显然不能服众。

(2) 验证性原则：用手触摸热炉，毫无疑问地会被烈焰灼伤。谁若明知企业有相关规定，还要以身试“法”、触犯单位的规章制度，就一定要对其进行惩处，以明纪律、以儆效尤。

(3) 即时性原则：碰到热炉时，立即就被灼伤。惩处必须在错误行为发生后立即进行，决不拖泥带水，决不能有时间差，以便达到及时改正错误行为的目的。

(4) 公平性原则：不管谁碰到热炉，都会被灼伤。管理者应该是罚款制度最直接的体现者，对自己倡导的制度更应该身体力行。如果“刑不上大夫”，那么规章制度有不如无，甚至比没有更糟糕。

在“火炉法则”中还有一个“程度性原则”，被“灼伤”的程度与“火炉”接触的紧密程度和时间长短有关系，惩罚以制止不当行为为限，处罚过度反而有害。

“火炉法则”在安全生产监管方面的应用：就是把各种安全生产法律、法规比喻成“火炉”，如果有意或无意碰到它，就要被烫伤，就要受到惩罚；如果不碰它，就安然无事；如果给“火炉”中添柴(给安全生产相关法律、法规提出完善它的合理化建议)，那么就会让“火炉”烧得更旺，带给周围的人更多的温暖(完善的安全法律、法规将维护更多人的利益，并整治有害的作业环境)。

所以，“火炉”的存在并不是为了烫伤人(安全生产法律、法规的存在，并不是为了约束人)，而是使人聚集取暖，感受温暖，获得热量(安全生产法律、法规的最终目的是维持正常的生产秩序，维护员工的人身保障权利)。

313. 掌握破窗效应

破窗效应(Break Pane Law)，是关于环境对人们心理造成暗示性或诱导性影响的一种认识。美国斯坦福大学心理学家菲利普·辛巴杜(Philip Zimbardo)于1969年进行了一项实验，他找来两辆一模一样的汽车，把其中的一辆停在加州帕洛阿尔托的中产阶级社区，而另一辆停在相对杂乱的纽约布朗克斯区。停在布朗克斯的那辆，他把车牌摘掉，把顶棚打开，结果当天就被偷走了。而放在帕洛阿尔托的那一辆，一个星期也无人理睬。后来，辛巴杜用锤子把那辆车的玻璃敲了个大洞。结果，仅仅过了几个小时，它就不见了。

以这项实验为基础，政治学家詹姆斯·Q·威尔逊(James Q. Wilson)和犯罪学家乔治·L·凯琳(George L. Kelling)提出了一个“破窗效应”理论，认为：如果有人打坏了一幢建筑物的窗户玻璃，而这扇窗户又得不到及时的维修，别人就可能受到某些暗示性的纵容去打烂更多的窗户。久而久之，这些破窗户就给人造成一种无序的感觉，结果在这种公众麻木不仁的氛围中，犯罪就会滋生、泛滥。

破窗效应告诉我们这样一个道理：一个小的错误如果得不到制止和纠正，就会鼓励其他人犯同样的错误甚至更多的人去犯更大的错误。因此，我们在安全管理中一定要坚决纠正和制止第一个打碎玻璃的行为，并“及时修补第一块坏玻璃”。

314. 掌握木桶原理

木桶原理(Cannikin Law)，又称短板理论，是由美国管理学家劳伦斯·彼得(Lorens Peter)提出的，其核心内容为：一只木桶盛水的多少，并不取决于桶壁上最高的那块木块，而恰恰取决于桶壁上最短的那块。根据这一核心内容，“木桶理论”还有两个推论：其一，只有桶壁上的所有木板都足够高，那木桶才能盛满水。其二，只要这个木桶里有一块不够高度，木桶里的水就不可能是满的。确实，木桶盛水的多少，起决定性作用的不是那块最长的木板，而是那块最短的木板。因为长的板子再长也没有用，水的界面是与最短的木板平齐的。“决定木桶容量大小的竟然不是其中最长的那块木板，而是其中最短的木板”。这似乎与常规思维格格不入，然而却被证明为正确的论断。

企业能否实现安全生产，最薄弱的地方最关键。一次不经意的违章，一个小小的隐患，都可能酿成重大安全生产事故。安全生产要把工作重点放在“短木板”的补短上，注重查找工作中的薄弱环节，堵塞安全生产工作漏洞，实现长效安全。

315. 掌握海因里希法则

海因里希(Heinrich)法则又称海因里希安全法则或海因里希事故法则，是美国著名安全工程师海因里希提出的300:29:1法则。这个法则意思是说，当一个企业有300个隐患或违章，必然要发生 29 起轻伤或故障，在这 29 起轻伤或故障当中，必然包含有 1 起重伤、死亡或重大事故。海因里希法则是通过分析工伤事故的发生概率，为保险公司的经营提出的法则。这一法则完全可以用于企业的安全管理，即在 1 件重大的事故背后必有 29 件轻度事故，还有 300 件潜在的隐患。可怕的是对潜在性事故毫无觉察，或是麻木不仁，结果导致无法挽回的损失。了解海因里希法则的目的，是通过对事故成因的分析，让人们少走弯路，把事故消灭在萌芽状态。

二、事故致因理论

316. 掌握事故频发倾向理论

1919 年，英国的格林伍德（Gree Wood）和伍兹（Woods）把许多伤亡事故发生次数按照泊松分布、偏倚分布和非均分布等进行统计分析后发现，当发生事故的概率不存在个体差异时，一定时间内事故发生的次数服从照泊松分布。一些工人由于精神或心理方面的问题，如果在生产操作过程中发生过一次事故，当继续操作时，就有重复发生第二次、第三次事故的倾向，事故发生的次数服从偏倚分布。当工厂中存在许多特别容易发生事故的人员时，发生事故次数的人数服从非均分布。

在此研究基础上，1939 年法默（Farmer）和查姆勃（Chamber）等人提出了事故频发倾向理论。事故频发倾向是指个别容易发生事故的稳定的个人内在倾向。事故频发倾向者的存在是工业事故发生的主要原因，即少数具有事故频发倾向的工人是事故频发倾向者，他们的存在是工业事故发生的原因。如果企业中减少了事故频发倾向者，就可以减少工业事故。

许多研究结果表明，事故频发倾向者并不存在。例如，在某一段时间里发生事故次数多的人，在以后的时间里由于劳动条件的改善，往往不再发生事故或发生事故次数大为减少，并非某人永远是事故频发倾向者。通过数十年的实验与研究，很难找出事故频发倾向稳定的个人特征。换言之，许多人发生事故是由于他们行为的某个瞬时特征所引起的。

许多研究又表明，把事故发生次数多的工人调离后，企业如不改善劳动条件，事故发生率并没有降低。例如，韦勒（Waller）对司机的调查，伯纳基（Bernacki）对铁路调车员的调查，都证实了调离或解雇发生事故多的工人以后，企业没有减少伤亡事故的发生率。

除了对人员适用某个工种的考选外，事故频发倾向理论已被排除在事故致因理论当代论坛之外，只能说明前段的研究历史而已。

317. 掌握因果连锁理论

1931 年，海因里希（Heinrich）在《工业事故预防》一书中，阐述了工业安全理论。该书的主要内容之一就是论述了事故发生的因果连锁理论，后人称其为海因里希因果连锁理论。

海因里希把工业伤害事故的发生发展过程描述为具有一定因果关系事件的连锁，即人员伤亡的发生是事故的结果，事故的发生原因是人的不安全行为和物的不安全状态，人的不安全行为和物的不安全状态是由于人的缺点造成的，人的缺点是由于不良环境诱发或者是由先天的遗传因素造成的。

海因里希将事故因果连锁过程概括为 5 个因素：遗传及社会环境，人的缺点，人的不安全行为和物的不安全状态，事故，伤害。海因里希用多米诺骨牌形象地描述这种事故的因果连锁。在多米诺骨牌系列中，一枚骨牌被碰倒了，则将发生连锁反应，其余几枚骨牌相继被碰倒。如果移去中间的一枚骨牌，则连锁被破坏，事故过程被中止。他认为，企业安全工作的中心就是防止人的不安全行为，消除机械和或物质的不安全状态，中断连锁的进程，从而避免事故的发生。

318. 掌握能量意外释放理论

1961 年，吉布森(Gibson)提出了事故是一种不正常的或不希望的能量释放，各种形式的能量是构成伤害的直接原因。因此，应该通过控制能量或控制作为能量达及人体媒介的能量载体来预防伤害事故。

1966 年，在吉布森研究的基础上，哈登(Harden)完善了能量意外释放理论，提出“人受伤害的原因只能是某种能量的转移”，并提出了能量逆流于人体造成伤害的分类方法，将伤害分为两类：第一类伤害是由于施加了局部或全身性损伤阈值的能量引起的；第二类伤害是由影响了局部或全身性能量交换引起的，主要指中毒窒息和冻伤。哈登认为，在一定条件下，某种形式的能量能否产生造成人员事故的伤害取决于能量大小、接触能量时间长短和频率以及力的集中程度。根据能量意外释放理论，可以利用各种屏蔽来防止意外的能量转移，从而防止事故的发生。

319. 掌握系统安全理论

在 20 世纪 50 年代至 60 年代美国研制洲际导弹的过程中，系统安全理论应运而生。

系统安全理论包括很多区别于传统安全理论的创新概念：

(1)在事故致因理论方面，改变了人们只注重操作人员的不安全行为，忽略硬件故障在事故致因中作用的传统观念，开始考虑如何通过改善物的系统可靠性来提高复杂系统的安全性，从而避免事故。

(2)没有任何一种事物是绝对安全的，任何事物中都潜伏着危险因素。通常所说的安全或危险只不过是一种主观的判断。

(3)不可能根除一切危险源，可以减少现有危险源的危险性。要减少总的危险性而不是只消除几种选定的风险。

(4)由于人的认识能力有限，有时不能完全认识危险源及其风险，即使认识了现有的危险源，随着生产技术的发展，新技术、新工艺、新材料和新能源的出现，又会产生新的危险源。安全工作的目标就是控制危险源，努力把事故发生概率降到最低，即使万一发生事故，也可以把伤害的损失控制在较轻的程度上。

320. 掌握事故预防与控制的基本原则

事故预防与控制，前者是指通过采用技术和管理手段使事故不发生；后者是通过采取技术和管理手段，使事故发生后不造成严重后果或使后果尽可能减小。对于事故的预防与控制，应从安全技术、安全教育和安全管理等方面入手，采取相应对策。

安全技术对策着重解决物的不安全状态。安全教育对策和安全管理对策主要着眼于人的不安全行为。安全教育对策主要是使人知道哪里存在危险源，如何导致事故，事故的可能性和严重程度如何，对于可能的危险应该怎么做。安全管理措施则是要求必须怎么做。

第四章　事故预防与控制

一、事故预警

321. 了解事故预警的任务与特点

预警的任务：针对各种事故征兆的监测、识别、诊断与评价，及时报警，并根据预警分析的结果对事故征兆的不良趋势进行矫正、预防与控制。

预警的特点：快速性、准确性、公开性、完备性、连贯性。

322. 熟悉事故预警的原则

事故预警应遵循及时、全面、高效和引导的原则。

323. 掌握事故预警管理体系的模式

各种类型事故预警的管理过程可能不同，但预警的模式具有一致性。

一个完整的预警管理体系应由外部环境预警系统、内部管理不良的预警系统、预警信息管理系统和事故预警系统构成。

(1) 外部环境预警系统：主要由自然环境突变预警、政策法规变化预警、技术变化预警构成。

(2) 内部管理不良的预警系统：主要由质量管理预警、设备管理预警、人的行为活动管理预警构成。

(3) 事故预警系统：主要是当事故难以控制时，做出警告和对策措施建议，其业务隶属预警管理信息系统。

(4) 预警管理信息系统：是集计算机与专家系统技术为一体的智能化系统，它以管理信息系统为基础，完成信息收集、处理、辨识、存储和推断等任务。

324. 了解预警要素与阈值的确定

预警要素：人的安全可靠性、生产过程的环境安全性、安全管理有效性、机(物)安全可靠性。

阈值的确定原则：既要防止误报又要避免漏报，若采用指标预警，一般可根据具体规程设定报警阈值，或者根据具体实际情况，确定适宜的报警阈值。若为综合预警，一般根据经验和理论来确定预警阈值(即综合指标临界值)。如综合指标值接近或达到这个阈值时，就意味着将有事故出现，可以将此时的综合预警指标值确定为报警阈值。

325. 掌握预警系统的组成及内容

预警系统：主要由预警分析系统和预控对策系统两部分组成。

预警分析系统主要包括监测系统、预警信息系统、预警评价指标体系系统、预测评价系统等组成。

（1）监测系统：主要是预警系统的硬件部分，功能是采用各种监测手段获得有关信息和运动数据。

（2）预警信息系统：负责对信息的存储、处理、识别。

（3）预警评价指标体系系统：主要完成指标的选取、预警准则和阈值的确定。

（4）预测评价系统；主要是完成评价对象的选择，根据预警准则、选择预警评价方法，给出评价结果；根据危险级别状态进行报警。

预控对策系统根据具体警情确定控制方案。

326. 熟悉预警系统的实现

预警系统通过预警分析和预控对策实现事故的预警和控制。预警分析完成监测、识别、诊断与评价功能，而预控对策完成对事故征兆的不良趋势进行纠错和治错的功能。

二、应急救援

327. 了解事故应急救援的基本任务和特点

基本任务：(1)立即组织营救，撤离或保护其他人员；(2)迅速控制事态，防止事态扩展；(3)消除危害后果，做好现场恢复；(4)查清事故原因，评估危害程度。

特点：不确定性和突发性；应急活动的复杂性；后果、影响猝变、激化和放大。

328. 熟悉我国有关法律法规对事故应急救援的要求

对事故应急救援提出要求的有关法律：《安全生产法》、《消防法》、《职业病防治法》。

对事故应急救援提出要求的有关法规：《关于特大安全事故行政责任追究的规定》(第7条)、《危险化学品管理条例》(第49、50条)、《使用有毒物品作业场所劳动保护条例》、《特种设备安全监察条例》(第31条)。主要规定：

（1）市(地、州)、县(市、区)政府组织制定本地区区域内特大安全事故应急救援预案。

（2）县负责危险化学品安全监督管理部门会同有关部门制定危险化学品事故应急救援预案。

（3）生产经营单位应当制定生产安全事故、职业病危害事故、火灾、危险化学品事故、特种设备事故的应急救援预案。

329. 掌握事故应急救援过程(预防、准备、响应、恢复)

事故应急管理包括预防、准备、响应和恢复四个阶段。

330. 了解事故应急救援预案的作用、层次及文件体系

作用：(1)明确了应急救援的范围和体系，使应急准备和管理有据可依，有章可循。(2)有利于做出及时的应急响应，降低事故后果。(3)成为各类突发重大事故的应急基础。(4)当发生超过应急能力的重大事故时，便于与上级应急部门协调。(5)有利于提高全社会的风险防范意识。

层次：(1)综合预案：总体阐述应急方针、政策、组织机构及职责、总体思路等。(2)专项预案：针对特定类型紧急情况的应急而制定的、对机构、活动等进行更具体的阐述。(3)现场预案：在专项预案基础上针对具体场所而制定的。

文件体系：一般来说，应急预案是一个由各级文件构成的四级文件体系：（1）总预案：

包括应急管理政策、预案目标、应急组织和责任等，由一系列程序组成；(2) 程序：说明某个行动的目的和范围，阐述做什么、为何做、何时何地由谁做；(3) 作业指导书：某些特定任务及行动细节进行说明，供应急组织内部人员使用；(4) 记录：包括通讯、进出事故危险区以及应急行动的所有记录。

331. 熟悉事故应急救援预案的编制过程

(1) 成立预案编制小组；

(2) 危险分析和应急能力评估，辨识重大事故风险，分析资源需求，评估现有应急能力；

(3) 编制应急预案，确定最佳应急策略；

(4) 预案的评审发布：评审包括内部评审与外部评审，并由主要负责人签署发布；

(5) 预案的实施：包括应急预案宣传、教育和培训，落实应急资源，应急演练和训练等。

332. 了解事故应急预案演练的基本要求

(1) 应急演练应当遵守相关法律、法规、标准和应急预案规定。

(2) 领导重视、科学计划。开展应急演练工作必须得到有关领导的重视，给予资金等相应支持，必要时有关领导应参与演练过程并担当与其职责相当的角色。

(3) 结合实际、突出重点。应急演练应结合可能发生的危险源特点、潜在事故类型、可能发生事故的地点和气象条件及应急准备工作的实际情况进行。演练应重点解决应急过程中组织指挥和协同配合问题，解决应急准备工作的不足，以提高应急行动整体效能。

(4) 周密组织、统一指挥。演练策划人员必须制定并落实保证演练达到目标的具体措施，各项演习活动应在统一指挥下实施，参演人员要严守演练现场规则，确保演习过程的安全。演练不得影响生产经营单位的安全正常运行，不得使各类人员承受不必要的风险。

(5) 由浅入深、分步实施。应急演习应遵循由下而上、先分后合、分步实施的原则，综合性的应急演练应以若干次分练为基础。

(6) 讲究实效、注重质量要求。应急演练指导机构应精干，工作程序要简明，各类学习文件要实用，避免一切形式主义的安排，以取得实效为检验演习质量的唯一标准。

(7) 应急演练原则上应避免影响公众，如必须涉及有限数量公众，则应在条件比较成熟时择机进行。

333. 熟悉事故应急救援预案演练的类型、基本任务及实施过程

基本类型：(1)桌面演练：应急组织的代表或关键岗位人员参加，对演练情景进行口头演练，一般在会议室内举行。事后采取口头评论形式收集建议，提交一份简短的书面报告，为功能演练和全面演练做准备。桌面演练一般仅限于有限的应急响应和内部协调活动。(2)功能演练：针对某项应急响应功能或其中某些应急响应行动举行的演练活动，一般在应急指挥中心举行，并可同时开展现场演练。事后提交书面汇报，提出改进建议；(3)全面演练：针对应急预案中全部或大部分应急响应功能，检验、评价应急组织应急运行的能力和相互协调的能力。

基本任务：锻炼和提高队伍在突发事故情况下的快速抢险堵源、及时营救伤员、正确指导和帮助群众防护或撤离、有效消除危害后果、开展现场急救和伤员转送等的应急救援技能

和应急反应综合素质，有效降低事故危害，减少事故损失。

实施过程：(1)准备阶段：确定日期、目标和范围、现场规则与演练方案，指定评价人员和培训人员，准备工作文件，安排好后勤工作，讲解演练方案与演练活动。(2)演练阶段：实施演练方案并做好全过程记录。(3)总结阶段：根据记录以及对参与人员的访谈，编写书面报告，举行公开会议通报不足之处并采取纠正措施，落实并追踪整改项的纠正情况。

334. 了解事故应急救援预案演练效果的评审方法及内容

提交演练报告，详细说明演练过程中发现的问题，包括不足项、整改项和改进项。

(1) 不足项：演练过程中观察或识别出的应急准备缺陷，可能导致在紧急事件发生时，不能确保应急组织或应急救援体系采取合理应对措施。

(2) 整改项：演练过程中观察或识别出的，单独不可能在应急救援中对公众的安全与健康造成不良影响的应急准备缺陷。

(3) 改进项：应急准备过程中应予改善的问题。它不会对人员的生命与健康安全产生严重的影响，可视情况予以改进。

第五章　HSE 管理体系

335. 掌握 HSE 管理体系的实质

HSE 管理体系的实质就是为了确保系统安全建立一种规范的、科学的管理体系，它以实现系统安全为核心，提出了系统安全、组织所必须达到或实现的包括人、机、环境各方面的相关要求，这些要求就是 HSE 管理体系所包含的内容，各国企业 HSE 实施的标准不一，标准要素排列各异，但核心内容都是系统安全的基本思想。

336. 掌握 HSE 管理体系的核心

HSE 管理体系的核心是提高员工的 HSE 意识和素质，明确和落实各部门、各级人员的 HSE 职责，规范各类人员在工作中的 HSE 行为，严格考核和持续改进。

337. 掌握建立和实施 HSE 管理体系的重要意义

（1）建立 HSE 管理体系，是贯彻国家可持续发展战略的要求；

（2）实施 HSE 管理体系，对石油石化企业进入国际市场将起到良好的促进作用；

（3）实施 HSE 管理体系，可节约能源和资源；

（4）实施 HSE 管理体系，可减少各类事故的发生；

（5）实施 HSE 管理体系，可提高企业安全、环境与健康管理水平；

（6）实施 HSE 管理可改善企业形象，提高综合效益。

338. 掌握建立 HSE 管理体系的步骤

HSE 管理体系的建立大致分为五个步骤：初始状态评审；危害辨识和风险评价；体系策划与文件编制；体系试运行和审核；正式运行。

339. 掌握 HSE 管理体系运行的基本方式

HSE 管理体系按照“计划—实施—检查—改进”模式建立的一种事前进行危害和环境因素辨识，评价危害和环境因素的风险，通过系统化的管理机制控制风险，以便最大限度地减少事故、环境污染和职业病发生，从而达到改善企业安全、健康与环境业绩的管理方法。

340. 掌握中国石化集团公司 HSE 方针

安全第一，预防为主；全员动手，综合治理；改善环境，保护健康；科学管理，持续发展。

341. 掌握中国石化集团公司 HSE 目标

追求最大限度地不发生事故、不损害人身健康、不破坏环境。

342. 掌握中国石化集团公司 HSE 管理体系的十大要素

（1）领导承诺、方针目标和责任；

（2）组织机构、职责、资源和文件控制；

（3）风险评价和隐患治理；

（4）承包商和供应商管理；

(5) 装置(设施)设计与建设;

(6) 运行与维护;

(7) 变更管理和应急管理;

(8) 检查、考核和监督;

(9) 事故处理和预防;

(10) 审核、评审和持续改进。

343. 掌握风险、安全与危险、危害、事故、事件、危险源、危害因素、危害因素辨识、重大危险源、事故隐患的含义

风险是指某一特定危害事件发生的可能性与后果的组合。风险高说明从事的活动危险,因此,风险和危险是同义词,反映了危险性。

安全是指免除了不可接受的损害风险的状态。安全的实质是防止事故,消除导致死亡、伤害、急性职业危害、各种财产损失发生以及环境污染的条件。安全与危险是一对互为存在的前提术语,主要是指人、物及环境的安全与危险。

危险是指危害或危害因素。

危害是指可能引起的损害,包括引起疾病和外伤,造成财产、工厂、产品或环境破坏,招致生产损失或增加负担。

事故是指造成死亡、疾病、伤害、污染、损坏或其他损失的意外情况。事故是意外事件,是人们不希望发生的;同时该事件产生了违背人们意愿的后果。如果事敀的后果是人员死亡、受伤或身体的损害就称为人员伤亡事故,如果没有造成人员伤亡就是非人员伤亡事故。事故的后果就是危害或影响。

事件是指导致或可能导致事故的情况。结果未产生疾病、伤害、损坏或其他损失的事件叫"未遂事件"。这里可以看出,事故是由事件引起的。比如起重作业时吊物伤人事故就是同"吊物坠落"和"人员处于吊物之下"两个事件共同引起的。分析事故时,先要找"事件"。

危险源是指可能造成人员伤亡、财产损失或环境破坏的根源,可以是存在危险的一件设备、一处设施、一个系统,也可以是一件设备、一处设施、一个系统中存在危险的一部分。危险源设备、设施或系统是物的因素。设备、设施是生产的基本条件,但他们的存在又构成了危险源。如油罐区构成一个系统,也构成了火灾、爆炸的危险源;一台电机,是触电、噪声和电气火灾的危险源。

危害因素是指一个组织的活动、产品或服务中可能导致人员伤害或疾病、财产损失、工作环境破坏、有害的环境影响或这些情况组合的要素,包括根源和状态。危害因素是导致事件、事故的因素,包括人的不安全行为和物的不安全状态。分析事故就是要识别危害因素。如油泵房汽油泄漏的因素可能有泵、阀门、仪表密封失效,管道强度不足或因疲劳破裂、腐蚀穿孔等,但仅有汽油泄漏是不会造成中毒事故的,还必须有油气积聚和人员进入泵房这两个事件。汽油积聚因素是泵房通风不良,人员进入泵房的因素有人员安全意识淡薄、忽视警告标志、泵房内无气体检测报警装置或装置失效等因素,这些因素共同造成"中毒"事故。因此,分析时一定要注意因素之间的逻辑关系。还应注意危害因素导致的后果可能是多方面的,既有健康问题,也可能同时有财产损失或环境污染的问题。

危害因素辨识是指识别危害因素的存在并确定其特性的过程。这里的"特性"是指危害因素的本质,是人的因素还是物的因素,危害出现的规律性等。

重大危险源是指长期地或临时地生产、搬运、使用或者储存危险物品，且危险物品的数量等于或者超过临界量的单元(包括场所和设施)。当单元中有多种物质时，如果各种物质的量满足下式，就是重大危险源。

$$\sum_{i=1}^{N} q_i/Q_i \geqslant 1$$

式中 q_i——单元中物质 i 的实际存在量；

Q_i——物质 i 的临界量；

N——单元中物质的种类数。

从事故致因理论可知，事故本质是能量或危险物质意外释放，作用于人体造成损害或引起人体生理机能破坏。重大危险源管理不当，可能导致严重的后果。因此，我国对重大危险源管理采取登记申报、重点监控等制度。

事故隐患泛指生产系统中可能导致事故发生的人的不安全行为、物的不安全状态、有害的环境影响和管理缺陷。隐患和危害因素是近义词，包括人(人员)、机(机械、设备)、物(物料)、环(作业环境)、管(安全管理)等方面。查隐患就是要从以上方面找出事故隐患。

以上概念之间是有联系的，即危险源或重大危险源是事故的根源，管理不当会出现危害因素或隐患，危害因素或隐患可能导致事件发生，事件可能导致事故，事故产生危害。因此，危害因素辨识就是要先确定危险源，然后找出危险源可能存在的事故，再由事故找危害因素。

344. 熟悉危害因素辨识和风险评价步骤

(1) 成立危害因素辨识和风险评价小组；

(2) 选择、确定评价范围和对象；

(3) 选择危害因素辨识方法；

(4) 辨识危害根源和性质；

(5) 风险评价；

(6) 风险控制；

(7) 更新危害及风险信息。

345. 熟悉风险评价的组织、范围、对象

风险评价组织：公司各部门、各专业条线及油库、加油站、车队等基层单位均应成立若干个由专业技术人员和操作人员参加的评价小组，所有评价人员需经过专门培训并有能力、资格开展危害因素辨识、风险评价工作。各部门、各专业条线、各单位所有其他员工也均应参与相应小组危害因素辨识和风险评价工作。

评价范围应包括本部门、本专业条线、本单位生产、行政、后勤保障和相关方在我方区域内的所有设施、设备和作业活动；作业活动含常规作业活动和非常规作业活动(包括由于事故、自然灾害造成的紧急情况)；对新、改、扩建工程评价应包括从规划、设计、建设、投产和商品销售的全过程。

在确定评价范围后，按区域或功能来划分设施及主要设备评价对象，并列出设施及主要设备清单；按作业任务或作业流程的各阶段划分作业活动，并列出作业活动清单。

设施、设备和作业活动的划分应适当细化，以能够方便、充分地辨识所有危害为原则。

346. 掌握危害因素辨识的方法

（1）经验与判断：是指危害因素的辨识结果可以来自有经验人员的判断，各级有经验的人员都可以参与。一般危害因素辨识都在基层单位进行，由各岗位辨识本岗位的危害因素，辨识时可以以危险源、单元、作业过程或系统为对象进行辨识。

① 对照、经验法：是指对照有关法律、法规、标准或依靠分析人员的观察分析能力，借助于经验和判断能力直观地评价对象危险性和危害性的方法。该方法优点是简便、易行；缺点是受知识、经验、资料限制，易遗漏。

② 类比法：是指利用相同或相似系统或作业条件的经验和职业安全卫生统计资料来类推、分析评价对象的危害因素。

（2）依据危害检查清单自查：危害检查清单自查类似于安全检查表，该表是通过对系统剖析、查找各层次的不安全因素，然后确定检查项目，以提问的方式把检查项目按系统的组成顺序编制成表，以便进行检查或评审，这种表就叫做危害检查清单。对照危害性检查清单可以辨识系统的危害因素。由于危害因素辨识是定期进行的，对于一个组织而言，以前辨识的结果可以对下一次辨识起到指导作用，随着辨识的持续进行，危害检查清单也产生了。在使用时一定要考虑组织各方面特别是工艺、设备、材料、生产方式的变化。该方法的优点是能够先编制，故有充分的时间组织有经验的人员来编写，做到系统化、完整化，不至于漏掉能导致危险的关键因素；可以根据规定的标准、规范和法规，检查遵守的情况，提出准确的评价；表的应用方式是有问有答，给人的印象深刻，能起到安全教育的作用。表内还可注明改进措施的要求，隔一段时间后重新检查改进情况；简明易懂，容易掌握。

为了使提出的问题有根有据，可以在有关条款后面注明有关标准、规范或法规的名称和所在章节。

（3）利用法律、法规和工业标准辨识危害因素

① 按照《企业职工伤亡事故分类》（GB/T 6441—1986）进行危害因素辨识：按照事故致因理论，事故发生的直接原因有两方面，即人的不安全行为、物的不安全状态。危害因素辨识可以从人、物两个系列进行。我国在 1986 年颁布了《企业职工伤亡事故分类》（GB/T 6441—1986），该标准包括名词与术语、事故类别、伤害分析、伤害程度分类、事故严重度分类、伤亡事故计算办法和附录七个部分，标准把伤亡事故划分了 20 类，将人的不安全行为分为 13 大类，将物的不安全状态分为 4 大类。标准的附录 A 中包括受伤部位、受伤性质、起因物、加害物、伤害方式、不安全状态、不安全行为等七个方面的内容。该标准是我国关于企业职工伤亡事故统计、调查处理的一个基础标准，系统地对事故、危险源、危害因素进行了归类，可以用来进行危害因素辨识。

工伤事故分类：参照《企业职工伤亡事故分类》，综合考虑起因物、引起事故的诱导性原因、致害物、伤害方式等，将工伤事故分为 20 类。此种分类方法所列的事故与企业职工伤亡事故处理（调查、分析、统计）和职工安全教育的口径基本一致，为安全生产监督管理部门、行业主管部门、职业安全卫生管理人员和企业广大职工所熟悉，易于接受和理解，便于实际应用。

——物体打击：指物体在重力或其他外力的作用下产生运动，打击人体造成人身伤亡事故，不包括主体机械设备、车辆、起重机械、坍塌等引发的物体打击。

——车辆伤害：指机动车辆在行驶中引起的人体坠落和物体倒塌、下落、挤压等伤亡事

故，不包括起重提升、牵引车辆和车辆停驶时发生的事故。

——机械伤害：指机械设备运动或静止部件、工具、加工件直接与人体接触引起的挤压、碰撞、冲击、剪切、卷入、绞绕、甩出、切割、切断、刺扎等伤害，不包括车辆、起重机械引起的机械伤害。

——起重伤害：指各种起重作业(包括起重机安装、检修、试验)中发生的挤压、坠落、物体(吊具、吊重物)打击等。

——触电：包括各种设备、设施的触电，电工作业时触电，雷击等。

——淹溺：包括高处坠落淹溺，不包括矿山、井下透水淹溺。

——灼伤：指火焰烧伤、高温物体烫伤、化学灼伤(酸、碱、盐、有机物引起的体内外灼伤)、物理灼伤(光、放射性物质引起的体内外灼伤)，不包括电灼伤和火灾引起的烧伤。

——火灾：包括火灾引起的烧伤和死亡。

——高处坠落：指高处作业中发生的坠落造成的伤害事故，不包括触电坠落事故。

——坍塌：指物体在外力或重力作用下，超过自身的强度极限或因结构稳定性破坏而造成的事故，如挖沟时的土石塌方、脚手架坍塌、堆置物倒塌、建筑物倒塌等，不适用于矿山冒顶、片帮和车辆、起重机械、爆破引起的坍塌。

——冒顶、片帮。

——透水。

——爆炸伤害：指爆破作业发生的伤亡事故。

——火药爆炸：指火药、炸药及其制品在生产、加工、运输、储存中发生的爆炸事故。

——瓦斯爆炸。

——锅炉爆炸。

——容器爆炸。

——其他爆炸。

——中毒和窒息：包括中毒、缺氧窒息、中毒性窒息。

——其他伤害：指除上述以外的伤害，如摔、扭、挫、擦等伤害。

② 按照《生产过程危险和有害因素分类与代码》(GB/T 13861—1992)进行危害因素辨识：根据《生产过程危险和有害因素分类与代码》的规定，将生产过程中危险、有害因素分为六大类。

——物理性危险、有害因素：设备、设施缺陷(强度不够、稳定性差、密封不良、应力集中、外形缺陷、外露运动件、操纵器缺陷、制动器缺陷、控制器缺陷、设备设施其他缺陷等)；防护缺陷(无防护、防护装置和设备缺陷、防护不当、支撑不当、防护距离不够、其他防护缺陷等)；电危害(带电部位裸露、漏电、雷电、静电、电火花、其他电危害)；噪声危害(机械性噪声、电磁性噪声、流体动力性噪声、其他噪声)；振动危害(机械性振动、电磁性振动、流体性振动、其他振动危害)；辐射(电离辐射：包括X射线、γ射线、α粒子、β粒子、质子、中子、高能电子束等；非电离辐射：包括紫外线、激光、射频辐射、超高压电场)；运动物危害(固体抛射物、液体飞溅物、坠落物、反弹物、土/岩滑动、料堆(垛)滑动、飞流卷动、冲击地区、其他运动物危害)；明火；能造成灼伤的高温物质(高温气体、高温液体、高温固体、其他高温物质)；能造成冻伤的低温物质(低温气体、低温液体、低温固体、其他低温物质)；粉尘与气溶胶(不包括爆炸性、有毒性粉尘与气溶胶)；作业环境不良(基础下沉、安全过道缺陷、采光照明不良、有害光照、缺氧、通风不良、空气质量不良、给/排水不良、涌水、强迫体位、气温过高、气温过低、气压过高、气压过低、高温高湿、自然灾害、其他作业环境不良);信号缺陷(无信号设施、信号选用不当、信号不清、信号显示不准、其他信号缺陷);标志缺陷(无标志、标志不清、标志不规范、标志选用不当、标志位置不当、其他标志缺陷);其他物理性危险和有害因素。

——化学性危险、有害因素:易燃、易爆性物质(易燃、易爆性气体,易燃、易爆性液体,易燃、易爆性固体,易燃、易爆性粉尘与气溶胶,遇湿易燃物质和自燃性物质,其他易燃、易爆性物质);反应活性物质(氧化剂、有机过氧化物、强还原剂);有毒物质(有毒气体、有毒液体、有毒固体、有毒粉尘与气溶胶、其他有毒物质);腐蚀性物质(腐蚀性气体、腐蚀性液体、腐蚀性固体、其他腐蚀性物质);其他化学性危险和有害因素。

——生物性危险、有害因素:致病微生物(细菌、病毒、其他致病性微生物);传染病媒介物;致害动物;致植物;其他生物性危险和有害因素。

——心理、生理性危险、有害因素:负荷超限(体力负荷超限、听力负荷超限、视力负荷超限、其他负荷超限);健康状况异常;从事禁忌作业;心理异常(情绪异常、冒险心理、过度紧张、其他心理异常);识别功能缺陷(感知延迟、识别错误、其他识别功能缺陷);其他心理、生理性危险和有害因素。

——行为性危险、有害因素:指挥错误(指挥失误、违章指挥、其他指挥错误);操作错误(误操作、违章作业、其他操作错误);监护错误;其他错误;其他行为性危险和有害因素。

——其他危险、有害因素:搬举重物;作业空间;工具不合适;标识不清。

石油销售企业常见的危害因素:物理因素(由于设计、制造、使用、作业、检修等过程中强度不够、刚度不够、稳定性差、密封不良、无防护、防护不当、防护距离不够、电危害、噪声、振动、电磁辐射、坠落物、机动车、运动机械、明火、高低温物质、地面滑、场地狭窄、安全过道缺陷、采光照明不良、缺氧、通风不良、信号缺陷、标志缺陷等);化学因素(产品、使用的材料属于易燃易爆、自燃、有毒、腐蚀性物质等);生理、心理因素(加班加点超负荷工作、健康状况异常、从事禁忌作业、心理异常、辨识功能缺陷等);行为因素(在工作过程中指挥错误、操作错误、监护错误等);管理缺陷(包括安全检查、事故防范、应急管理、作业人员安排、防护用品缺少等)。

由于上述危害因素的存在,可能导致的事故主要有着火爆炸、容器爆炸、中毒窒息、高空坠落、车辆伤害、物体打击、机械伤害、起重伤害、触电、烫伤等。

③ 按照其他工业标准进行危害因素辨识:我国目前已经形成了比较完整的法律、法规、标准体系,各行各业又有相应的规程、规定等标准,这些标准也是危害因素辨识的依据。

(4) 系统评价技术:一些安全评价方法既可以进行风险评价,同时也可以进行危害因素辨识。常用的方法有故障类型及影响分析、事件树(ETA)、错误树(FTA)、关联图分析等。通过这些分析法,可以系统地找出事故发生的所有原因或事故可能产生的所有后果。

(5) 重大危险源辨识:根据《安全生产法》和国家标准《重大危险源辨识》(GB 18218—2000)的规定,国家对重大危险源建立重大危险源管理信息系统,实施重点监控。企业要对重大危险源登记、申报并制定应急预案。重大危险源包括以下几个方面:

① 储罐区(储罐)重大危险源是指储罐区(储罐)危险物品及临界表中所列类别的危险物品,且储存量达到或超过临界量的储罐区或单个储罐。

储存量超过其临界量包括以下两种情况：

——储罐区（储罐）内有一种危险物品的储存量达到或超过其对应临界量；

——储罐区内储存多种危险物品且每一种物品的储存量均未达到或超过其对应临界量，但满足下面公式：

$$q_1/Q_1 + q_2/Q_2 + \cdots + q_n/Q_n \geqslant 1$$

式中 q_1，q_2，…，q_n——每一种危险物品的实际储存量；

Q_1，Q_2，Q_n——对应危险物品的临界量。

② 库区（库）重大危险源是指库区（库）危险物品及临界表中所列类别的危险物品，且储存量达到或超过其临界量的库区或单个库房。

储存量超过其临界量包括以下两种情况：

——库区（库）内有一种危险物品的储存量达到或超过其对应临界量；

——库区（库）内储存多种危险物品且每一种物品的储存量均未达到或超过其对应临界量，但满足下面公式：

$$q_1/Q_1 + q_2/Q_2 + \cdots + q_n/Q_n \geqslant 1$$

式中 q_1，q_2，…，q_n——每一种危险物品的实际储存量；

Q_1，Q_2，Q_n——对应危险物品的临界量。

③ 压力管道：符合下列条件之一的压力管道，为重大危险源。

——长输管道：输送有毒、可燃、易爆气体，且设计压力大于1.6MPa的管道；输送有毒、可燃、易爆液体，输送距离不小于200km，且管道公称直径不小于300mm的管道。

——公用管道：中压和高压燃气管道，且公称直径不小于200mm。

——工业管道：输送GB 5044—1985中，毒性程度为极度、高度危害气体、液化气体，且公称直径不小于100mm；输送GB 5044—1985中，毒性程度为中度、高度危害液体、GB 50160—1992及GB 50016—2006中规定的火灾危险性为甲、乙类可燃气体，或甲类可燃液体，且公称直径不小于100mm，设计压力不小于4MPa；输送其他可燃、有毒流体，且公称直径不小于100mm，设计压力不小于4MPa，设计温度不小于400℃。

④ 锅炉：符合下列条件之一的锅炉，为重大危险源。

——蒸汽锅炉额定压力大于2.5MPa，且额定蒸发量不小于10t/h。

——热水锅炉额定出水温度不小于120℃，且额定功率不小于14MW。

⑤压力容器：属于下列条件之一的压力容器，为重大危险源。

——介质毒性程度为极度、高度或中度危害的三类压力容器。

——易燃介质，最高工作压力不小于0.1 MPa，且 PV 不小于100 MPa·m^3 的压力容器（群）。

347. 掌握风险评价的常用方法

风险评价的常用方法有工作危害分析法（JHA）、安全检查表分析法（SCL）、预危险性分析法（PHA）、故障模式与影响分析法（FMEA）、故障假设分析法（WI）、危险与可操作性分析法（HAZOP）、故障树分析法（FTA）、事件树分析法（ETA）、碟形领结法（Bow - Tie Analysis）。重点介绍前四种：

（1）工作危害分析法（JHA）：工作危害分析法是一种较细致地分析工作过程中存在危害的分析方法，把一项工作活动分解成几个步骤，辨识每一步骤中的危害因素和可能的事故，设法消除危害因素。

分析步骤：

① 把正常的工作分解为几个主要步骤，即首先做什么、其次做什么等，用3~4个词说明一个步骤。

② 对于每一步骤可能发生什么事故，给自己提出问题，比如操作者会被什么东西打着、碰着；操作者会撞着、碰着什么东西、是否会跌倒；有无危害暴露，如毒气、辐射、焊光、酸雾等等。

③ 辨识每一步骤的主要危害因素可能导致的后果。

④ 列出现有的安全控制措施。

⑤ 进行风险评价。

⑥ 提出整改建议或控制措施。

表5-1 工作危害分析(JHA)记录表

部门/条线/单位： 工作任务： 作业活动：

分析人员： 审核人： 分析日期： 年 月 日 编码：

序号	工作步骤	危害因素或潜在事件	主要后果	现有安全控制措施	可能性(L)	严重性(S)	风险度(R)	建议整改/控制措施

注：$R=L\times S$。

(2) 安全检查表分析法(SCL)：安全检查表是基于经验的方法，由分析人员列出一些项目，辨识与一般工艺设备和操作有关的已知类型的危害因素、设计缺陷以及事故隐患。安全检查表分析法可用于对物质、设备或操作规程的分析。

分析步骤：

① 建立安全检查表，分析人员从有关渠道(如内部标准、规范、作业指南)选择合适的安全检查表。如果无法获取相关的安全检查表，分析人员必须运用自己的经验和可靠的参考资料制定检查表。

② 划分检查单元，将检查对象按系统划分为检查单元，对每一个检查单元可分为从业人员、设备和设施、工艺方法、物料和材料、作业场所等子单元，进行检查评价。单元与子单元可以根据需要设置。

③ 分析者依据现场观察、阅读系统文件、与操作人员交谈、以及个人的理解，通过回答安全检查表所列的问题发现系统的设计和操作等各个方面与标准、规定不符合的地方，记下差异。

④ 分析差异(危害因素)，提出整改建议或控制措施。

表 5-2 安全检查分析(SCL)记录表

部门/条线/单位： 区域： 设备/设施：

分析人员： 审核人： 分析日期： 年 月 日 编码：

序号	检查项目及标准	主要偏差及主要后果	现有安全控制措施	可能性(L)	严重性(S)	风险度(R)	建议整改/控制措施

注：R=L×S。

(3) 预危险性分析法(PHA)：预危险性分析法是在设计、施工、生产等活动之前，预先性分析对系统可能存在的危险类别。对事故出现的条件以及导致的后果进行概略地分析，从而避免采用不安全的技术路线，使用危险性物质、工艺和设备，防止由于考虑不周而造成的损失。预危险性分析法对于系统的安全性起着非常重要的作用，它可以保证系统的本质安全。如果一个系统在设计和制造过程中本身就存在安全缺陷，那么在系统运行过程中，这些缺陷的消除和控制将会耗费巨大的代价或者根本不可能做到。

分析步骤：

① 对生产目的、工艺过程、操作条件和周围环境进行充分的调查和了解。实际工作时可以采取设计、生产和操作人员三者结合的方式进行，这样效果会更好。

② 按照以前的经验和同类系统中发生过的事故，分析系统中是否也会出现类似情况，查找能够造成人员受伤、物质损伤和完不成任务的可能危险性。在查找危险性时，应该按照从系统到子系统的顺序一步一步地进行，防止疏漏。必要时，可以设计相关检查表，指明查找危险性的范围。危险性查出后，按照其严重性进行分级。

③ 根据分级，分清主次，找出消除或控制危险的措施，并按一定的表格进行记录以便于查找。在危险性不能控制的情况下，应该对系统进行重新设计，必须找出防止伤亡或物质损失的办法。

表 5-3 预危险性分析(PHA)记录表

部门/条线/单位： 区域/工艺过程： 图号：

分析人员： 审核人： 分析日期： 年 月 日 编码：

序号	危害	原因	主要后果	现有安全控制措施	可能性(L)	严重性(S)	风险度(R)	建议整改/控制措施

注：$R=L\times S$。

(4)故障模式与影响分析法(FMEA)：故障模式与影响分析就是辨识装置或过程内单个设备或单个系统(泵、阀门、液位计、换热器)的故障模式以及每个故障模式的可能后果。故障模式描述故障是如何发生的(打开、关闭、开、关、损坏、泄漏等)，故障模式的影响是由设备故障对系统的应答决定的。

分析步骤：

① 确定FMEA的分析项目、边界条件(包括确定装置和系统的分析主题、其他过程和公共/支持系统的界面)。

② 标识设备：设备的标识符是惟一的，它与设备图纸、过程或位置有关；

③ 说明设备：包括设备的型号、位置、操作要求以及影响失效模式和后果、特征(如高温、高压、腐蚀)。

④ 分析故障模式：相对设备的正常操作条件，考虑如果改变设备的正常操作条件后所有可能导致的故障情况。

⑤ 说明对发现的每个失效模式本身所在设备的直接后果以及对其他设备可能产生的后果，以及现有安全控制措施。

⑥ 进行风险评价。

⑦ 提出整改建议或控制措施。

表5-4 故障模式与影响分析(FMEA)记录表

部门/条线/单位： 区域/作业活动： 系统： 参考资料

分析人员： 审核人： 分析日期： 年 月 日 编码：

序号	标识符	说明/描述	故障模式	主要后果	现有安全控制措施	可能性(*L*)	严重性(*S*)	风险度(*R*)	建议整改/控制措施

注：$R=L\times S$。

表5-5 危害辨识方法的选择

设备、设施或作业活动	频率	使用方法
常规作业活动	定期	JHA
非常规作业活动	特定时间进行	JHA
设备、设施	定期	SCL
新、改、扩建及其他变更	特定时间进行	PHA
要害部位	定期进行	FMEA

348. 掌握危害的根源和性质

危害因素辨识要考虑以下问题：

(1) 存在什么危害因素(伤害源)；

(2) 谁(什么)会受到伤害；

(3) 伤害怎样发生。

评价人员应通过现场观察及所收集的资料，对所确定的评价对象，辨识尽可能多的实际的和潜在的危害因素，包括：

(1) 人的不安全行为：操作错误，忽视安全，忽视警告(如开动、关停机器时未给信号；违反设备的操作规程；操作失误；检修运行中的管线或设备时，未加盲板进行隔离；操作方法错误；忽视警告标志、警告信号；操作位置不当等)；造成安全装置失效(如未经批准，擅自更改安全阀定压值；擅自调整报警上下限值；擅自拆除连锁保护装置；擅自关闭声光报警；擅自关闭安全阀前后手动阀等)；使用不安全设备(如使用不牢固的设施或有缺陷的工具；在油气区使用不防爆的工具；随意乱用代用工具，比如用管钳代替阀门扳手等；用汽油、易挥发溶剂擦洗设备、衣物、工具及地面等；在油气区使用手机等不防爆的移动通讯工具等)；手代替工具操作；材料、工具等存放不当，可能发生坠落、坍塌、影响他人正常工作或堵塞消防通道等；冒险进入危险场所(如冒险进入受限空间；未经允许进入受限空间；在无安全防护措施的情况下接近泄漏处；进入危险场所不注意观望和辨听；听到报警后，不采取安全防护措施进入危险区域等)；攀、坐不安全位置，如平台护栏、吊车吊钩等处；在起吊物下作业、停留；机器运转时换油、修理、拆卸、调整、焊接等；打扫卫生、擦拭运转设备时擦转动部分；机器运转时揭开或拆掉防护装置等；有分散注意力行为(如工作时间进行与工作无关的事情；疲劳作业；健康状况异常，心理异常等)；忽视使用个人防护用品用具或使用不当；对易燃、易爆等危险物品处理错误(如随意排放油气、油品、酸碱、污水等；带油的抹布随意乱扔；将油物放入生活垃圾或建筑垃圾等)；不安全装束等(如在有旋转零部件的设备旁作业穿过肥大服装；操纵带有旋转零部件的设备时戴手套；穿易产生静电的服装进入油气区；穿带铁钉的鞋；长头发靠近转动设备等)；另外，在劳动过程中的危害因素一般还有精神紧张，特定时期劳动组织和作息制度不合理等。

(2) 物的不安全状态：防护、保险、信号等装置缺乏或有缺陷(无防护，包括无防护罩；无安全保险装置；无报警装置；无安全标志；无护栏或护栏损坏；未接地；绝缘不良；电扇无消音系统；噪声大；危房内作业；未安装防止“跑车”的挡车器或挡车栏。防护不当包括防护罩未在适当位置；防护装置调整不当；坑道掘进、隧道开凿支撑不当；防爆装置不当；采伐、集材作业安全距离不够；放炮作业隐蔽所有缺陷、电气装置带电裸露等)；设备、设施、工具、附件有缺陷(设计不当，包括结构不合安全要求，如，通道遮挡视线；制动装置有欠缺；安全间距不够；工件有锋利毛刺、毛边、设施上有锋利倒梭等。强度不够，包括机械强度不够、绝缘强度不够、起吊重物的绳索不合安全要求等。设备在非正常状态下运行，包括设备带病运转、超负荷运转。维修、调整不良，包括设备失修、地面不平、保养不当、设备失灵)；个人防护用品用具——防护服、手套、护目镜及面罩、呼吸器官护具、听力护具、安全带、安全帽、安全鞋等缺少或有缺陷等(无个人防护用品、用具等。所用的防护用品、用具不符合安全要求等)；生产(施工)场地环境不良等(照明光线不良，照度不足、作业场地烟雾弥漫视物不清、光线过强等。通风不良，无通风、通风系统效率低、风流短路、停电停风时放炮作业等。作业场所狭窄等。作业场地杂乱，包括工具、材料堆放不安全。采伐时，未开“安全道”、迎门树、坐殿树、搭挂树未作处理等。交通线路的配置不安全。操作程序设计或配置不安全。地面滑，地面有油或其他液体、冰雪覆盖地面、有其他易滑物。储存方法不安全。环境温度、湿度不当)。

（3）管理方面的缺陷：对物，含作业环境性能控制的缺陷（如设计、监测和不符合处置方面的缺陷）；对失误控制的缺陷（如教育、培训、指示、雇佣、行为监测方面的缺陷）；工艺过程、作业程序的缺陷（如工艺、技术错误或不当，没有作业程序或作业程序有错误）；用人单位的缺陷（如人事安排不合理、负担超限、没有必要的监督和联络、禁忌作业等）；对来自相关方，如供应商、承包商的风险管理缺陷（如合同签订、采购等活动中忽略了安全健康方面的要求）；违反安全人机工程原理（如使用的机器不适合人的生理或心理特点）；此外，一些客观因素，如温度、湿度、风雨雪、照明、视野、噪声、振动、通风换气、色彩等也会引起设备故障或人员失误，是导致危害因素和能量失控的间接因素。

349. 掌握危害的风险度的等级划分

结合危害因素导致事故、事件的可能性（L）及后果的严重性（S），确定其风险的大小，确认是否是可容许风险。

危害的风险度（$R=L\times S$）分为三个等级：

（1）轻微的（$R=1\sim9$）

（2）中等的（$R=10\sim19$）

（3）重大的（$R=20\sim25$）

表 5－6 风险评价表

L \ S	1	2	3	4	5
1	1	2	3	4	5
2	2	4	6	8	10
3	3	6	9	12	15
4	4	8	12	16	20
5	5	10	15	20	25

对重大风险危害因素进行汇总，并编制重大风险危害因素清单。

表 5－7 重大风险危害因素清单

部门/条线/单位： 负责人： 编码：

序号	危害因素	后果、影响	设备、设施及活动	改进措施	评估负责人	分析记录表编码

350. 掌握风险控制措施及确定原则

制定风险控制措施的依据：风险度（R）的大小。

表5-8 风险控制措施

风险程度	控制措施
轻微的	维持现状，保持记录
中等的	确定治理目标、明确治理时间、制订体系文件等控制措施、加强培训及沟通
重大的	采取紧急措施降低风险，必要时停止作业；制定目标、指标、管理方案，限期采取隐患治理措施；制定体系文件；定期检查、测量及评估；对改进措施进行评估

选择风险控制措施的原则：

（1）可行性、可靠性；

（2）先进性、安全性；

（3）经济合理性；

（4）技术保证和服务。

351. 了解更新危害和风险信息的必要条件

在下列情形下危害和风险信息应及时更新：

（1）新颁布或变更法律法规和其他要求；

（2）改变操作或工艺；

（3）新、改、扩建工程；

（4）对因事故、事件或其他来源的新认识。

（5）如果没有以上所描述的变化，也应至少一年内进行一次评审或检查危害辨识结果。且当进行基建、生产日常运行中各种操作、开停工、检维修作业、变更等非常规作业活动前均应进行危害识别、风险评价。

352. 掌握环境、环境因素、环境影响的含义

环境是指组织运行活动的外部存在，包括空气、水、土地、自然资源、植物、动物、人以及它们之间的相互关系。

环境因素是指一个组织的活动、产品和服务中能与环境发生相互作用的要素。

环境影响是指全部或部分地由组织的环境因素造成的任何有害或有益的变化。

353. 掌握识别环境因素时应注重的问题

（1）从组织的活动、产品和服务中识别环境因素。

（2）识别环境因素应包括可控制和希望施加影响的，体现生命周期思想。

（3）识别环境因素应注重考虑不同的时态、状态和类型。

① 三种时态：过去、现在和将来。组织在对现有的污染及环境问题进行充分考虑的同时，也要看到以往遗留的环境问题，这些问题可能仍在产生环境影响；此外，还需要注意到计划中的活动在将来可能产生的环境因素、产品出去后可能带来的环境影响等。

② 三种状态：正常、异常和紧急。如一座储罐，平时(正常状态)的环境因素问题主要是阀门的维护和保养中的少量的泄漏等，但检修(异常状态)时可能有油气释放出来，储罐底部还有残液，更换部件也会造成液体流出。紧急状态如发生爆炸、意外事故等情况，后果难以估计。针对上述不同的环境因素，管理要求也应有所不同。

③ 八个方面：水、气、声、渣是较为普遍的环境问题，各国环境法律、法规与标准中也较多地涉及这几方面，除此之外还应包括资源的利用、土壤污染、植被破坏、物资大小及

颜色等方面。

——大气排放：涉及的点源排放和无组织排放的各类污染因子等。

——水体排放：生活废水与工业废水各类污染因子的产生与排放，对天然水体的污染与破坏等。

——废物管理：工业废物，特别是危险和有害废物的产生、堆放与处理；生活、办公废物的产生与排出。

——土壤污染：各种化学物资、有害废物等对土壤的污染，污染物质的积累和进一步扩散等；土地的占用和景观的破坏。

——能源和资源的使用：能源、原材料物资的使用、消耗和浪费。

——社区问题：如噪声、绿化等。

——植被破坏：如土地占用等。

上述几种类型并不能包含所有环境问题，对于特种行业的特殊环境问题在组织运动时也要进行专门的考虑。环境因素不仅仅与环境污染密切相关，还与全部社会生产、社会消费紧密联结在一起。应避免仅从污染源的角度去考虑识别环境因素，而导致因素识别不全。

354. 掌握识别环境因素的常用方法

识别环境因素的常用方法有过程分析法、产品生命周期分析法、工艺流程分析（物料衡算）、问卷调查、专家咨询、现场观察和面谈、头脑风暴、查阅文件及记录、测量、水平对比、纵向对比等。重点介绍前四种：

（1）过程分析法：它是产品生命周期、物料衡算、现场调查、头脑风暴等方法的结合物，是一种相对较好的值得推广的方法。其基本过程如下：

① 按产品生命周期法的思路和生产工艺物料衡算原理，把组织运行活动及对应的职能部门进行排序。

② 对每一职能部门及其运行活动按顺序做进一步的过程细分。

③ 通过现场观察、头脑风暴、专家咨询、工艺分析等方法识别确定每一细分过程中存在的环境因素。

④ 明确每一环境因素对应环境影响。

⑤ 为管理环境因素信息（记录）的方便，对大中型组织可将具有相同过程和相同环境因素的有关信息进行合并，但以不丢失特征为前提。

（2）产品生命周期分析法：它采用对环境更为友善的材料和方法，改进产品的设计，改造产品生产工艺、流程，改变产品消费习惯，从而实现对产品整个生命过程的环境负荷的改善。

产品生命周期分析最简单方法是生命周期矩阵。其纵列为产品生命周期的各个阶段，横列是可能存在的环境问题。可由专业技术人员填写每一阶段的各类环境问题。

生命周期分析矩阵是根据组织的性质和规模设计的，不同的组织其矩阵形式与内容有很大差别。组织可根据自身特点专门设计生命周期分析矩阵。

（3）工艺流程分析（物料衡算）：它是对工艺流程的每一操作单元，进行物料平稳和能源计算，从而分析物料毒性及生产管理情况，追溯到确切的污染源。

（4）问卷调查：它是利用事先设计好的问卷，通过与人员交谈，来获取环境因素信息。问卷的内容应尽量覆盖组织活动、产品服务以及上、下游相关环境问题的所有环境因素。

355. 掌握环境因素评价的常见方法

对于不同的组织，由于各自环境现状、所在地域环境和社会条件、适用的法律、组织自身的环境价值观，甚至经济和技术条件等主观因素的不同，应选择适用于自身的评价方法。常见的评价方法如下：

（1）专家判断法：利用专家的知识和经验进行分析判断。

（2）跟踪环境影响：从发现的环境影响跟踪查出环境因素。

（3）是非判断法：对可用是与非做直接判断的方法，如违反法律法规或其它要求的环境行为，可直接判断为环境因素。

（4）排放量对比法。

（5）水平对比法：同类行业、同类部门间水平的对比。

（6）纵向对比法：自我历史的对比。

（7）相关方投诉或要求。

（8）频率对比法：环境排放的频率对比。

（9）等标污染负荷法：排放浓度与标准规定值的对比。

（10）权重法。

第六章 未遂事故管理

356. 掌握未遂事故的定义

未遂事故是指发生损害企业、员工和公众利益的事故的条件已经具备，或虽然已发生但未造成财产损失、人身伤亡等重大影响的事故。未遂事故包括所有可能危及企业经营、财产、人身安全、设备设施以及环境保护、企业形象等方面的事故。

357. 熟悉未遂事故的基本分类

未遂事故可分为设施设备问题、防火灭火问题、防意外伤害问题、防抢防盗问题、防交通事故问题、防油品溢漏问题、防工作疏忽问题、涉及第三方问题。

358. 了解未遂事故管理工作原则

（1）预防为主、持续改进。HSE 管理和企业形象维护工作应常年不懈，防患于未然，通过未遂事故报告与解决，进一步提升 HSE 管理水平。

（2）全员参与、齐抓共管。充分发挥各级员工的主观能动性，形成职能部门分工明确、齐抓共管、反应灵敏、及时处理的高效 HSE 管理机制。

（3）实事求是、逐级上报。各级员工应从企业利益、员工利益和公众利益出发，坚持实事求是，及时将所发现的问题或隐患上报给主管或主管部门，避免事态进一步恶化、减少危害与损失。

359. 掌握未遂事故报告的构成要素

（1）事故情况简述。

（2）即时采取的措施。

（3）解决建议。

（4）处理意见。

（5）事后措施及跟踪情况。

（6）其他相应报告情况。

360. 熟悉未遂事故信息上报的分级管理模式

未遂事故信息上报实行全员参与，自下而上的分级管理模式。即：报告撰写人——→加油站/油库班组——→(零售片区 ME)——→分公司零售管理部/油库——→分公司安全数质量科——→区域分公司安委会——→省公司安全数质量处。

361. 熟悉未遂事故答复的原则及分级管理模式

未遂事故答复原则：快速反应、规范动作、分工负责、协调配合、积极处置。

未遂事故答复按照自上而下的分级管理模式分别给予答复。即：省公司安委会——→安全数质量处——→区域分公司安委会——→分公司安全数质量科——→分公司零售管理部/油库——→(零售片区 ME)——→加油站/油库班组——→报告撰写人。

362. 熟悉未遂事故报告的分级共享方式

（1）每一级必须向本级范围内所有员工公告，以示警惕，并及时做好预防工作。

（2）通过分析汇总，整理出各类未遂事故报告的类型，确定是否要将报告在特定范围内进行共享。

（3）有的未遂事故只要在油库或加油站范围内共享，有的未遂事故报告需要在区域分公司甚至省公司范围内进行共享。

363. 熟悉未遂事故报告、处理工作的检查、评估要求

省公司将定期（或不定期）检查各分公司和专业条线未遂事故上报制度的贯彻落实工作。各级督查组织要将办法的制订和公布情况、宣传教育工作、报告及处理情况等列入督查内容，特别是要将因未遂事故上报和处理工作不到位，导致事实事故发生的情况作为重点督查内容。

各分公司和专业条线必须定期（或不定期）对未遂事故报告和处理工作开展情况进行评估，每月对未遂事故案例和解决建议的质量进行评审。

第七章 HSE观察

364. 掌握HSE观察的含义

HSE观察是指员工在日常工作中有意识地关注人员行为、环境及设施，对安全的行为进行鼓励，发现可能导致事故的不安全状态和不安全行为，进行阻止或处理。

365. 掌握员工HSE观察职责

企业的各级领导、管理人员和岗位员工均应参与HSE观察，鼓励同岗位员工、同一施工项目或同一任务员工之间的相互观察。

366. 熟悉企业HSE管理部门HSE观察职责

负责本企业HSE观察的实施指导，负责分析企业领导和管理人员填写的HSE观察卡，每月编制HSE观察报告，审核、评估HSE观察实施情况，提出改进措施和建议，并向本企业HES管委会汇报。

367. 熟悉企业所属二级单位HSE管理部门HSE观察职责

负责本单位HSE观察的实施指导，负责分析本单位领导和管理人员填写的HSE观察卡，负责本单位HSE观察实施情况的审核、验证和评估，负责编制本单位的HSE观察月报，向本单位的HSE管委会汇报，并报上一级HSE管理部门。

368. 熟悉基层单位的安全工程师或安全技术管理人员HSE观察职责

负责审核、分析、汇总和统计本单位的HSE观察卡，编制本单位的HSE观察月报，并报上一级HSE管理部门。

369. 掌握HSE观察计划要求

企业各级HSE管理部门负责制定HSE观察计划。各级领导HSE观察的实施可结合要害部位领导干部定点联系活动共同开展。

各企业可根据实际情况适当增加HSE观察频次，但不应低于以下要求：

（1）企业级领导和管理人员，每季不少于1次；

（2）二级单位领导和管理人员，每月不少于1次；

（3）基层单位领导、管理人员，基层班（队）长每月不少于1次，岗位员工可以班组为单位，开展组内作业HSE观察。

370. 掌握HSE观察范围

HSE观察的范围包括生产区域、生产辅助区域及办公区域。生产区域是HSE观察的重点区域，实施HSE观察时，应重点关注生产区域内的各种作业活动：

（1）设备设施的日常操作；

（2）油品接卸、发油或加油作业；

（3）危险化学品的装卸、使用及处置；

（4）现场施工作业或检维修作业；

（5）与直接作业环节相关的作业，如临时用电作业、用火作业、进入受限空间作业、高处作业、破土作业、起重作业；

（6）其他作业。

371. 掌握 HSE 观察方法及内容

各级员工在实施 HSE 观察时，应采用现场观察和沟通相结合的方法，人的不安全行为、物的不安全状态、未遂事件及值得推荐的安全行为均纳入 HSE 观察内容。

（1）确定观察区域。重点是生产区域内的各项作业活动，实施观察人员应熟悉、了解所观察区域内的环境和作业活动。

（2）实施观察。现场观察期间，应重点关注作业人员，作业环境、工具和设备等方面的内容。如发现员工的不安全行为，应以诚恳态度立即阻止该员工的作业，并与作业员工进行交谈，找出不安全行为的根本原因，采取相应的控制措施或提出改进措施建议。

（3）记录观察结果。观察结束后，应将观察到的实际内容记录在 HSE 观察卡中。

372. 熟悉 HSE 观察月报和考评要求

HSE 月报采用统一格式，主要内容包括 HSE 观察实施情况综述、问题的分析处理情况、改进建议和措施及 HSE 观察卡统计表。

各企业 HSE 管理部门应于每月 10 日前，通过中国石化 HSE 管理系统向股份公司安全环保部上报本企业 HSE 观察月报。

各企业 HSE 管理部门应根据 HSE 观察实施情况，对本企业的 HSE 观察工作执行情况进行考评。

第八章　机械、电气安全技术

一、机械安全技术

373. 熟悉常用机械的主要危险部位、安全防护装置及其要求

主要危险部位：

（1）旋转部件和成切线运动部件间的咬合处。

（2）旋转的轴，包括连接器、心轴、卡盘、丝杠和杆等。

（3）旋转的凸块和孔处。

（4）对向旋转部件的咬合处。

（5）旋转部件和固定部件的咬合处。

（6）接近类型。

（7）通过类型。

（8）单向滑动部件。

（9）旋转部件与滑动之间的危险。

安全防护装置及其要求：机床上常见的传动机构有齿轮传动机构、皮带转动机构、联轴器等。这些机构高速旋转着，人体某一部位有可能被带进去而造成不幸事故，因而有必要把转动机构危险部位加以防护，以保护操作者安全。安全防护装置的一般要求：

（1）安全防护装置应结构简单、布局合理，无锐利的边缘和突缘。

（2）安全防护装置应具有足够的可靠性，有足够的强度、刚度、稳定性、耐腐蚀性、抗疲劳性，以确保安全。

（3）与设备运转连锁。保证安全防护装置未起作用前，设备不能运转；安全防护罩屏、栏材料及其至运转部件的距离，应符合 GB/T 8196—2003 的规定。

（4）光电式、感应式等安全防护装置应设置自身出现故障的报警装置。

（5）紧急停车开关应保证瞬时动作时能终止设备的一切运动。对有惯性运动的设备，紧急停车开关应与制动器或离合连锁，以保证迅速终止运行。

（6）紧急停车开关的形式应区别于一般开关，颜色为红色。

（7）紧急停车开关的布置应保证操作人员易于触及，且不发生危险。

（8）设备由紧急停车开关停止运动后，必须按启动顺序重新启动才能重新运转。

374. 掌握机械伤害的主要类型、原因分析和预防措施

主要类型：

物体打击、车辆伤害、机械伤害、起重伤害、触电、灼烫、火灾、高处坠落、坍塌、火药爆炸、化学性爆炸、物理性爆炸、中毒和窒息、其他伤害。

原因分析：

（1）机械性伤害：车、钳、挤、压、碰、擦、弹、刮、碾等伤害。

（2）非机械性伤害：电气、化学、高低温、高压、噪声、振动、辐射等。

（3）软件引起的危害：计算机控制、信息失真、环境变化、操作者失误等。

预防措施：

（1）实现机械安全。采取本质安全的机械设计及采用安全防护措施，从安全根源抓起。

① 本质安全及其本质安全化，消除产生危险的原因。

② 减少或消除接触机器危险部件的次数。

③ 定位安全保护、距离保护，使人们难以接近机器的危险部位。

④ 提供保护装置或者个人防护装备。

（2）保护操作者和有关人员安全。从安全管理和提高人的安全技能、安全意识入手。

① 通过培训，提高人们辨识危险的能力。

② 改进机械设计，使危险部位更加醒目（或使用警示标志）。

③ 通过培训，提高避免伤害的能力。

④ 采取必要的行动增强避免伤害的自觉性。

375. 掌握通用安全设施、安全装置和安全防护罩、网的技术要求

设计安全设施、安全装置考虑的因素：设计安全装置时，要把人的因素考虑在内。疲劳是导致事故的一个重要因素，设计者要考虑以下几个因素，使人的疲劳降低到最小的程度。

（1）正确地布置各种的控制操作装置。

（2）正确地选择工作平台的位置及高度。

（3）提供舒适座椅（人机安全工程学原理）。

（4）出入作业地点要方便。

机械设备安全防护罩的技术要求：

（1）只要操作工可能触及到的部件，在防护罩闭合前，活动部件就不能运转。

（2）采用固定防护罩时，操作工触及不到运转中的活动部件。

（3）防护罩与活动部件间有足够的间隙，避免防护罩和活动部件间的任何接触。

（4）防护罩应牢固地固定在设备或基础上，拆卸、调节时必须使用工具。

（5）开启式防护罩打开时或一部分失灵时，应使用活动部件不能运转或运转中的部件停止运动。

（6）使用的防护罩不允许给生产场所带来新的危险。

（7）不影响操作，在正常操作或维护保养时不需拆卸防护罩。

（8）防护罩必须坚固牢靠，以避免与活动部件接触造成损坏和工件飞脱造成的伤害。

（9）一般防护罩不准脚踏和站立，必须做平台或阶梯时，应能承受1500牛顿的垂直力，并采取防滑措施。

机械设备安全防护网的技术要求：

（1）防护罩应尽量采用封闭结构。

（2）当现场需要采用网状结构时，应满足GB/T 8196—2003对不同网眼开口尺寸的安全距离（防护罩外缘与危险区域——人体进入后，可能引起致伤危险的空间区域）间的直线距离的规定。

二、电气安全技术

376. 了解电气事故种类

（1）触电事故：是指由电流及其转换成的其他形式的能量造成的事故。触电事故分为电击和电伤。

① 电击是指电流直接作用于人体所造成的伤害。电击分为直接接触电击和间接接触电击。前者是触及正常状态下带电的带电体时发生的电击，也称为正常状态下的电击；后者是触及正常状态下不带电，而在故障状态下意外带电的带电体时发生的电击，也称为故障状态下的电击。

② 电伤是指电流转换成热能、机械能等其他形式的能量作用于人体造成的伤害。通常所说的触电指的是电击。电击分为电弧烧伤、电流灼伤、皮肤金属化、电烙印、机械性损伤、电光眼等伤害。电弧烧伤是由电弧光放电造成的烧伤，是最危险的电伤。电弧温度高达8000℃，可造成大面积、大深度的烧伤，甚至烧焦、烧毁四肢及其他部位。

（2）雷击事故：是指由自然界中相对静止的正、负电荷形式的能量造成的事故。

（3）静电事故：是指工艺过程中或人们活动中产生的，相对静止的正、负电荷形式的能量造成的事故。

（4）电磁辐射危害：是指电磁波形式的能量辐射造成的危害。

（5）电气装置故障及事故：是指异常停电、异常带电、电气设备损坏、电气线路损坏、短路、断线、接地、电气火灾等。

377. 了解异常停电、异常带电

异常停电：是指在正常生产过程中供电突然中断。这种情况会使生产过程陷入混乱，造成经济损失。在有些情况下，还会造成事故和人员伤亡。

异常带电：是指在正常情况下不应当带电的生产设施或其中的部分意外带电。异常带电容易导致人员受到伤害。

378. 了解触电事故预防技术

触电事故预防技术分为直接接触电击预防技术和间接接触电击预防技术。

直接接触电击预防技术分为绝缘、屏护、间距：

（1）绝缘就是用绝缘物把带电体封闭起来。

（2）屏护是采用遮栏、护罩、护盖、箱闸等将带电体同外界隔绝开来。

（3）间距是将可能触及的带电体置于可能触及的范围之外。

间接接触电击预防技术分为IT系统（保护接地）、TT系统、TN系统（保护接零）：

（1）IT系统（保护接地）：是指电源与地绝缘或通过阻抗接地，而装置的外露导电部分

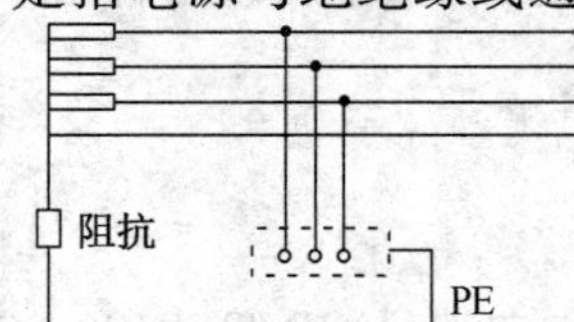

图8－1 IT系统

直接接地的系统。其中 I 表示配电网不接地；T 表示电气设备金属外壳接地。

（2）TT 系统：是指电源有一点（通常是中性点）直接接地，装置的外露导电部分接至电气上与电源地点无关的接地极的系统。其中 T 表示三相四线配电网的中性点接地，相电压 220V/线电压 380V，前者用于照明，后者为动力用电。用于接地配电网。其中第一个 T 表示配电网直接接地，第二个 T 表示电气设备外壳接地。

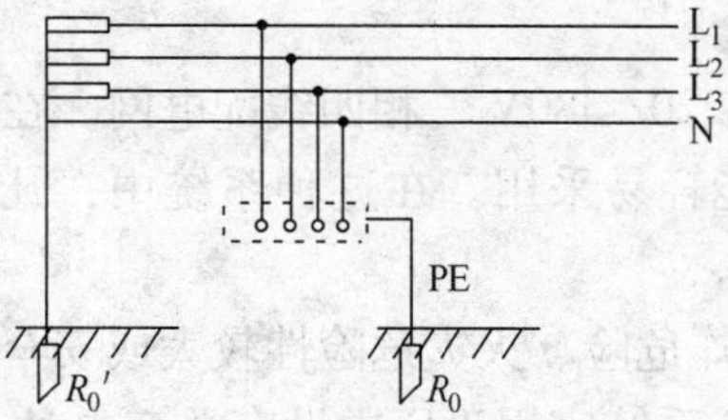

图 8－2　TT 系统

（3）TN 系统（保护接零）：是指电源有一点（通常是中性点）直接接地，负荷侧的电气装置的外露导电部分通过保护线（即 PE 线包括 PEN 线）与该接地点连接的系统。其中 N 表示电气设备在正常情况下不带电的金属部分与配电网中性点之间，亦即与保护接零线之间紧密连接。

TN 系统分为 TN—S、TN—C—S、TN—C 三种方式。

TN—S 系统的保护零线是与工作零线完全分开的。

TN—C—S 系统干线部分的前一部分保护零线是与工作零线共用的。

TN—C 系统的干线部分保护零线是与工作零线完全共用的。

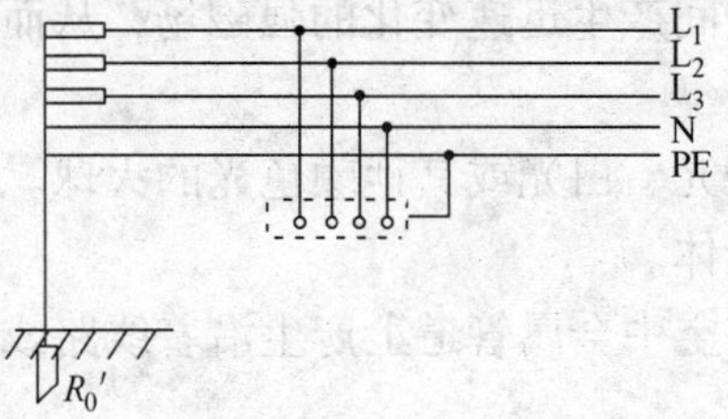

图 8－3　TN—S 系统

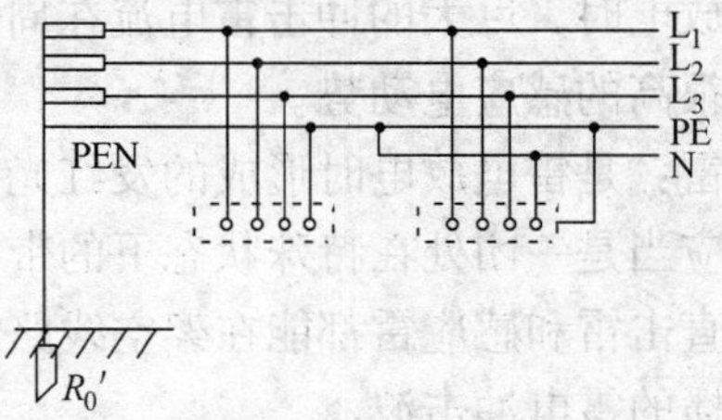

图 8－4　TN—C—S 系统

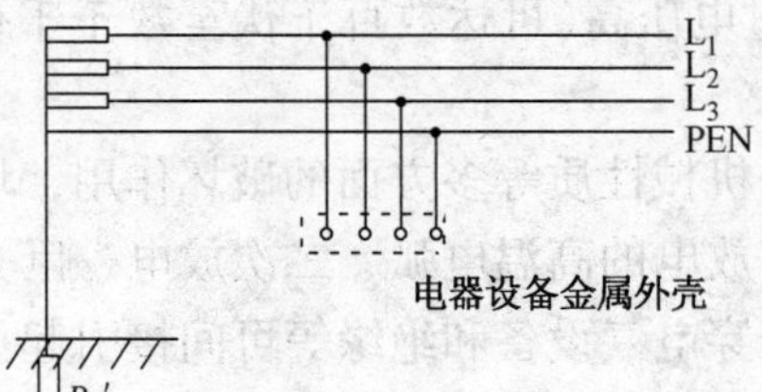

图 8－5　TN—C 系统

379. 熟悉保护接地、保护接零的适用范围

（1）保护接地：

① 适用于各种不接地配电网，包括交流不接地配电网和直流不接地配电网，也包括低压不接地配电网和高压不接地配电网。在这类配电网中，凡由于绝缘损坏或其他原因而可能

呈现危险电压的金属部分，除另有规定外，均应接地。

② 电气设备的某些金属部分。

③ 接地电阻的确定。保护接地的基本原理是限制漏电设备外壳对地电压在安全限值 U_L 以内，即漏电设备对地电压 $U_E = I_E R_E \leqslant U_L$。各种保护接地的接地电阻就是根据这个原则来确定的。

（2）保护接零：

适用于中性点直接接地的 220/ 380V 三相四线配电网。在这种配电网中，接地保护方式（TT 系统）难以保证安全，不能轻易采用。在这种系统中，凡因绝缘损坏而可能呈现危险，对地电压的金属部分均应接零。

TN—S 系统可以用于有爆炸危险、火灾危险性较大或安全要求较高的场所，宜用于独立附设变电站的车间。TN—C—S 系统宜用于厂内设有总变电站，厂内低压配电的场所及民用楼房。TN—C 系统可用于无爆炸的危险、火灾危险性不大、用电设备较少、用电线路简单且安全条件较好的场所。

为实现保护接零要求，可以采用一般过电流保护装置或剩余电流保护装置。

380. 了解雷电的种类及危害

雷电分为直击雷、感应雷、球雷。

（1）直击雷：是带电积云接近地面至一定程度时，与地面目标之间的强烈放电。

（2）感应雷：亦称作雷电感应。分为静电感应雷和电磁感应雷。静电感应雷是由于带电雷积云在架空线路导线或其他高大导体上感应出大量电荷，在带电积云与其他客体放电后，感应电荷失去束缚，以大电流、高电压冲击波的形式，沿线路导线或导体传播。电磁感应雷是由于雷电放电时，巨大的冲击雷电流在周围空间产生迅速变化的强磁场，从而在邻近的导体上产生的很高的感应电动势。

（3）球雷：是雷电放电时形成的发红光、橙光、白光或其他颜色光的火球。从电学角度考虑，球雷应当是一团处在特殊状态下的带电气体。

此外，直击雷和感应雷都能在架空线路或在空中金属管道上产生沿着线路或管道的两个方向迅速传播的雷电冲击波。

雷电危害：雷电具有雷电流幅值大（可达数十千安至数百千安）、雷电流陡度大（可达 50kA/μs）、冲击性强、冲击过电压高（可达数百千伏至数千千伏）的特点。其特点与其破坏性有紧密的关系。

雷电有电性质、热性质、机械性质等多方面的破坏作用，均可能带来极为严重的后果。

（1）火灾和爆炸。直接雷放电的高温电弧、二次放电、巨大的雷电流、球雷侵入可直接引起火灾和爆炸，冲击电压击穿电气设备和绝缘等可间接引起火灾和爆炸。

（2）触电。积云直接对人体放电、二次放电、球雷打击、雷电流产生的接触电压和跨步电压可直接使人触电；电气设备绝缘因雷击而损坏，也可以使人遭到电击。

（3）设备和设施毁坏。雷击产生的高电压、大电流伴随的汽化力、静电力、电磁力可毁坏重要电气装置和建筑物及其他设施。

（4）大规模停电。电力设备或电力线路破坏后可能导致大规模停电。

381. 掌握防雷装置的类型、作用及人身防雷措施

防直击雷可使用避雷针、避雷线、避雷网、避雷带。其作用：

(1) 避雷针主要用来保护露天发电、变配电装置和建筑物。其保护范围用滚动球法计算。

(2) 避雷线对电力线路等较长的保护物最为适用。

(3) 避雷网、避雷带主要用来保护建筑物。

防静电感应雷，应将建筑物内不带电的金属装备、金属结构连成整体并接地。防电磁感应雷，应将平行管道、相距不足 100mm 的管道用金属线跨接起来。其作用：保护有爆炸和火灾危险的建筑物、重要的电力设施。

防雷电冲击波可在线路引入端安装阀型避雷器。其作用：保护变配电装置。

人身防雷措施：

雷暴时，应尽量减少户外或野外逗留；在户外或野外最好穿塑料等不浸水的雨衣；如有条件，可进入有宽大金属构架或有防雷设施的建筑物、汽车或船只。应尽量离开小山、小丘、隆起的小道，尽量离开海滨、湖滨、河边、池塘旁，尽量避开铁丝网、金属晒衣绳以及旗杆、烟囱、宝塔、孤独的树木附近，还应尽量离开没有防雷保护的小建筑物或其他设施。在户内应离开照明线、动力线、电话线、广播线、收音机和电视机电源线、收音机和电视机天线，以及与它们相连接的各种金属设备。雷雨天气，注意关闭门窗。

382. 了解静电特性及危害

特性：静电电压高、泄漏慢、影响因素多。

危害：引起爆炸、火灾和电击，妨碍生产。

383. 掌握防静电措施

(1) 环境危险程度控制；

(2) 工艺控制；

(3) 接地；

(4) 增湿；

(5) 抗静电添加剂；

(6) 静电中和器；

(7) 加强静电安全管理。

384. 了解变配电站危险点及安全技术要求

危险点：变配电站是企业的动力枢纽。变配电站装有变压器、互感器、避雷器、电力电容器、高低压开关、高低压母线、电缆等多种高低压设备。变电站发生事故，不仅使整个生产活动不能正常进行，还可能导致火灾和人身伤亡事故。

安全技术要求：分为变配电站、主要变配电设备、电气线路、配电柜(箱)安全技术。

(1) 变配电站

① 变配电站位置：应符合供电、建筑、安全的基本原则，避开易燃易爆环境，宜设在企业的上风侧，不得设在容易沉积粉尘和纤维的环境，不能设在人员密集场所。地势低洼处不宜建变电站。

② 建筑结构：应为耐火建筑。蓄电池室应隔离。各间隔的门向外开启，应非燃烧体或难燃烧体材料制作的实体门。长度超过 7m 的高压配电室和长度超过 10m 的低压配电室至少应有 2 个门。室内油量 600kg 以上的充油设备必须有事故蓄油设施。储油坑能容纳 100%

的油。

③ 间距、屏护和隔离：符合专业标准，保持规定的防火距离。室内充油设备容量不同，间隔要求不同。

④ 通道：高压配电装置长度大于6m，通道应设两个出口，低压配电装置两个出口间距超过15 m，应增加出口。

⑤ 通风、封堵：蓄电池室、变压器室、电力电容室应有良好通风。门窗及孔洞应设置网孔小于10mm×10mm的金属网，防止小动物钻入；通向站外的孔洞、沟道应予以封堵。

⑥ 标志：重要部位应设有“止步、高压危险!”等标志。

⑦ 连锁装置：断路器与隔离开关操动机构之间、电力电容的开关与其放电负荷之间应装有可靠的联锁装置。

⑧ 电气设备正常运行：仪表指示正常；连接点无松动、过热现象；瓷绝缘不得掉瓷、不得有裂纹和放电痕迹并保持清洁；充油设备不得漏油、渗油。

⑨ 安全用具和灭火器材。

⑩ 技术资料、管理制度：高低压系统图、电缆布线图、二次回路接线图、试验记录、运行记录等。工作票制度、操作票制度、工作许可制度、工作监护制度、巡视制度等。

（2）主要变配电设备

① 电力变压器：分为油浸式和干式变压器。

② 电力电容器。

③ 高压开关：包括高压断路器、高压负荷开关和高压隔离开关。

（3）电气线路

① 架空线路。

② 电缆线路。

（4）配电柜(箱)

① 配电柜(箱)安装

配电柜(箱)应用不可燃材料制作；触电危险性小的生产场所和办公室，可安装开启式的配电板；触电危险性大或作业环境较差的场所应安装封闭式箱柜；有导电粉尘或产生易燃易爆气体的危险作业场所，必须安装密闭式或防爆型的电气设施；配电柜(箱)各电气元件、仪表、开关和线路应排列整齐，安装牢固，操作方便，柜(箱)内应无积尘、积水和杂物；落地安装的柜(箱)底面应高出地面50~100mm，操作手柄中心高度一般为1.2~1.5m，柜(箱)前方0.8~1.2 m的范围内无障碍物；保护线连接可靠；柜(箱)以外不得有裸带电体外露，必须装设在柜(箱)外表面或配电板上的电气元件，必须有可靠的屏护。

② 配电柜(箱)运行

配电柜(箱)内各电气元件及线路应接触良好，连接可靠；不得有严重发热、烧损现象；配电柜(箱)门应完好；门锁应有专人保管。

385. 熟悉用电区域划分

用电区域按照对电气安全的不同要求划分为三个区域：

（1）爆炸危险区域——易燃油品和闪点低于或等于环境温度的可燃油品的生产作业区及其周围的有限空间。

（2）火灾危险区域——闪点高于环境温度的可燃油品生产作业区。

（3）一般用电区域——除上述两个区域以外的其他区域。

386. 熟悉爆炸危险区域等级划分

我国国家标准《爆炸和火灾危险环境电力装置设计规范》（GB 50058—92）将爆炸性气体环境危险区域划分为 0 区、1 区和 2 区。

（1）0 区：指连续出现或长期出现爆炸性气体混合物的环境。

（2）1 区：指在正常运行时可能出现爆炸性气体混合物的环境。

（3）2 区：指在正常运行时不可能出现爆炸性气体混合物的环境，或即使出现也仅是短时存在的爆炸性气体混合物的环境。

在这里正常运行是指正常开车、运转、停车、易燃物质产品的装卸、密闭容器盖的开闭、安全阀、排放阀等以及设备在其设计参数范围内工作的状态。

387. 熟悉火灾危险区域等级划分

我国国家标准《爆炸和火灾危险环境电力装置设计规范》（GB 50058—92）将火灾危险区域可划分为 21 区、22 区、23 区。

（1）21 区：指具有闪点高于环境温度的可燃液体，在数量和配置上能引起火灾危险的环境。

（2）22 区：指具有悬浮状的可燃粉尘或可燃纤维，虽不可能形成爆炸性混合物，但在数量和配置上能引起火灾危险的环境。

（3）23 区：指具有固体状可燃物质，数量和装置上能引起火灾危险的环境。

油库、加油站一般将可燃液体设备、可燃液体（即乙 B 和丙类液体）油罐、桶装可燃液体库房和设置有可燃液体设备的房间划分为火灾危险区域。

388. 熟悉一般用电区域规定

除爆炸危险区域和火灾危险区域外的其他用电区域是一般用电区域。

389. 掌握储存易燃油品的立式固定顶油罐爆炸危险区域划分

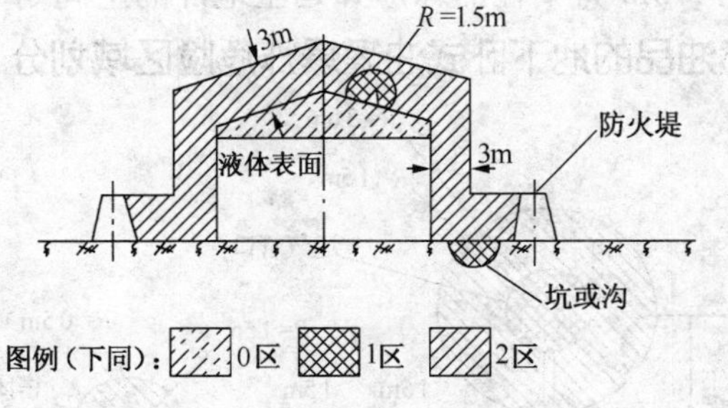

图 8－6　立式固定顶油罐爆炸危险区域划分图

（1）罐内部未充惰性气体的液体表面以上的空间划为 0 区。

（2）以放空（呼吸阀）为中心，半径 1.5m 的空间和爆炸危险区域内地下的坑、沟划为 1 区。

（3）距离储罐的外壁和顶部 3m 的范围内，及防火堤至储罐外壁，其高度为堤顶高度的范围内划为 2 区。

390. 掌握储存易燃油品的内浮顶油罐爆炸危险区域划分

（1）浮船的上部空间及以通气口为中心，半径为 1.5m 范围内的空间及防火堤内的坑、沟划为1区。

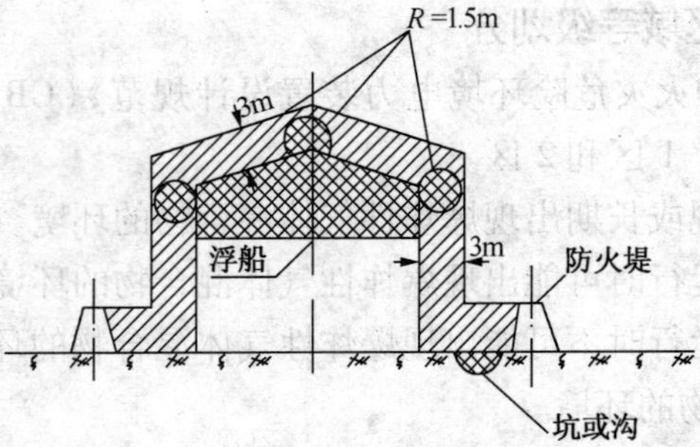

图8-7 内浮顶油罐爆炸危险区域划分图

(2) 距储罐的外壁和顶部3m范围内，及防火堤至储罐外壁其高度为防火堤堤顶高度的范围内划为2区。

391. 掌握装运易燃油品的火车、汽车油罐车卸油时爆炸危险区域划分

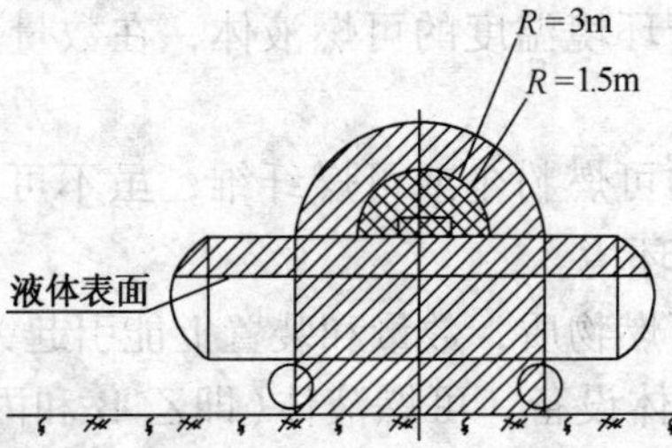

图8-8 火车、汽车油罐车卸油时爆炸危险区域划分图

(1) 罐内部未充惰性气体的液体表面以上的空间划为0区。

(2) 以通气口为中心，1.5m为半径的球形空间划为1区。

(3) 以通气口为中心，3m为半径的球形并延至地坪的空间划为2区。

392. 掌握储存易燃油品的地下卧式油罐爆炸危险区域划分

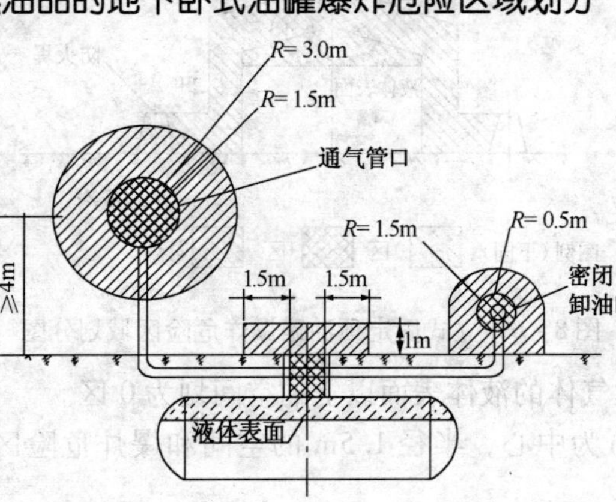

图8-9 地下卧式油罐爆炸危险区域划分图

(1) 罐内部未充惰性气体的液体表面以上的空间划为0区。

(2) 阀井内部空间、以呼吸管口为中心、半径为1.5m的球形空间，及以密闭卸油口为

中心，半径 0.5m 的球形空间划为 1 区。

（3）距阀井外边缘 1.5m 为边界，距地坪 1m 为高度的圆柱体空间，以呼吸管口为中心、半径为 3m 的球形空间，及以密闭卸油口为中心、半径为 1.5m 的球形空间并延至地坪划为 2 区。

393. 掌握汽油加油机爆炸危险区域划分

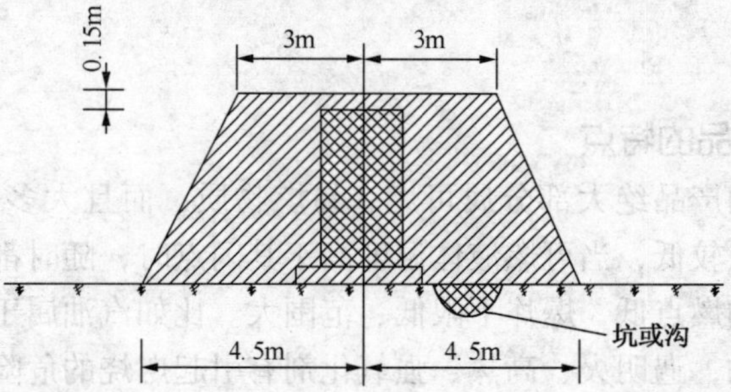

图 8－10　汽油加油机爆炸危险区域划分

（1）加油机壳体内部空间，危险区域内地坪以下的坑或沟划为 1 区。

（2）以加油机中线为中心，上面半径为 3m，下面半径为 4.5m，高度为从地坪向上至加油机顶上 0.15m 的圆台形空间，划为 2 区。

394. 熟悉防爆电气设备类型

防爆电气设备按《爆炸性环境用防爆电气设备通用要求》(GB 3836.1) 规定有 7 种，即隔爆型(d)、增安型(e)、本安型(i)、正压型(p)、充油型(o)、充砂型(q)、浇封型(m)。

395. 熟悉防爆电气设备选用规定

根据危险区域的分区、电气设备的种类、防爆结构要求选用相应防爆设备。

0 区：选用本安型(ia 级)、其他特别为 0 区设计的电气设备(特殊型)。

1 区：选用适用于 0 区的防护类型、隔爆型、增安型、本安型(ib 级)、充油型、正压型、充砂型、其他特别为 1 区设计的电气设备(特殊型)。

2 区：选用适用于 0 区或 1 区的防护类型、无火花型。

396. 熟悉机械电气火灾事故发生的原因

（1）电气引燃源：①危险温度(短路、接触不良、严重过载、铁芯发热、散热失效、接地及漏电、机械故障、电压波动太大、电热器具和照明灯具的危险温度)。②电火花、电弧(工作电火花、事故电火花、电弧熔溅火源和渣物、雷电火花、静电火花、高频感应火花等)。

（2）非电气引燃源：①明火(吸烟、取暖器具、焊接与切割)。②高热物体及高温表面。③自燃发热及化学反应热。④冲击和摩擦。⑤绝热压缩。⑥光线(紫外线、红外线)。

397. 掌握防止机械电气火灾事故的措施

控制发热量、温度、可能产生的明火。

（1）从源头抓起：正确匹配导线规格，防止火灾的前提和基础。

（2）预防电气火灾的关键：合理的配线方式(按规范结合环境因素，安全处置)。

（3）预防电气火灾的重要保障：导线保护及安装时有防火保护处理措施。

（4）预防电气火灾的重要条件：特殊部位的线路布置、合理装设安全保护装置(过流、过压、接地、漏电等)。

第九章　防火防爆安全技术

398. 掌握石油产品的特点

易燃、易爆：石油产品绝大部分属可燃、易燃物质，而且大多数以气体或液体状态存在。其中许多产品闪点较低，当可燃液体温度高于其闪点时，随时都有被点燃的危险。液化气、各种油品的蒸气的燃点低，爆炸下限低、范围大。比如汽油属于易燃液体，其蒸气能与空气形成爆炸性混合物，遇明火、高热、强氧化剂有引起燃烧的危险，根据不同成分，其闪点－50～23℃，自燃点280～456℃，爆炸极限1.4%～7.6%。当操作失误或因设备问题发生泄漏，都有可能发生火灾爆炸事故。

易产生静电：大量试验资料证明，电阻率在$10^{12}\Omega\cdot cm$左右的物质最易产生静电。汽油、柴油等物质的电阻率都在$10^{12}\sim10^{15}\Omega\cdot cm$之间。在它们沿着管道流动与管壁摩擦，或在运输途中因受到震荡与车辆、船舶、罐壁冲击时，都会产生静电，而且因为电阻率高，导电性能差，产生的静电很能难散失。在一定的条件下，静电火花可作为点火源引发火灾和爆炸事故。

易蒸发：石油产品具有易蒸发的特性，如在较低的气温下，1kg汽油大约可以蒸发出$0.4m^3$的汽油蒸气。在常温下，煤油和柴油蒸发得慢一些，密度小的产品蒸发速度相对快些，闪点也较低，所以火灾危险性也较大。石油产品蒸发出来的蒸气，与空气相比，其相对密度较大，所以不易扩散，如果积聚在储存场所或作业场所的低洼处，例如地沟、电缆沟等，会增加火灾爆炸的危险性。

易流动扩散：凡液体都具有流动扩散的特性，液体的黏度影响着其流动扩散性强弱，当黏度低的石油产品发生泄漏时，因其流动扩散性强，会很快向四周流散，如遇明火极易发生爆炸事故。

399. 掌握石油产品火灾爆炸的特点

(1) 燃烧热量大，火焰温度高，破坏性强。(2)燃烧面积大，容易扩散，不易扑救。(3)泄漏和燃烧产生的有毒有害物质容易造成人员中毒。(4)容易引起二次着火、爆炸。(5)容易造成环境污染。

400. 了解燃烧和火灾的定义

燃烧是指可燃物与氧化剂作用发生的放热反应，它通常伴有火焰、发光和(或)发烟的现象。燃烧区的温度较高，使其中白炽的固体粒子和某些不稳定(或受激发)的中间物质分子内电子发生能级跃迁，从而发出各种波长的光；发光的气相燃烧区就是火焰，它的存在是燃烧过程最明显的标志；由于燃烧不完全等原因，会使产物中混有一些微小颗粒，这样就形成了烟。人们发现很多燃烧反应不是直接进行的，而是通过游离基团和原子这些中间产物在瞬间进行的循环链式反应。游离基的连锁反应是燃烧反应的实质。

火灾是失去控制蔓延而成的一种灾害性燃烧现象，它通常造成人或物的损失。

401. 掌握燃烧的条件和过程

燃烧的必要条件(燃烧三要素)：可燃物(还原剂)、助燃物(氧化剂)、点火源。

燃烧的充分条件：可燃气体或蒸气达到一定的浓度、可燃物燃烧所需要的最低含氧量、能引起可燃物燃烧的最小着火能量、燃烧的三个基本条件相互作用。

燃烧过程：火灾中气态可燃物通常为扩散燃烧(亦称稳定式燃烧)，即可燃物和氧气边混合边燃烧；液态可燃物(包括受热后先液化再燃烧的固态可燃物)通常先是蒸发为可燃蒸气，可燃蒸气与氧化剂再发生燃烧；固态可燃物先是通过热解等过程产生可燃气体，可燃气体与氧化剂再发生燃烧。

402. 熟悉火灾的分类(按燃料性质分类)及特点

火灾分类：

A 类火灾：是指固体物质火灾；

B 类火灾：是指液体火灾和可熔化的固体物质火灾；

C 类火灾：是指气体火灾；

D 类火灾：是指金属火灾。

火灾特点：火旋风(即旋转火焰，通常为垂直火旋风和水平火旋风，它的出现使得火蔓延速度和火强度大大增加)、建筑物火灾发展过程(初起期、发展期、最盛期和熄灭期)、轰燃(常见定义：室内火灾由局部火向大火转变，转变完成后，室内所有可燃物表面都开始燃烧；室内燃烧由燃料控制向通风控制转变，转变使得火灾由发展期进入最盛期；在室内顶棚下方积聚的未燃气体或蒸气突然着火而造成火焰迅速扩展)。

403. 了解闪点、燃点、自燃点、热分解温度、氧指数的定义

闪点：在规定的试验条件下，液体表面上能够产生闪燃的最低温度。

燃点：在规定的试验条件下，应用外部热源使物质表面起火并持续燃烧一定时间所需的最低温度。

自燃点：在规定的试验条件下，不用外部火花、火焰等火源，因受热或自身发热并蓄热产生自燃的最低温度。

热分解温度：可燃固体受热分解的初始温度。

氧指数：在规定条件下，刚好维持物质燃烧时的混合气体中最低氧含量的体积分数。

一般情况下闪点、燃点(自燃点)、热分解温度越低，氧指数越小，火灾危险性越大。

404. 了解燃烧速度、热释放速率的含义

燃烧速度由辐射热通量和对流热通量组成，而且二者的份额随着燃烧面积大小而变化。除了燃烧火焰不光亮的固体，在面积(直径大于 1m)的燃烧中，火焰向固体表面传热以辐射为主。

热释放速率跟标准状况下可燃物质完全燃烧释放的热量与固体分解热之比值关系十分密切。它能更好地反映稳定燃烧特性。但实际火灾中可燃物大多不会发生完全燃烧，燃烧热不符合火灾实际，且火灾中可燃物的组成变化很大，热值很不固定。因此，利用较实物小若干倍的小型实验取得相关性数据是最可靠也是最经济的办法。

405. 了解闪燃、阴燃、爆燃、自燃的表现形式

闪燃：在可燃液体上方，蒸气与空气的混合气体遇火发生一闪即灭的瞬间燃烧现象。发

生闪燃是因为其表面温度不高，蒸发速度小于燃烧速度，蒸气来不及补充，被烧掉蒸气仅能维持一瞬间的燃烧。

阴燃：没有可见光的缓慢燃烧，通常产生烟和伴有温度升高的现象。阴燃与有焰燃烧(进行发光的气相燃烧)的主要区别是无火焰，与无焰燃烧(物质处于固体状态而没有火焰的燃烧)的主要区别是能热分解出可燃气体。阴燃的温度较低，燃烧速度(单位时间内燃料的消耗量)也较低，不易被发现，但在一定条件下，可以转化为有火焰燃烧，是形成火灾的最大危险。

爆燃：伴随爆炸的燃烧波，以亚音速传播。

自燃：可燃物在没有外部火花、火焰等火源的作用下，因受热或自身发热并蓄热所产生的自然燃烧。自燃还可进一步分为化学自燃和热自燃。化学自燃是指不需要外界加热，而是在常温下依靠自身的化学反应放出的热量着火。如火柴受摩擦而着火、炸药受撞击而爆炸、金属钠在空气中的自燃、烟煤因堆积过高而自燃。热自燃是指将可燃物和氧化物的混合物预先均匀地加热，随着温度的升高，当混合物加热到某一温度时便会自动着火(这时着火发生在混合物的整个容积中)。

406. 了解火灾燃烧所需空气量的计算方法

空气需要量是指一定量可燃物完全燃烧时所需空气的质量或体积。

(1) 固体和液体可燃物的理论空气需要量

假设条件：对固体和液体可燃物，习惯上用质量分数表示其组成；燃烧反应按化学计量比计算；燃烧生成的产物为理想气体。

$$V_{0,\mathrm{air}} = V_{0,\mathrm{O_2}}/0.21 = 0.7/0.21 \times [8/3w(\mathrm{C}) + 8w(\mathrm{H}) + w(\mathrm{S}) - w(\mathrm{O})]$$

式中 $V_{0,\mathrm{air}}$——可燃物燃烧消耗的理论空气体积，m^3/kg；

$V_{0,\mathrm{O_2}}$——可燃物燃烧消耗的理论氧气体积，m^3/kg；

0.21——氧气在空气中的体积分数；

$w(\mathrm{C})$，$w(\mathrm{H})$，$w(\mathrm{S})$，$w(\mathrm{O})$——可燃物中碳、氢、硫、氧的质量分数,%。

(2) 可燃气体的理论空气需要量

假设条件：对气体可燃物，习惯上用体积分数表示其组成；燃烧反应按化学计量比进行。

$$V_{0,\mathrm{air}} = V_{0,\mathrm{O_2}}/0.21 = 4.76 \times [1/2\varphi(\mathrm{CO}) + 1/2\varphi(\mathrm{H_2}) + 3/2\varphi(\mathrm{H_2S}) + \Sigma(n + m/4)\varphi(\mathrm{C}_n\mathrm{H}_m) - \varphi(\mathrm{O_2})]$$

其中 $V_{0,\mathrm{air}}$——气态可燃物燃烧消耗的理论空气体积，m^3/m^3；

$V_{0,\mathrm{O_2}}$——可燃物燃烧消耗的理论氧气体积，m^3/m^3；

0.21——氧气在空气中的体积分数；

$\varphi(\mathrm{CO})$，$\varphi(\mathrm{H_2})$，$\varphi(\mathrm{H_2S})$，$\varphi(\mathrm{C}_n\mathrm{H}_m)$，$\varphi(\mathrm{O_2})$——气态可燃物中各相应组分的体积分数,%。

$\mathrm{C}_n\mathrm{H}_m$——碳氢化合物的通式，它可能是CH_4、C_2H_2、C_2H_4、C_3H_8等。

(3) 实际空气需要量

实际火灾的燃烧过程中，由于可燃物与空气混合或接触不是非常均匀或充分等原因，保证可燃物完全燃烧所需要的空气量要多于理论空气需要量。完全燃烧所消耗的实际空气量与

理论量之差，称为超量空气。实际空气量与理论量之比，称为空气消耗系数，用 α 表示，即

$$V_{\alpha,air} = \alpha V_{0,air}$$

α——气体可燃物为 1.02～1.2；液体可燃物为 1.1～1.3；固体可燃物为 1.3～1.7。

407. 了解火灾燃烧产物的体积、组成和密度的计算方法

由于燃烧而生成的气体、液体和固体物质，叫做燃烧产物。燃烧产物分为完全燃烧产物和不完全燃烧产物。所谓完全燃烧产物是指可燃物中 C 变成 CO_2(气)、H 变成 H_2O(气)、S 变成 SO_2(气)、N 变成 N_2(气)；而 CO、NH_3、醇类、酮类、醛类等是不完全燃烧产物。

氮在一般条件下不参加反应，而呈游离态(N_2)析出。在特定条件下，氮也能被氧化生成 NO 或与一些中间产物结合生成 HCN 等。

（1）固体和液体可燃物的燃烧产物量

假设条件同固体、液体可燃物理论空气需要量计算条件。

$$\begin{aligned} V_{0,P} &= V_{0,CO_2} + V_{0,SO_2} + V_{0,H_2O} + V_{0,N_2} \\ &= [w(C)/12 + w(S)/32 + w(H)/2 + w(W)/18 + w(N)/28] \times \\ &\quad 22.4 + 0.97 V_{0,air} \quad (m^3/kg) \end{aligned}$$

（2）气体可燃物的燃烧产物量

假设条件同气体可燃物理论空气需要量计算条件。

$$\begin{aligned} V_{0,P} &= V_{0,CO_2} + V_{0,SO_2} + V_{0,H_2O} + V_{0,N_2} \\ &= [\varphi(CO) + \varphi(CO_2) + \varphi(H_2) + 2\varphi(H_2S) + \varphi(N_2) + \\ &\quad \Sigma(n + m/2)\varphi(C_nH_m)] + 0.79 V_{0,air} \quad (m^3/m^3) \end{aligned}$$

（3）实际燃烧产物量

以上计算是在空气消耗系数 $\alpha = 1$ 时的情况，因此是理论燃烧产物量。首先，在火场上由于燃烧的化学反应区空气不足，燃烧产物成分中通常含有许多不完全燃烧产物：如有毒的一氧化碳(CO)、固态碳粒(C)、以烟炱状形成黑色和不透明的烟雾，以及一些可燃物质高温分解的产物等。其次，燃烧产物成分中有超量的氮和在燃烧区还未来得及完全反应的氧，这种情况是由于在燃烧的化学反应区和其周围空间内气体直接交换的物理过程引起的，即火灾时，燃烧区实际上缺少空气，而燃烧产物中却含有空气。由于火场上燃烧时有大量的多余空气即 $\alpha_{空} \approx 2 \sim 3$，且与燃烧产物相混合，空气与燃烧产物混合气的总量将相应增加 2～3 倍。为研究问题方便，在 $\alpha > 1$ 的条件下，假设只发生完全燃烧反应，则实际燃烧产物中 CO_2、SO_2和 H_2O 的体积不变，N_2的体积会增加，同时还存在一定体积的 O_2，产物的总体积相应增加。

对固体、液体可燃物：

$$V_{0,N_2} = 22.4/w(N) + \alpha \times 79/100 \times V_{0,air} \quad (m^3/kg)$$

$$V_{\alpha,P} = V_{0,P} + (\alpha - 1) \times V_{0,air} \quad (m^3/kg)$$

对气体可燃物：

$$V_{0,N_2} = \varphi(N_2) + \alpha \times 79/100 \times V_{0,air} \quad (m^3/m^3)$$

$$V_{\alpha,O_2} = (\alpha - 1) \times 21/100 \times V_{0,air} \quad (m^3/m^3)$$

$$V_{\alpha,P} = V_{0,P} + (\alpha - 1) \times V_{0,air} \quad (m^3/m^3)$$

考虑到空气与燃烧产物混合气的温度将高于标准状况下所采用温度 3 ~4 倍，即 $T_{燃} = 3 \sim 4T_0$，而火灾区压力可能与标准状况下的不同，燃烧产物的实际体积可用热力学定律计算：

$$V_{\alpha,产,P,T} = V_{\alpha,产,P0,T0} P_0 T / P T_0$$

式中 $V_{\alpha,产,P,T}$——P、T 条件下的产物；

$V_{\alpha,产,P0,T0}$——P_0、T_0 条件下的产物；

P_0，T_0——标准状况下的温度、压力；

P，T——火灾区的压力、温度。

（4）燃烧产物的百分组成

燃烧产物具有毒害作用，毒害程度主要取决其相对浓度，可用燃烧产物的百分组成来表示。用 Y_{CO_2}、Y_{SO_2}、Y_{H_2O}、Y_{N_2}、Y_{O_2} 分别表示燃烧产物中 CO_2、SO_2、H_2O、N_2、O_2 的体积分数，则有

$$Y_{CO_2} = V_{0,CO_2} / V_{\alpha,P} \times 100$$

$$Y_{SO_2} = V_{0,SO_2} / V_{\alpha,P} \times 100$$

$$Y_{H_2O} = V_{0,H_2O} / V_{\alpha,P} \times 100$$

$$Y_{N_2} = V_{0,N_2} / V_{\alpha,P} \times 100$$

$$Y_{O_2} = V_{0,O_2} / V_{\alpha,P} \times 100$$

（5）燃烧产物的密度计算

产物密度大，易聚集在低洼、地势较低处；而产物密度小，易聚集在燃烧区域上部通风不畅的地方。因此，密度是防火安全设计需要考虑的指标之一。

① 固体、液体物燃烧产物密度

方法一：通过燃烧产物中各百分组成计算

$$\rho = (44Y_{CO_2} + 64Y_{SO_2} + 18\,Y_{H_2O} + 28\,Y_{N_2} + 32\,Y_{O_2}) / 22.4 \times 100 \, (kg/m^3)$$

方法二：通过反应物的质量计算

根据质量守恒定律，反应前的总质量应等于反应后的总质量。因此，可以用反应物的总质量除以燃烧产物的总体积而得到燃烧产物的密度。

$$\rho = M_{反} / M_{产} = [(1 - A) + 1.293\alpha \times V_{0,air}] / V_{\alpha,P} \quad (kg/m^3)$$

式中 A——可燃物中灰分的质量分数，%；

1.293——空气密度，m^3/kg。

② 气体可燃物燃烧产物密度

计算气体可燃物燃烧产物的密度，也可以采用上述两种方法。采用第一种方法的计算公式相同；采用第二种方法的计算公式为

$$\rho = [2\varphi(H_2) + 28\varphi(CO) + 34\varphi(H_2S) + 44\varphi(CO_2) + 18\varphi(H_2O) + 32\varphi(O_2) + 28\varphi(N_2) + \Sigma(12n + m)\varphi(C_nH_m)] / (22.4 \times 100 \times V_{\alpha,P}) + 1.293\alpha \times V_{0,air} / V_{\alpha,P} \quad (kg/m^3)$$

408. 了解燃烧热、热值的计算方法

燃烧热是指可燃物发生完全燃烧反应所放出的热量。完全燃烧是指 H 变成了 $H_2O(l)$，在实际火灾条件下，生成的 H_2O 是以气态存在的，实际燃烧要减少 H_2O 由液态转变为气态

的相变热。因此，在火灾的燃烧中，热值常用低热值。

热值是指单位质量或单位体积的可燃物完全燃烧所放出的热量。

燃烧热最常用的门捷列夫经验公式：

$$Q_H = 4.18 \times [81C + 300H - 26 \times (O - S)] \quad (kJ/kg)$$

$$Q_L = Q_H - 6 \times (9H + W) \times 4.18 \quad (kJ/kg)$$

式中 C，H，S 和 W——可燃物中碳、氢、硫和水的质量分数；

O——可燃物中氧和氮的质量分数之和。

燃烧热和热值的本质是相同的，只是表示的单位不同而已。

409. 了解比热容、燃烧温度的计算方法

（1）比热容：摩尔比热容是指 1 mol 物质在非体积功为零的条件下，仅因温度升高 1K 所需要的热。由于反应条件的不同，摩尔比热容可分为定压摩尔比热容和定容摩尔比热容。定压摩尔比热容是指物质在恒压条件下的摩尔比热容，用 $C_{p,m}$ 表示；定容摩尔比热容是指物质在恒容条件下的摩尔比热容，用 $C_{v,m}$ 表示。常用的单位有 kJ/(kmol · K)或 kJ/(m^3 · K)。

物质在不同温度下每升高 1℃所需的热量是不相同的。因此，摩尔比热容是温度的函数，最普遍形式为：

$$C_p = a + bT + cT^2$$

式中 a、b 和 c 都是由实验测定的特性常数。

（2）燃烧温度：可燃物在燃烧时放出的热量，一部分被火焰辐射掉，大部分消耗在加热燃烧产物上。燃烧产物所具有的温度，也就是物质的燃烧温度。在实际火灾中，物质的燃烧温度不是固定不变的，而是随着可燃物的种类、氧气供给情况、散热条件等因素的变化而有较大变化。

假设条件：燃烧的初温为已知；可燃物与空气符合化学计量配比；燃烧为完全燃烧；燃烧是在恒压条件下进行的(对开放空间着火，可燃物在火场上燃烧时，燃烧产物不断向周围扩散膨胀，所以火场上压力没有多大增加，基本上保持初始压力)；燃烧是绝热的，即燃烧反应放出的热量全部转变为燃烧产物的热焓增加。这一条件可理解为由于燃烧反应的速度较快，以至于反应系统产生热量的速度远远大于其向周围环境散失热量的速度。因此，损失于环境中的热量可以忽略不计。

在以上条件下计算出温度，称为理论燃烧温度，又称绝热燃烧温度。

$$Q_L = Q_P = \sum V_i C_{平,p,V,i}(T_2 - T_1)$$

式中 Q_L——可燃物质的低热值，kJ；

$Q_P = V \cdot \int_{T_1}^{T_2} C_{p,V} dT$——可燃物质在恒压条件下，由 T_1 升高到 T_2 所需的恒压热，kJ；

V_i——第 i 种产物的体积，m^3；

$C_{平,p,V,i}$——第 i 种物质的平均定压比热容，kJ/(m^3 · K)。

在具体计算时可先假定一个理论燃烧温度 t_1，从各种气体的平均恒压比热容表中查出相应的 $C_{平,p,V,i}$，代入上式求出相应的 Q_{L1}；再假定第二个理论燃烧温度 t_2，同理求出 Q_{L2}；利用插值法求出理论燃烧温度 t，即

$$t = t_1 + (t_2 - t_1)(Q_L - Q_{L1})/(Q_{L2} - Q_{L1})$$

410. 了解爆炸的定义及分类

爆炸是物质系统的一种极为迅速的物理的或化学的能量释放或转化过程，是系统蕴藏的或瞬间形成的大量能量在有限的体积和极短的时间内，骤然释放或转化的现象。在这种释放和转化的过程中，系统的能量将转化为机械功以及光和热的辐射等。

爆炸按能量的来源可以分为三类，即物理爆炸、化学爆炸、核爆炸。

411. 了解爆炸极限的定义及影响因素

爆炸极限：当可燃气体、蒸气或可燃粉尘与空气（或氧）在一定浓度范围内均匀混合，遇到火源发生爆炸的浓度范围。

影响因素：(1)温度（混合爆炸气体的初始温度越高，爆炸极限范围越宽，则爆炸下限降低，上限增高，爆炸危险性增加）。(2)压力（混合气体的初始压力对爆炸极限的影响较复杂：在0.1～2.0MPa的压力下，对爆炸下限影响不大，对爆炸上限影响较大；当大于2.0MPa时，爆炸下限变小，爆炸上限变大，爆炸范围扩大）。(3)惰性介质（若在混合气体中加入惰性气体，随着惰性气体含量的增加，爆炸极限范围缩小；当惰性气体的浓度增加到某一数值时，使爆炸上下限趋于一致，使混合气体不发生爆炸）。(4)爆炸容器（爆炸容器的传热性好，管径越细，火焰在其中越难传播，爆炸极限范围变小；当容器直径或火焰通道小到某一数值时，火焰就不能传播下去。目前一般采用直径为50mm的爆炸管或球形爆炸容器。(5)点火源（点火源的活化能量越大，加热面积越大，作用时间越长，爆炸极限范围也越大）。

412. 了解爆炸极限的计算方法

计算由某些可燃组分构成的混合物的爆炸浓度极限，可利用列萨德里叶法则：

$$\varphi_{混} = 1/\sum_{i=1}^{n} m_i/\varphi_i$$

式中 $\varphi_{混}$——混合物的爆炸浓度极限,%(体积分数)；

φ_i——第 i 组分的爆炸浓度极限,%(体积分数)；

m_i——第 i 组分的摩尔分数。

413. 掌握灭火的原理、灭火方法的分类及特点

灭火原理：根据燃烧三要素，只要阻断其中一个要素就可以扑灭火灾。

灭火方法：冷却、窒息、隔离和化学抑制。

冷却灭火：对一般可燃物来说，能够持续燃烧的条件之一就是他们在火焰或热的作用下达到了各自的着火温度。因此，对一般可燃物火灾，将可燃物冷却到其燃点或闪点以下，燃烧反应就会中止。水的灭火机理主要是冷却作用。

窒息灭火：各种可燃物的燃烧都必须在其最低氧气浓度以上进行，否则燃烧不能持续进行。因此，通过降低燃烧物周围的氧气浓度可以起到灭火的作用。通常使用的二氧化碳、氮气、水蒸气等的灭火机理主要是窒息作用。

隔离灭火：把可燃物与引火源或氧气隔离开来，燃烧反应就会自动中止。火灾中，关闭有关阀门，切断流向着火区的可燃气体和液体的通道；打开有关阀门，使已经发生燃烧的容器或受到火势威胁的容器中的液体可燃物通过管道导至安全区域，都是隔离灭火的措施。

化学抑制灭火：就是使用灭火剂与链式反应的中间体自由基反应，从而使燃烧的链式反应中断使燃烧不能持续进行。常用的干粉灭火剂、卤代烷灭火剂的主要灭火机理就是化学抑制作用。

414. 熟悉灭火器适用范围及危险场所划分

扑救A类火灾应选用水、泡沫、磷酸铵盐干粉、卤代烷型灭火器。扑救B类火灾应选用干粉、泡沫、卤代烷、二氧化碳型灭火器。扑救极性B类火灾不得选用化学泡沫灭火器。扑救C类火灾应选用干粉、卤代烷、二氧化碳型灭火器。扑救ABC类火灾和带电火灾应选用磷酸铵盐干粉、卤代烷型灭火器。扑救D类火灾应由设计部门和当地公安消防监督部门协商解决。

危险场所分为严重危险级、中危险级、轻危险级。

415. 了解初起火灾扑救的方法、原则

发生火灾后，要及时使用本单位的灭火器材、设备进行扑救。有手动灭火系统的应立即启动。

断绝可燃物：将燃烧点附近可能成为火势蔓延的可燃物移走；关闭有关阀门，切断流向燃烧点的可燃气体和液体：打开有关阀门，将已经燃烧的容器或受到火势威胁的容器中的可燃物通过管道导至安全地带；采用泥土、黄沙筑堤等方法，阻止流淌的可燃液体流向燃烧点。

冷却：本单位如有消防给水系统、消防车或泵，应使用这些设施灭火；本单位如配有相应的灭火器，则使用这些灭火器灭火；如缺乏消防器材设施，则应使用简单工具灭火，如水桶、面盆等。

窒息：使用泡沫灭火器喷射泡沫覆盖燃烧物表面；利用容器、设备的顶盖盖没燃烧区；油锅着火时，立即盖上锅盖；将毯子、棉被、麻袋等浸湿后覆盖在燃烧物表面；利用沙、土覆盖燃烧物。对忌水物质则必须采用沙、土扑救。

扑打：对小面积草地、灌木及其他固体可燃物燃烧，火势较小时，可用扫帚、树枝条、衣物扑打。

断电：如发生电气火灾，或者火势威胁到电气线路、电气设备、或电气影响灭火人员安全时，首先要切断电源。

阻止火势蔓延：对封闭条件较好的小面积室内着火，在未做好灭火准备前，先关闭门窗，以阻止新鲜空气进入；与着火建筑相毗邻的房间，先关上相邻的房门，可能条件下还应再向门上浇水。

防爆：将受到火势威胁的易燃易爆物质，压力窗容器等疏散到安全地区；对受到火势威胁的压力容器、设备应立即停止向内传输物料，并将容器内物料设法导走；停止对压力容器加温，打开冷却系统阀门，对压力容器设备进行冷却；有手动放泄压装置的，应立即打开有关阀门放空泄压。

416. 掌握火场人员疏散方式及逃生路线的选择原则和方法

尽量利用建筑物内的设施逃生：

（1）利用消防电梯进行疏散逃生，但着火时普通电梯千万不能乘坐。

（2）利用室内普通楼梯进行逃生。

（3）利用建筑物的阳台、通廊、避难层、室内设置的缓降器、安全绳等进行逃生。

（4）利用墙边落水管进行逃生。

（5）利用房间床单等物连接起来进行逃生。

不同部位、不同条件下人员的逃生方式：

(1) 当一楼层或某一部位起火，且火势已经开始发展时，就注意听广播通知，广播会告诉着火楼层，以及安全疏散的路线、方法等。不要一听有火警就惊慌失措盲目行动。

(2) 当房间内起火，且门已被封锁，室内人员不能顺利疏散时，可另寻其他通道。如通过阳台或走廊转移到相邻未起火的房间，再利用这个房间通道疏散。

(3) 如果晚上听到报警，首先应该用手背去接触房门，试一试房门是否变热。如果是热的，门不能打开，否则烟火会冲进来；如果房门不热，火势可能还不大，通常途径是逃离房间，随手关上门。如在楼梯间或过道上遇到浓烟时马上要停下来，千万不要从烟火中冲出，也不要躲到顶楼等地方，应选择别人易发现的地方，向消防员求救。

(4) 当某一防火区着火时，如楼房中某一单元着火，楼层的大火已将楼梯间封住，致使着火层以上楼层的人员无法从楼梯间向下疏散时，被困人员可先疏散到屋顶，再从相邻未着火的楼梯间往地面疏散。

(5) 当着火层的走廊、楼梯被烟火封锁时，被困人员要尽量靠近当街窗口或阳台等容易被人看到的地方，向救援人员发出求救信号，以便让救援人员及时发现，采取救援措施。

(6) 在充满烟雾的房间和走廊时，由于烟和热气上升的道理，逃离内最好弯腰使头部尽量接近地板，必要时应匍匐前进。

(7) 如果处于楼层(较低三层以下)的位置，当火势危及生命又无其他方法可自救时，可将室内席梦思、被子等物抛到楼底，人从窗口跑到软物上逃生。

自救、互救逃生：

(1) 利用各楼层的消防器材，如干粉、泡沫灭火器或水枪扑灭初期火灾是积极的逃生方法。

(2) 相互帮助，共同逃生，对老、弱、病、残、孕妇、儿童及不熟悉环境的人要引导疏散，帮助逃生。

(3) 自救逃生。发生火灾时，要积极行动，不能坐以待毙。要充分利用身边的各种利于逃生的东西，如把床单、窗帘、地毯等结成绳，进行滑绳自救，或用洗手间的水淋湿墙壁及用门阻止火势蔓延等。

火灾逃生时的注意事项：

(1) 不能因为惊慌失措忘记报警。进入楼层后应注意通道、警铃、灭火器的位置，一旦发生火灾，要立即按警铃或拨打电话。

(2) 不能低层一起火就往下跑。这样会给救援增加困难，正确的做法是更上一层楼。

(3) 不能因清理行李和贵重物品而延误时间。起火后，如果发现通道被阻，则应关好房门，打开窗户，设法逃生。

(4) 不能盲目从窗口向下跳。当被大火困在房内无法脱身时，要用湿毛巾捂住鼻子，阻挡烟气侵袭，耐心等待救援，并想方设法报警呼救。

(5) 不能乘普通电梯逃生。楼层着火断电，这时乘普通电梯会卡在里面，使疏散失败。

(6) 不能在浓烟弥漫时直立行走。大火伴随浓烟腾起后，应在地上爬行，避免呛烟和中毒。

第十章 事故案例、未遂事故报告

一、事故案例

417. 火灾事故

（1）山东黄岛油库特大火灾事故

事故经过：黄岛油库区始建于 1973 年，胜利油田开采出的原油经东（营）黄（岛）长输管线输送到黄岛油库后，由青岛港务局油码头装船运往各地。黄岛油库原油储存能力 76 万 m^3，成品油储存能力约 6 万 m^3。

1989 年 8 月 12 日 9：55，2.3 万立方米原油储量的 5 号混凝土油库突然起火。到 14：35，青岛地区西北风，风力增至 4 级以上，几百米高的火焰向东南方向倾斜。燃烧 4 个多小时后，5 号罐里的原油随着轻油馏分的蒸发燃烧，形成速度大约 1.5m/h、温度 150～300℃的热波向油层下部传递。当热波传至油罐底部的沙层时，罐底部的积水、原油中的乳化水以及灭火时泡沫中的水汽化，使原油猛烈沸溢，喷向空中，撒落四周地面。15：00 左右喷溅的油火点燃位于东南方向相距 5 号油罐 37m 处的另一座相同结构的 4 号油罐顶部的泄漏油气层，引起爆炸。炸飞的 4 号罐顶混凝土碎块将相邻 30m 处的 1 号、2 号和 3 号金属油罐顶部震裂，造成油气外漏。约 1min 后，5 号罐喷溅的油火又先后点燃 3 号、2 号和 1 号油罐的外漏油气，引起爆燃，整个老罐区陷入一片火海。失控的外溢原油像火山喷发的岩浆，在地面上四处流淌。大火分成 3 股，一部分油火翻过 5 号罐北侧 1m 高的矮墙，进入储油规模为 30 万立方米全套引进日本工艺装备的新罐区的 1 号、2 号、6 号浮顶式金属罐的四周。烈焰和浓烟烧黑 3 个罐壁，其中 2 号罐壁隔热钢板很快被烧红。另一部分油火沿地下管沟流淌，会同输油管网外溢原油形成地下火网。还有一部分油火向北，从生产区的消防泵房一直烧到车库、化验室和锅炉房，向东从变电站一直烧到装船泵房、计量站、加热炉。火海席卷着整个生产区，东路、北路和两路油火汇合成一路，烧过油库 1 号大门，沿着新港公路向位于低处的黄岛油港烧去。大火殃及青岛化工进出口黄岛分公司、航务二公司四处、黄岛商检局、管道仓库和建港指挥部仓库等单位。18：00 左右，部分外溢原油沿着地面管沟、低洼路面流入胶州湾。大约 600t 油水在胶州湾海面形成几条十几海里长、几十米宽的污染带，造成胶州湾严重的海洋污染。

经过一天五夜浴血奋战，13 日 11：00 火势得到控制，14 日 19：00 大火扑灭，16 日 18：00 油区内的残火、地沟暗火全部熄灭。

事故原因：黄岛油库特大火灾事故的直接原因是由于金属油罐本身存在缺陷，遭受对地雷击后产生感应火花而引爆油气。

8 月 12 日 9：55 左右，有 6 个人从不同地点目击，5 号油罐起火前，在该区域有对地雷击。中国科学院空间研究中心测得，当时该地区曾有过两三次落地雷，最大一次电流 104A。

5号油罐的罐体结构及罐子顶设施随着使用年限的延长，预制板裂缝和保护层脱落，使钢筋外露。罐顶部防感应雷屏蔽网连接处是用铁卡压固，油品取样孔采用九层铁丝网覆盖，使5号罐体中钢筋及金属部件的电气连接不可靠的地方颇多，均有因感应电压而产生火花放电的可能性。根据电气原理，受50~60m以外的空间或地面雷电感应，可使电气设备100~200m的间隙放电。从5号油罐的金属网间隙看，在周围几百米内有对地的雷击时，只要有几百伏的感应电压就可以产生火花放电。5号油罐自8月12日凌晨2：00起到9：55起火时，一直在进油，共输入1.5万m^3原油。与此同时，必然向罐顶周围排放同等体积的油气，使罐外顶部形成一层达到爆炸极限范围的油气层。此外，根据油气分层原理，罐内大部分空间的油气虽处于爆炸上限，但由于油气分布不均，通气孔及罐体裂缝处的油气浓度较低，但仍处于爆炸极限范围。

除上述直接原因之外，要从更深层次分析事故原因，吸取教训，防患于未然。

① 黄岛油罐区布局不合理。黄岛面积仅5.33平方公里，却有黄岛油库和黄岛港务局油港两家油库区分布在不到1.5平方公里的坡地上。黄岛油库5座老油罐建在半山坡上，输油生产区建在邻近的山脚下。这种设计只考虑利用自然高度差输油节省电力，而忽视消防安全要求，影响对油罐的观察巡视。而且一旦发生火灾爆炸，首先殃及生产区。这不仅给黄岛油库区的自身安全留下长期隐患，还对胶州湾构成威胁。

② 混凝土油罐产生缺陷不易整改。黄岛油库4号、5号混凝土油罐始建于1973年。当时我国缺乏钢材，是在战备思想指导下边设计、边施工、边投产的产物。这种混凝土油罐内部钢筋错综复杂，透光孔、油气呼吸孔、消防管线等金属部件布满罐顶。在使用一定年限以后，混凝土油罐体极不严密，随着使用年限的延长，罐顶预制拱板产生裂缝，形成纵横交错的油气外泄孔隙。混凝土油罐多为常压油罐，罐顶因受承压能力的限制，需要通气孔泄压，通气孔直通大气，在罐顶周围经常散发油气，形成油气层，是一种潜在的危险因素。

1985年7月15日，黄岛油库4号混凝土油罐遭受雷击起火后，为了吸取教训，分别在4号、5号混凝土油罐四周各架设4座30m高的避雷针，罐顶部装设防感应雷屏蔽网，但因油罐正处在使用状态，网络连接处无法进行焊接，均用铁卡压接。这次勘察发现，大多数压固点锈蚀严重。经测量一个大火烧过的压固点，电阻高达1.56Ω，远远大于0.03Ω的规定值。

③ 消防设施落后，力量不足，管理工作跟不上。黄岛油库是消防重点保卫单位，实施以上油罐上装设固定式消防设施为主，两辆泡沫消防车、一辆水罐车为辅的消防备战体系。5号混凝土油罐消防系统，为一台每小时流量900t、压力8kg的泡沫泵和装在罐顶上的4排共计20个泡沫自动发生器。这次事故发生时，油库消防队冲到罐边仅用不到10min，刚刚爆燃的原油火势不大，淡蓝色的火焰在油面上跳跃，这是及时组织灭火施救的好时机。然而装设在罐项上的消防设施因平时检查维护困难，不能定期做性能喷射试验，事到临头时却不能使用。油库自身的泡沫消防车救急不救火，开上去的一辆泡沫消车面对火势，也是杯水车薪，无济于事。库区油罐间的消防通道是路面狭窄、坎坷不平的山坡道，且无环形道路，消防车没有掉头回旋余地，以致无法集中优势使用消防车抢险灭火。油库原有35名消防队员，其中24人为农民临时合同工，由于缺乏必要的培训，技术素质差，在7月12日有12人自行离库返乡，致使油库消防人员严重缺编。

④ 油库安全生产管理存在不少漏洞。自1975年以来，该库已发生雷击、跑油、着火事

故多起，幸亏发现及时，才未酿成严重后果。原石油部1988年3月5日发布《石油与天燃气钻井、开发、储运防火防爆安全管理规定》，但黄岛油库上级主管单位胜利输油公司安全科没有将该规定下发给黄岛油库。这次事故发生前几个小时雷雨期间，油库一直在输油，外泄的油气加剧雷击起火的危险性。油库1号、2号、3号金属油库设计时，是5000m^3，而在施工阶段改变设计，在原设计罐址上改建成10000 m^3的油罐。这样，实际油罐间距只有11.3m，远远小于安全防火规定间距33m。青岛市公安局十几年来曾4次下达火险隐患通知书，要求限期整改，停用中间的2号罐。但直到这次事故发生时，始终没有停用2号罐。此外，对职工要求不严格，工人劳动纪律松弛，违纪现象时有发生。8月12日上午雷雨时，值班消防人员无人在岗位上巡查。事故发生时，自救能力差，配合协助公安消防灭火不得力。

（2）南京金陵石化公司炼油厂油品分厂油罐爆燃火灾事故

事故经过：1993年10月21日18：15，南京金陵石化公司炼油厂油品分厂半成品车间无铅汽油罐区310号10000m^3汽油罐在进行汽油加剂循环调和时，发生汽油串罐外溢情况致爆燃，酿成重大火灾。事故造成2人死亡，直接经济损失达38.96万元。

10月21日，金陵石化公司炼油厂油品分厂310号罐进完汽油后，罐液位高14.26m，油罐的安全液位14.30 m，汽油储量6428t。15：30，310号罐加完抗氧化剂和钝化剂后，开始进行油品循环调和。这时，操作工错误地开了泵前的311号罐的入口阀，致使311罐的汽油通过泵打入310罐内。15：41，液位达到14.30 m，高液位报警器开始报警。操作工听到报警后，误以为仪表误报警，报警器一直报警到事故发生。在此期间，汽油从310罐罐顶大量溢出，在罐区内挥发扩散，并从罐区流入200多米长的排水沟，大面积油形成爆炸性气体。

18：15，一民工开着送垃圾的拖拉机从北向南进入离310罐55.5m处的马路上，引起大面积的爆燃，该民工当场死亡。310罐罐顶燃起大火。

爆燃发生后，310罐顶部和罐底循环线入口阀门因被地面明火将法兰垫片烧坏而着火。20：00左右，由于浮船周围的密封胶袋及填充塑料块被烧损，罐顶火势增大，大火沿浮船与罐体间隙呈环形分布燃烧。

这次燃烧造成的重大火灾事故，过火面积为23400m^3，平均空间高度5m，造成2人死亡，溢罐跑损及烧掉90号汽油182.4t。310号罐的浮船、罐壁、浮梯、盘梯等局部烧坏，周围部分管线保温、罐区控制、动力电缆、照明、通信线路被烧损。事故发生后，现场集中了156辆消防车，到22日11：15将大火扑灭。

事故原因：

① 当日15：00左右，白班操作人员进行310号罐加剂后用泵循环操作，本应打开循环线上该罐的出口阀，但却错误地将循环线上311号罐入口阀打开，造成311罐抽出的油进入310罐。

② 操作人员责任心不强，严重违反操作纪律，对310号罐的高液位报警无动于衷，既不报告也不认真查找原因，待闻到汽油味才去检查，但为时已晚。

③ 交接班不严、不细，没有发现设备在事故状态下运行，接班后事故状态延续，导致310号罐冒罐外溢，汽油蒸气在罐区及罐区范围之外大面积扩散。

④ 该油罐区属一级防火防爆区，拖拉机等机动车辆不许驶入。但厂里对外单位机动车辆、颁发通行证管理不严，18：15，持过期通行证驶入该罐区的手扶拖拉机的尾气排气火花

点燃了大面积扩散的汽油蒸气与空气混合物，最终酿成这次重大火灾事故。

418. 爆炸事故

（1）新疆独山子石油化工总厂炼油厂隔油池闪爆事故

事故经过：1998 年 5 月 7 日，新疆独山子石油化工总厂炼油厂供排水车间，按厂大修计划安排将二循环水工段污水提升泵房隔油池中的污水抽到集水池中。车间要求电修派电工到隔油池为其安装潜水泵接电，并按要求办理用电票。5 月 8 日，电修先后派电工到隔油池为潜水泵接电，供排水车间副主任和职工一起将能够运转的 3 台泵分别下到隔油池西端的进水槽及 1 号池、5 号池内，当晚启动泵运转打水。

5 月 9 日，车间领导先后到隔油池现场处理有故障的泵和接新泵，并对旧电缆线裂纹处用防水胶布重新缠绕，处理完毕后通电试运转，运转正常后将泵下入 3 号池内，启动打水。

12：50，值班女工在巡检时发现 3 号、5 号池内潜水泵出水管线不出水，请示工段长后拉下这 2 台泵的电源闸刀。

工段长和工段职工等 6 人在食堂吃完午饭后，就到隔油池继续进行抽水作业。14：10，工段长及工段职工等 6 人准备再次检查潜水泵工作情况，结果刚出门就听到爆炸声，并看到隔油池起火，随即回操作室向炼厂调度室报告。随后被烧伤的工段长跑到操作室，报告事故现场还有 5 人，工段长被送往医院抢救。17：30 消防人员将火扑灭。

经现场勘察，在隔油池东面地坪上发现 2 具尸体，从隔油池中打捞出 3 具尸体。事故共造成 5 人死亡了，1 人烧伤。

事故原因：

① 隔油池的污水含油，轻组分较多，随外界气温升高，可燃气体挥发量增加。加之 8 日、9 日两天连续抽水，池内液面下降，空气涌入，聚集的爆炸性混合气体增多。

② 作业人员违章操作，在带电情况下提泵作业，使电缆明显处于受力状态，导致电缆一相断线打火，击穿绝缘及护套，引爆可燃性气体。

③ 供排水车间没有针对隔油池的特殊作业制订具体清污检修方案，没有对主要工作环节中的安全问题提出具体的防范措施。

④ 从车间领导到操作人员，对易燃易爆场所特殊的危险性认识不够，在防爆场所使用非防爆负荷开关明闸刀、明接线。

⑤ 炼油厂相关职能部门在隔油池启用以来，没有制定完整的运行、检修安全标准和操作规程，

⑥ 污水提升泵房的设计和验收环节有缺陷。如易燃易爆区内的操作室配置非防爆仪表屏和控制屏；隔油池未按规范设计蒸汽灭火设施；出水溢流堰内污水排放只设计向明水沟排放的管线，未设计向集水池直接排放管线，增加了检修工作的难度和危险性。

（2）上海市浦三路油气加注站液化气储罐爆炸事故

事故经过：中石油上海销售分公司在 2007 年的安全检查中发现浦三路油气加注站存在安全隐患，由其下属的浦东销售中心与上海太平洋燃气有限公司签订工程承包合同，将检修工作委托给太平洋公司负责，太平洋公司又转包给没有压力管道施工资质的上海威喜建筑安装工程有限公司。计划检修项目为油气加注站管道刷漆防腐、更换紧急切断阀、校验安全阀。

2007 年 10 月 12 日，油气加注站暂停营业，进行检修。同日，太平洋公司用 10 瓶氮气

分别将1号、2号储罐内的剩余液化石油气物料压到槽车内，进行退料，至储罐液位表到零位后结束，但没有对液化石油气储罐进行置换。

11月7日，施工人员按合同内容开始对管道进行除锈刷漆。11月14日，浦东销售中心变更工程项目内容，在原有合同的基础上增加更换系统管道的内容。11月22日，管道全部更换完毕。

11月23日15：00，上海威喜建筑安装公司违反压力管道试压规定，擅自用压缩空气密封性试验代替对新更换管道的压力试验，并确定管道系统气密性试验压力为1.76Pa。19：00，在没有用盲板将试压管道与埋地液化石油气储罐隔离，且储罐的液相管道阀门和气相平衡管阀门处于全开情况下，用空气压缩机将试压管道连同埋地液化石油气储罐一起加压至1.2Pa，保持压力至24日上午。24日上7：10，继续升压。7：40，焊工进行液化石油气管道防静电装置焊接作业。7：51，当将第3只单头螺栓焊至液化石油气管道气相总管，空压机加压至1.36Pa时，2号液化石油气储罐发生爆炸，罐体冲出地面，严重损坏，其余两个埋液化石油气储罐受爆炸冲击，向左右偏转，造成液化石油气罐区全部破坏，爆炸形成的冲击波将混凝土盖板碎块最远抛出420多米。

事故造成2名作业人员当场死亡，30名附近居民和油气加注站旁边道路上行人受伤，其中2名伤势严重的行人在送往医院途中死亡，周边约180户居民房屋玻璃受到不同程度损坏，12家商店及70余部车辆破损。

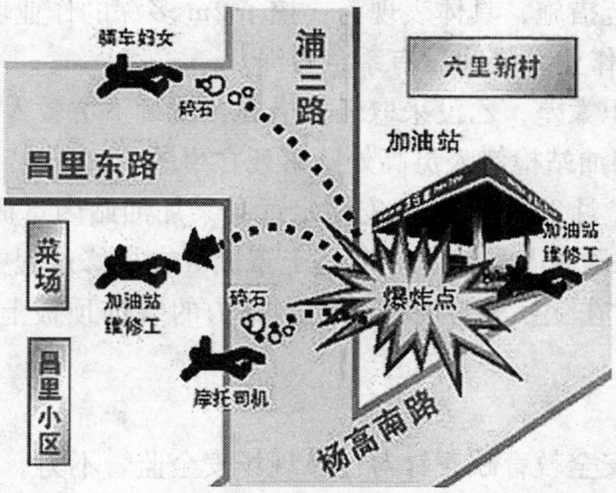

事故原因：

① 直接原因。经调查分析判断，此次爆炸为化学爆炸。事故的直接是：在进行管道气密性试验时，没有将管道与埋地液化石油气储罐用盲板隔断，液化石油气储用氮气压完物料后没有置换，导致液化石油气储罐与管道系统一并进行气密性试验，罐内未置换干净的液化石油气与压缩空气混合，形成爆炸性混合气体，因现场同时进行电焊动火作业，电焊火花试压系统发生爆炸。

② 管理上存在的问题。这次爆炸事故暴露出中石油上海销售分公司在油气加注站的检修工作组织管理混乱。一是以包代管，中石油浦东销售分公司将油气加注站的检修工作外包后，没有对施工过程的安全进行监督，致使承担检修任务的单位在检修过程中屡屡违反施工安全作业规程。二是层层转包，太平洋公司承接检修工程后，又将检修工程转包给没有相关施工资质的上海威喜建筑安装公司。三是检修计划不周密，施工过程中随意多次增加检修项目却不及时修改检修施工方案。四是没有按照安全检修要求对检修管道和设备内的气体进行

置换，擅自用气密性试验代替管道压力试验，在管道气密性试验时，没有将管道与液化石油气储罐用盲板隔断。五是安全意识差，在油气加注站的检修过程中没有执行动火有关规定，在没有动火许可证的情况下擅自动火，从而引发事故。

419. 人身事故

（1）某管道储运公司施工人员油气窒息死亡事故

事故经过：某年8月16日，管道储运公司DZ泵站管辖段发现盗油分子焊接在管道上的盗油控制阀门，当其前方泵站因故停止输油时，DZ站趁机对发现的盗油处进行管道补板抢修。施工人员到现场进行开挖，因地形复杂，土层厚，在盗油阀处挖了一个2m多深的作业坑，找到盗油阀，按照以往补板焊法工作程序，是将盗油阀取下来，在管道孔上将准备好的木塞迅速打入孔内封堵原油外泄，然后再实施补板焊接。可是这次将盗油阀取下来后，原油外泄的力量很大，木塞打不进去。当时因坑深而狭小，只有甲一人在坑内作业。管道内的原油压力很大，很快坑内的原油就深达1m多深。这时甲想上来，却发现没有任何救生措施，上面的人趴在地上努力伸手也握不到甲的手，情急之下，乙跳入油池抱起甲，上面的人将甲拉上地面，乙却因来不及救助死亡。

事故原因：

① 这次组织抢修，没按照程序通知调度，安全部门和消防部门也没派人到现场进行监督管理，严重违反了管理制度。

② 没有制定应急防范措施，具体表现为：挖了2m多深的作业坑，却没挖逃生坡道；作业人员在2m多深的坑内作业，腰间没有系急救绳。

③ 施工人员安全意识太差，乙没采取任何措施，就跳下坑救人，太盲目。

（2）安徽定远县某加油站检修人员高处坠落死亡事故

事故经过：2001年2月21日下午，安徽定远县某加油站因罩棚下照明灯发生故障，电工徐某携带修理工具、保险带与监护人一起登上罩棚。在检修过程中，徐某感觉保险带不便操作，便将其卸下，尔后在变换姿势时踏到无支撑力的装饰顶板上，自5m高的棚顶坠落，经医院抢救无效死亡。

事故原因：

① 零售部门施工前安全教育缺乏针对性，现场安全监管不力。

② 检修人员安全意识淡薄，违反高处作业安全管理规定，不系安全带站在不牢固的结构物上进行作业。

420. 生产事故

（1）某油库跑油事故

事故经过：某年9月23日16时30分，油运公司油罐车在某油库发货场11号货位下装93号汽油完毕后，未将下装鹤管及静电接地复位，就开出货位，造成下装鹤管连接阀及油罐车下装阀拉断，致使油罐车后仓内93号汽油从底部泄漏315L。

事故原因：

① 油罐车驾驶员对自助装油工艺不熟悉，违反操作规程。

② 押运员未在现场监护（到换票室取换票单），擅离职守。

③ 油罐车气动紧急切断阀失效。

④ 油库、油运公司现场安全监管存在盲区。

(2)某加油站跑油事故

事故经过：加油站在卸油时，计量员未对油罐进行计量前尺，擅自估计罐内存油量，致使该站站长误以为罐内存油不足而通知油罐车司机卸油。司机在接好卸油管并打开量油口进行卸油后，随即到食堂吃饭去了。卸油现场无人监护致使发生跑油事故，经测算共跑油 500L。

事故原因：

① 计量员违反卸油操作规程，未能进行卸油计量前尺。

② 油罐车司机违反卸油操作规程，打开量油口卸油，且擅离职守。

③ 加油站人员安全意识淡薄，卸油现场无人监护。

421. 设备(建、构筑物)事故

(1) 某炼厂瘪罐事故

事故经过：1985 年 10 月 10 日，炼厂油品车间在装车作业中，操作人员检测到 G502 罐液位不高，在换抽 G501 罐内油品过程中将该罐抽瘪。

1998 年 11 月 15 日，该厂罐 G501 在气温、呼吸阀、装车操作等均正常的情况下，第二次被抽瘪。

1999 年 1 月 5 日，该厂油库罐 G203 被抽瘪。

事故原因：

① 呼吸阀、阻火器堵塞。经检查发现，呼吸阀、阻火器内存有大量锈渣等杂物，几乎被堵死，这是 1985 年 10 月 10 日 G501 罐被抽瘪的主要原因。另外，在检查其他呼吸阀时发现，鸟类在呼吸阀内筑巢也会造成呼吸阀被堵塞。

呼吸阀冻结。由于天气寒冷，罐内的水汽在呼吸阀的阀盘和阀座间凝聚结冰，呼吸阀功能失效，这是 1999 年 1 月 5 日 G203 油罐被抽瘪的根本原因。

② 呼吸阀未进行校核、更换。当储罐严重受损，罐壁腐蚀减薄或超期服役时，储罐的性能、压力等级等发生了变化，储罐所能承受的最大正、负压值也发生了变化，如果不及时对呼吸阀进行校核、更换，储罐就可能被抽瘪。在实际工作中，这一点常常被忽视。1998 年 11 月 15 日罐 G501 被抽瘪，就是由于该厂罐 G501 在 1985 年被抽瘪后，有关部门只对该罐进行了简单的水压复原处理，对变形部分未采取任何加固措施，也未对呼吸阀进行校核、更换。由于罐壁受损部位仍存在变形应力，该罐实际所能承受的最大负压已大幅度降低，结果导致罐 G501 又一次被抽瘪。

另外，对罐区进行工艺改造时，如管道加粗、更换新泵等，应同时对相关罐的呼吸阀进行校核、更换，否则也可能会造成油罐被抽瘪。

例如，某油库柴油装车系统，原设计装车时只启动一台排量为 $360m^3/h$ 的泵，为了提高装车速度，改造成了装车时同时启动两台排量为 $360m^3/h$ 的泵。根据《石油化工储运系统罐区设计规范》(SH 3007—1999)的规定，启动 1 台泵装车，需配置 2 台 *DN* 250 的呼吸阀，如果同时启动两台泵，需配置 3 台 *DN* 250 的呼吸阀。由于该厂及时对油罐呼吸阀进行了校核，并根据校核结果对所有的柴油罐出口处的呼吸阀进行了改造，避免了油罐抽瘪事故的发生。

③ 违章操作。前述 1985 年 10 月 10 日的事故中，操作人员在检测到 G502 罐液位不高，准备换抽 G501 罐内油品时，本应按有关规定，先停泵再进行切换。为了图省事，操作人员

直接将装车抽出线改至 G501 罐。由于 G502 罐的装车抽出线未及时关闭，导致 G501 罐在装车的同时又大量向 G502 罐压油，使 G501 罐内负压瞬时超值被抽瘪。此外，多台泵装车或装车的同时又向外倒油等误操作，都会导致油罐被抽瘪。

（2）某加油站罩棚坍塌事故

事故经过：因为连续出现强降雪和冰冻天气，某地区积雪深度为 50 年一遇。2 月 3 日 14：30 左右，某加油站大跨度网架罩棚，在事先没有任何征兆的情况下，突然发生坍塌。造成 4 人死亡，16 人不同程度受伤，其中 2 人重伤。

事故原因：

① 由于暴雪作用，造成加油站罩棚积雪严重超载；在融雪过程中，加油站罩棚形成荷载不均匀分布，导致局部应力加大。上述因素的共同作用，局部节点连接失效，引起罩棚失稳，导致加油站罩棚整体垮塌。

② 这次事故虽然是自然灾害事故，但也反映出我们对罕见雪灾的破坏性认识不足；对未经规范设计、建造的大跨度罩棚的危险性认识不足；对雪融化后罩棚承载能力发生变化认识不足。

422. 交通事故

（1）某油运公司油罐车侧翻事故

事故经过：某年 10 月 18 日 14：00 左右，油运公司一司机驾驶油罐车，从油库装载 22.5t 柴油送至加油站。在运输途中，车辆行驶至高速公路出口匝道处时，由于匝道弯路较急，超速行驶，撞上路边公路护栏后，造成车辆侧翻和油品泄漏事故。此次事故未发生人员伤亡和柴油大面积泄露及其他相关的意外事故，经过加油站计量验收，该车次柴油共少 589L。

事故原因：

① 高速公路出口匝道处弯路较急。

② 司机行驶中思想麻痹，车辆转弯时未提前减速，超速行驶。

（2）某加油站员工驾驶摩托车撞击手扶拖拉机伤亡事故

事故经过：某年 8 月 23 日 22 时 10 分，加油站一员工在非工作时间(当天正常休息)，与妻子驾驶一辆摩托车外出，行至一交叉路口南约 50m 处，不慎撞上一辆停在路旁同向的手扶拖拉机，经抢救无效于 23 时身亡，其妻子到医院后，处于半昏迷状态，经诊断为疑似脑震荡，住院观察。

事故原因：车速过快，且夜间行驶，视线不清；或加油站员工与坐在摩托车后面的妻子谈话，注意力不集中。

二、未遂事故报告

423. 高处坠落未遂事故报告

（1）情况简述

2008 年 12 月 20 日 9：50，某分公司基建管理科到零售片区一加油站检查施工情况，同时对施工方人员进行装饰工程项目施工前的安全教育，刚下车就发现施工人员在未经安全教育考试的情况下，已经在罩棚南侧高处作业，走近跟前又发现其中一位施工人员腰间虽然系好安全带和安全绳，但安全绳的另一头没有系挂，安全绳如同摆设。询问施工单位负责人和我方施工现场安全监护人，亦无公司相关部门和公司领导审核签字确认的《施工单位进站施工确认表》。

(2) 采取措施

要求施工人员立即停止作业，接受安全教育，办理《施工单位进站施工确认表》。

(3) 原因分析

这是一起高处坠落未遂事故。主要原因：施工人员缺乏安全意识，违章作业。我方施工现场安全监护人缺乏责任心，监管不力。

(4) 解决办法或建议

① 按照销售事业部《加油站现场施工安全管理规定》要求，施工单位进站施工前，公司各相关部门和公司领导要按照《施工单位进站施工确认表》的内容逐项审核，并签字确认，各部门分别复印留存。

② 我方施工现场安全监护人必须拿到《施工单位进站施工确认表》后，方可允许施工单位进站施工。《施工单位进站施工确认表》必须在加油站留存备案。

③ 我方施工现场安全监护人负责施工现场安全监督和检查，每日按照检查情况填写《加油站现场施工安全监督检查表》。

④ 公司领导、安全部门、施工组织部门和零售部门(含 ME)要定期对施工加油站进行检查，并填写《加油站现场施工安全监督检查台帐》。

⑤ 高处作业严格执行集团公司《高处作业安全管理规定》，安全带应系挂在施工作业处上方的牢固构件上，不得系挂在有尖锐棱角的部位。安全带系挂点下方应有足够的净空，安全带应高挂(系)低用。在高处进行移动作业时，应设置便于移动作业人员悬挂安全带的安全绳。

⑥ 移动式脚手架底部滚轮的制动装置必须齐备完好，且正确使用，不得载人变换移动式脚手架的位置。

424. 火灾爆炸未遂事故报告(一)

(1) 情况简述

2009 年 4 月 5 日 14：30 左右，调查人员去某油库进一步调查油罐车电瓶接线打火引起油气爆燃的情况。通过勘察着火油罐车，询问油库值班主任、油罐车驾驶员、发油员，回放视屏监控录像，对油气爆燃的过程有了基本了解：

2009 年 4 月 5 日凌晨 3：40，某油运公司(承运商)苏 A43441 解放东风 EQ5240 双桥隔仓油罐车在某油库陆路发货棚 14 号货位前仓装 93 号汽油结束后，驾驶员提起鹤管、取下静电接地夹，拿回钥匙，发动车辆准备到 16 号货位给后仓装 97 号汽油时，车头与罐体封头之间突然升起火焰，继而油罐车顶部产生瞬间爆燃，并有部分油火受气浪作用溅落地面。

(2) 采取措施

由于邻近 15 号货位给苏 A60107 油罐车发 93 号汽油的发油员、苏 A43441 油罐车(着火油罐车)驾驶员和在 1 号、15 号货位装油的油运公司(承运商)两名驾驶员，以及在 4 号货位装油的社会车辆驾驶员等五位同志迅速果敢，训练有素，密切配合，利用车上、发货台及地面的小型灭火器材(3 只 4kg 手提式干粉灭火器、1 只 8kg 手提式干粉灭火器、1 条 1m × 1m 的石棉被、2 只 35kg 推车式干粉灭火器)，仅 1 分 5 秒的时间就将大火扑灭，未造成人员伤害和财产损失。尤其是发油员发现火情，一边呼喊救火一边举起35kg推车式干粉灭火器喷管向油罐口扫射，对扑灭大火起了决定性的作用，避免了一场火灾爆炸事故及次生灾害的发生。

（3）原因分析

这是一起火灾爆炸未遂事故。从现场勘察情况看，电瓶接线穿越油罐车大梁圆孔处的橡胶绝缘层破损，多股铜丝裸露，油运公司（承运商）出车前检查和油库入库检查不够细致，未能及时发现事故隐患。初步分析，油罐车前仓装油结束后，驾驶员提起鹤管时有少量93号汽油滴洒在油罐车仓面，并顺着左侧排水管流下（有罐体封头过火痕迹为证）。由于大雾、无风天气，气压较低，油气挥发、流动性差，缓慢下沉、积聚。汽油分子扩散并在罐体封头底部与车头之间（第一着火点）形成爆炸性混合气体。当驾驶员发动车辆时，电瓶接线裸露的铜丝打火，点燃了附近（第一着火点）的爆炸性混合气体，发生短暂燃烧。又由于前仓装油结束后未将油罐口盖盖好就准备移动车辆，油罐内蒸发出的汽油在油罐口附近（第二着火点）形成爆炸性混合气体。第一着火点的爆炸性混合气体的短暂燃烧引发第二着火点爆炸性混合气体的扩散燃烧，于是活性自由基的链式反应，引发多次瞬间爆燃。

（4）解决办法或建议

① 各级领导必须高度重视，认真组织员工学习事故案例，从中吸取教训，并举一反三，切实加强当前作业现场安全管理。

② 强化承运车船的准入管理。车（船）罐（船）体应当经质量检验部门或其他有资质的检定部门检验合格，无影响强度的损伤、变形、焊缝无渗漏、无严重锈蚀，漆层完好、不露本体。透气阀、阻火器等配套附件齐全紧固并性能完好。灭火器配备符合要求并安放位置适宜，使用方便。

③ 开展一次以电气线路为主要内容的承运车船设备状况的专项检查。要求承运商即日起迅速开展油罐车、油船电气安全自查，发现隐患及时整改。在承运商自查的基础上，由物流中心牵头，组织相关人员对车辆及到港油船进行一次专项检查，对发现问题的车船，立即作下线处理，对该承运商进行相应的经济处罚。

④ 强化收发作业的安全监管。进入油库前，驾驶员、押运员（安全员）必须办理入库手续，穿防静电工作服、关闭手机，严禁携带烟火进库。进库装卸油作业，油库工作人员应对车（船）罐（船）体、阀门、管线接口、电气线路、安全设施、铅封等关键部位的状况进行仔细检查。装卸油前，应连好静电接地线，确保静电及时释放。装卸油开始后，油库发油员应在现场监护。装卸油作业时，车（船）驾驶员、押运员（安全员）必须全过程在场监装，不得离开；换仓装卸油时应及时盖好油罐口盖（调控阀门）。装卸油作业现场及过程中，严禁在爆炸危险区域内从事检修作业或增设临时电源插座和电源线。装卸油完毕后，油罐车必须稳油、消除静电2分钟后缓慢提升鹤管，关闭并紧固油罐口盖，施封、撤除静电接地线后方可驶离。油船应离开码头，不得滞留在码头过夜。

⑤ 结合“我要安全”主题活动，组织员工学习典型事故案例，要结合岗位的作业，以现有的技术力量和人员，突出本单位、本岗位作业危害、人员存在的隐患和不安全因素，开展风险评价和危害识别，做到边查边改。

⑥ 进一步完善作业流程规范，开展消防灭火技能竞赛活动，对作业人员和承运商进行必要的安全防火、防静电及相关设备管理知识的学习，突出灭火预案的培训和灭火技能的演

练，做到事前预防奏效、事后处置得当。

425. 火灾爆炸未遂事故报告(二)

(1) 情况简述

2006 年 4 月 30 日 6 时 50 分，某油运公司苏 J05379 油罐汽车在某油库用鹤管灌装 E10 车用乙醇汽油 90 号过程中，油罐车灌装口突然起火。

(2) 采取措施

三名灌装工和油罐汽车驾驶员迅速利用放在灌装口附近及微机控制显示器房内的石棉被将火扑灭，未造成任何损失。

(3) 原因分析

这是一起静电荷积聚引发的火灾未遂事故。(1)油罐汽车罐体较高，鹤管出油口至油罐底部距离大于 20cm，为喷溅式装油，造成静电荷积聚。(2)混合器内平行于组分汽油流向的变性乙醇管道出口，未按图纸要求制成长方形喇叭口，且用铁板封堵只钻了两个小圆孔，促使变性乙醇流出管壁多个小圆孔的速度加快，产生大量静电荷。(3)过滤器安装在发货台下面，到鹤管出口的缓和时间不足 30s，静电不易泄漏。(4)过滤器未单独接地，且与发油控制器的外壳串联接地，不利于静电释放。一旦发油控制器漏电，整个工艺管道带电，后果将不堪设想。(5)微机发货系统防静电、溢油联锁保护装置因工作性能不稳定，经常溢油或发不出油，影响油品正常灌装，2003 年下半年被油库停用，代之以固定式静电接地报警器防静电；2005 年 12 月乙醇汽油配套改造工程施工时因前后两个系统不兼容无法恢复防静电、溢油联锁保护功能，对于乙醇汽油灌装而言防静电联锁保护装置完全失效(但柴油部分联锁保护装置仍有效)。(6)鹤管转向节有三处等电位跨接线固定螺丝松动，系驾驶员怕油品弄脏手用跨接线拎鹤管所致，在一定程度上影响静电导除。(7)静电接地报警器夹错位置，无法导除静电荷或导除效果较差。(8)灌装工和驾驶员穿绝缘鞋在油罐顶上操作，可产生 0.45mJ 的能量，超过点燃可燃气体的最小放电能量(0.2mJ)。

根据偶电层理论，油品带电源于固－液相界面上的电偶层。带电油品流入油罐，则使油罐内油品带电，油罐的内壁要感应出与油品符号相反、电量相等的静电；油罐外壁则出现了与油品带电符号相同的等量静电。如果油罐接地，则油罐外壁的静电流入大地，油罐内壁的静电因与油品中的静电荷相吸引留在油罐内壁。虽然管道中的流动电流很小，约 10^{-6}A，但由于油罐的体积大，电容小，往往形成几千伏到几万伏的油面电位，油罐内带电油品与内壁之间产生静电压，当静电压大到一定值，油罐内可燃气体被击穿而产生火花放电。该油库在变性乙醇汽油灌装的过程中已满足静电放电起火的四个条件：即有产生静电的来源；使静电得以积聚，并有足够大的电场强度和达到引起火花放电的静电压；静电放电能量达到爆炸性混合气体的最小引燃能量；静电放电火花周围有爆炸性混合气体存在，其浓度处于爆炸区间内。因此，静电放电起火是必然的。

(4) 解决办法或建议

① 油库严禁喷溅式灌装油品。为了使鹤管在灌装油品时大小油罐汽车均适用，可将鹤管改成套筒式，出口呈 T 形。

② 油库新、改、扩建工程严禁擅自变更设计方案、图纸，必须按照《设计与建设管理程序》、《变更管理程序》、《施工作业 HSE 管理程序》进行设计、变更、施工、验收，落实“三同时”工作，组织新工艺、新设备投入运行前的教育培训。

③ 严禁随意拆除或解开微机发货系统防静电、溢油联锁保护装置，发生故障必须迅速查明原因，恢复正常联锁保护功能。油库各类接地必须按照集团公司《石油库静电安全规程》、《石油库电气安全规程》进行设置，并定期检测。

④ 严格控制灌装速度，初流速不得大于1m/s，正常流速不得大于3m/s，可用阀门进行调节。

⑤严禁灌装工、驾驶员穿绝缘鞋在油罐汽车顶上走动、驾驶员提放鹤管及夹取静电接地报警器，必须按照《油品收发储 HSE 管理程序》、《油品灌装作业指导书》进行规范操作，根据《职业卫生管理程序》要求合理配备、正确使用劳动防护用品。静电接地报警器完好率、夹取的有效性实行灌装工、驾驶员(顾客)双方签字确认。

426. 触电伤亡未遂事故报告

(1) 情况简述

2008 年 10 月 21 日 9：35，外面正下着大雨，我到人力资源科商谈新进员工安全教育相关事宜回办公室时，发现楼梯口西墙上的消防泵启动箱内“哗哗”地向外流水。

(2) 采取措施

我立即将这一情况告诉综合办公室主任。综合办公室主任迅速安排电工赶到现场排查原因，原来启动箱与楼顶消防泵之间的电线套管两端未封堵，加上雨下得比较急，天沟及落水管又排水不通畅，雨水漫过电线套管顶部流进配电箱。我马上叫人送来雨伞，让电工封堵电线套管顶部，并疏通天沟及落水管。由于雨下得太大，电工浑身还是被雨水打湿了，我和综合办公室主任劝他赶快回家换衣服，以免着凉感冒。一起触电伤亡事故终于被消灭在萌芽状态。

(3) 原因分析

造成这起触电伤亡未遂事故的原因，主要有四点：一是施工单位在敷设电线时套管两端未封堵。二是验收人员不认真、不细致，未能及时发现隐患。三是办公楼顶天沟及落水管未定期疏通。四是危害识别、风险评估工作部门之间不平衡，还存在死角。

(4) 解决办法或建议

联想到目前加油站形象改造、隐患整改工程，也存在类似问题，即站房、品牌灯箱、加油机、油罐之间电线、信号线的套管两端未封堵，容易造成触电伤亡事故，若遇到油蒸气还可能引起火灾爆炸事故。罩棚排水槽及落水管堵塞，雨水局部聚积导致罩棚受力不均匀，轻则彩钢瓦接缝处漏雨、加油机短路，重则罩棚超过荷载而倾斜，甚至倒覆。

为了防止上述可能发生的事故，建议在日后的工程建设和设备检维修过程中，一定要树立风险意识，并将危害因素辨识工作推广到行政办公场所。加强施工现场安全监管，严格工程项目分段验收手续。完善办公大楼突发事件应急预案，组织机关人员进行强化训练。

参 考 文 献

1 卞耀武，李适时，黄淑和等主编．中华人民共和国安全生产法读本[M]．北京：煤炭工业出版社，2002.

2 李适时主编．中华人民共和国安全生产法释义[M]．北京：中国物价出版社，2002.

3 赵建军，戴鹤松，洪维志．安全生产法制教育读本[M]．徐州：中国矿业大学出版社，2002.

4 全国人大党委会办公厅．中华人民共和国消防法(最新修订本)[M]．北京：中国民主法制出版社，2008.

5 黄长杰编．中华人民共和国道路交通安全法实施条例(最新版)[M]．北京：人民交通出版社，2004. 5

6 国务院法制办公室．中华人民共和国刑法(根据刑法修正案(七)最新修订)[M]．北京：中国法制出版社，2007.

7 中国法制出版社．中华人民共和国劳动合同法实施条例(实用版)[M]．北京：中国法制出版社，2008.

8 王德学主编．危险化学品安全管理条例释义[M]．北京：化学工业出版社，2002.

9 国务院法制办公室．工伤保险条例(实用版)[M]．北京：中国法制出版社，2006.

10 石少华主编．全国注册安全工程师执业资格考试辅导教材：安全生产法及相关法律知识[M]. 2006 版．北京：中国大百科全书出版社，2006.

11 中国安全生产协会注册安全工程师工作委员会编．全国注册安全工程师执业资格考试辅导教材：安全生产管理知识[M]. 2008 版．北京：中国大百科全书出版社，2008.

12 王光军主编．质量健康安全环境管理体系标准与方法[M]．北京：石油工业出版社，2003.

13 王光军主编．质量健康安全环境管理体系实践与案例[M]．北京：石油工业出版社，2005.

14 徐德蜀，王起全．健康、安全、环境管理体系[M]．北京：化学工业出版社，2006.

15 郑社教主编．石油 HSE 管理教程[M]．北京：石油工业出版社，2008.

16 杨旸，王绍民编著．新员工 HSE 教育读本[M]．北京：中国石化出版社，2007.

17 陈国华编著．风险工程学[M]．北京：国防工业出版社，2007. 6

18 罗云主编．注册安全工程师手册[M]．北京：化学工业出版社，2004. 8

19 樊运星，罗云．系统安全工程[M]．北京：化学工业出版社，2009. 3

20 王蕾，刘晓艳主编[M]．环境管理体系最新标准应用实例．北京：化学工业出版社，2009.

21 卢鉴章主编. 2005 全国注册安全工程师执业资格考试辅导教材：安全生产技术．北京：煤炭工业出版社，2005.

22 徐晓楠主编．消防基础知识[M]．北京：化学工业出版社，2006.

23 樊晶光主编．国内外危险化学品典型事故案例分析[M]．北京：中国劳动社会保障出版社，2009.

后　记

为顺应“三基”(基层建设、基础工作、基本功训练)工作要求，促进“三支队伍”(经营管理人员、专业技术人员、技能操作人员)建设，全面提升企业管理水平，“石油公司管理人员业务知识丛书”应运而生。

本丛书由《管理人员安全知识题解》《管理人员工程知识题解》《管理人员设备知识题解》和《管理人员数质量知识题解》四个分册构成。本书为第一分册，包括安全生产法律法规、安全生产监督管理制度、现代安全理论、事故预防与控制、HSE管理体系、未遂事故管理、HSE观察、机械电气安全技术、防火防爆安全技术、事故案例、未遂事故报告等内容，为石油公司管理人员提供了相对完整的安全知识读本，具有“一本通”的意味，亦可作为高等院校相关专业师生和报考注册安全工程师(危险化学品)人员的参考资料。

本书在编写过程中得到许多方面的关心和帮助，特别是中国石化江苏盐城石油分公司党委书记张振华同志在百忙中抽出时间为本书作序、对书稿内容的增删和次序的调整提出许多指导性意见，以及对本人在盐城期间给予工作上的方便和生活上的关照，借此机会深表感谢。对中国石化出版社及张正威老师的大力支持，表示诚挚的谢意。

沈　浩

2010年10月10日